为《谁都不是坏孩子》点赞

“《谁都不是坏孩子》这本书条理清楚、思路清晰，为帮助‘坏’孩子开出了具有可操作性的处方。就像一位厨师，是因为对食物的热爱，激发他写出一本美食著作一样，本书的作者，也从自己的内心与灵魂深处跟我们分享了这样的饕餮大餐。在书的每一页上，他对孩子的爱都毫无保留、溢于言表！这本用爱心写就的书，营养丰富、脍炙人口，滋养了所有的青少年工作者。”

伯纳德·莱文 博士
临床心理学家
沃克家庭与学校有限公司 前医疗主任

“对于那些需要面对具有挑衅性和高冒险度的孩子的工作者来说，本书提供了深度解析与实践指导兼具的丰富食粮。教师、寄养家庭的父母、顾问以及其他涉及该项工作的人，都会从这本经验丰富、基于经验的书中汲取到丰富的营养。我个人也从作者所运用的感性方法中获益良多。作者把自己‘变成一个孩子’，为我们提供了对这些孩子的独特的理解。”

玛丽·艾伦
《今日治疗》编辑

“针对确有挑衅性行为的孩子开展工作，对于相关的教师与校长来说，本书应是必读书目。在帮助学生保持更好的自我控制方面，作者查理·爱波斯坦所提出的‘无过错’方法，能够帮助成人形成对孩子的问题行为的更好的理解，能够给成人提供具体的、有形的、有效的策略。查理所提出的观点、指导原则及策略，给我们学校同事提供了难以估量的帮助。在应对带有破坏性的学生行为方面，我们的老师们从书中获得的是更多的自信与专业知识。在我们尚未消除学生身上的不良行为时，我们的老师现在有了一种更好的能力和一系列更好的举措，可以用于帮助学生做出更好的选择。对于专业教育工作者来说，本书是无价之宝！”

戴维·卡斯蒂林 教育博士
昂得伍德小学 校长
马萨诸塞州牛顿市

“《谁都不是坏孩子》是一本全面的书，融合了理论、案例与训导方法；应该成为寄养父母和居民中心、学校及诊所的相关工作人员的‘主食’。本书的写法，就像是作者在与读者对话，让读者摆脱了专业词汇与复杂理论的困扰；本书所使用的概念都是站得住脚的，表述简单易懂。所描述的奇闻轶事交织在字里行间，使得每一位青少年工作者都会对之求知若渴、读之则活力重生。移情、幽默、有声的干预比比皆是，与之相应的实用的见解与对策随处可见。总而言之，本书为青少年工作的‘守门人’提供了验证与支持，这些方法既包括把孩子的挫折、错误、糟糕决定、倦怠等行为视作平常，也包括给他们提供有帮助、有希望和可更新的方案。”

“寄养关怀”团队

社区关怀家庭寄养项目组

“《谁都不是坏孩子》肯定会成为一本时下经典，它所带来的挑战是要读者承认：错误行为是因为孩子对虐待、忽视、环境压力、自卑及某些发育缺陷的回应。给我们的启示是：只要我们细心观察、区别对待，一些潜在的可能带来破坏性的情形就有可能缓解。本书除了提供实用的、实践的、易读的方法外，还提供了多样化的练习及图表工具，可用于培训、监管、角色扮演及实际应用中。这些工具将使得本书能够进一步达成目标，帮助青少年成为充满力量、自我实现、富有成效的公民。谢谢你，爱泼斯坦先生！感谢你为关怀青少年的实践者、教师、培训者、家长以及其他致力于为问题青少年创造福祉的人们，所做出的重要贡献！”

丹尼斯·J. 布拉泽尔

MSSA, LSW（一个非盈利组织的注册社会工作者）

美国儿童福利联盟 高级咨询师

查尔斯·D. 爱泼斯坦的另外一本书

《格斯纪事：对一个受虐孩子的反思》

吉福德学校是一所非营利性的走读制特殊教育学校，该校有30多年的经验积累，为学生提供高品质的教育与临床服务，满足从中度到高度的学业障碍、行为障碍、情感障碍的教育需求。在多个致力于推进创新教育与治疗实践的公立或私立机构中，吉福德学校加入其中，成为他们的合作伙伴。作为“为所有学生改进教育质量的使命”的一个组成部分，吉福德学校不仅资助专业学术会议，也提供相关培训与咨询。有关该项目的相关信息，请联系学校，电话：781-899-9500。

谁都不是坏孩子

青少年挑衅行为的理解与应对

[美]查尔斯·D. 爱泼斯坦◎著
张义兵◎译

海天出版社（中国·深圳）

图书在版编目（CIP）数据

谁都不是坏孩子：青少年挑衅行为的理解与应对 /（美）查尔斯·D. 爱泼斯坦（Charles D.Appelstein）著；张义兵译. — 深圳：海天出版社，2016.9
ISBN 978-7-5507-1688-9

Ⅰ.①谁… Ⅱ.①查… ②张… Ⅲ.①问题儿童－家庭教育 Ⅳ.①G78

中国版本图书馆CIP数据核字（2016）第148833号

图字：19-2016-177号

The simplified Chinese translation rights arranged with **Blessingway Authors' Services through Rightol Media** （本书中文简体版权经由**锐拓传媒**取得Email:copyright@rightol.com）

谁都不是坏孩子：青少年挑衅行为的理解与应对
SHUI DOU BU SHI HUAI HAIZI：QINGSHAONIAN TIAOXIN XINGWEI DE LIJIE YU YINGDUI

出 品 人 聂雄前
责任编辑 班国春
李 春
责任技编 蔡梅琴
装帧设计 线艺设计 电话:83460339

出版发行 海天出版社
地　　址 深圳市彩田路海天综合大厦7-8层（518033）
网　　址 www.htph.com.cn
订购电话 0755-83460202（批发） 83460239（邮购）
设计制作 深圳市线艺形象设计有限公司 0755-83460339
印　　刷 深圳市希望印务有限公司
开　　本 889mm×1194mm 1/32
印　　张 10.75
字　　数 231千
版　　次 2016年9月第1版
印　　次 2016年9月第1次
印　　数 1-5000册
定　　价 42.00元

如果你有足够的运气，在你的生命之旅中，你就会遇到能够触动你、激发你、让你感受到人性之美的人！谨以此书献给我生命中所遇到的四位这样的人：

纪念瑞福伦德·罗伯特[1]和易德林·克拉布特里[2]。贯穿他们一生的是同情心，他们用甜美与优雅为黑暗带来光明；希望天堂里也有歌声，亲爱的罗伯特。

感谢我的“小兄弟”德维恩，以及他可爱的家人。你是我所知的最有勇气的孩子之一，我由衷地为你自豪。我们是一生的兄弟，伙计！

还有我亲爱的妈妈，奇碧·爱泼斯坦。您教会了我，如何让一个孩子感受到自己的与众不同。儿子我一直喜欢您说的那句话——“永不放弃！”

---

① 福伦德•罗伯特(Reverend Robert)，美国蓝调音乐家。http://www.revrobert.com/ ——译者注

② 易德林•克拉布特里(Idolyn Crabtree)，音乐家。——译者注

致 谢

1977年，我开始关注问题儿童的研究，时至今日，很多十分优秀的教师与其他的模范人物激发了我，有了这些灵感才使得本书得以成文。我要把我的感谢献给：埃伦·肯尼，她的才智、热情及对孩子的倾心投入，深深地印刻在我的脑海里，持续不断地给我以指引；伯纳德·莱文，为“可疑的”学生打开了一个新世界；大卫维里·奥悌，一个大专家，他一直支持着我；内尔·佩尔，他证明了“只要不放弃一个孩子，奇迹总会发生”；吉尔·霍普金斯，我所见过的最好的儿童保育专家；丹尼斯·布拉泽尔，他对工作的用心、热情一直激励着我；里克·斯莫尔和弗洛伊德·阿尔文，一直信任我的工作；以及我的同事们，过去和现在在圣·安之家和纳舒厄儿童之家工作的人！

我要特别感谢那些为本书写作做出贡献的人：凯文·肯尼迪教授，我在西蒙斯学院社会工作专业的指导老师；本书的两位优秀的编辑，曼蒂·欧文为该项工作奠定了雄厚的基础，艾伦·克莱纳用她充满魔力的文字为本书锦上添花；芭芭拉·塞尔文，一直为这项研究提供稳定的支持；吉福德学校执行主任麦克·巴西奇斯，以及校委会的其他主任，为本书出版在技术、情感以及资金上面给予了大力的支持与鼓励；以及我了不起的夫人谢莉尔女士，在我两年的写作过程中，她给予了我不懈的支持！

最后，我还要感谢我所遇到的所有孩子，他们每一个人都触动了我的心灵、丰富了我的阅历。

目　录

中篇 预防挑衅性行为

下篇 应对挑衅性行为

前 言

这是一本难得一见的好书！该书阐述了对问题儿童的干预，既可以当作手册进行精准操作，又可享受其中精神层面的智慧。处在治疗过程中的孩子，若是阅读与评价该书的话，他们可能会欢欣鼓舞却又痛哭流涕！他们之所以高兴，是因为他们能够感受到作者查尔斯·爱泼斯坦对他们的理解：知道他们是谁，他们需要什么和他们应该得到什么。他们之所以痛哭，是因为他们一直处于“声名在外”“过度关注”的状况，他们对未来早已失去了希望。

查理[1]尽其所能，坚持从有效治疗的“角度”写作《谁都不是坏孩子》这本书；该书对有效治疗的阐述，充满感性、率性与谦逊；文中既有明确的操作也有探索性的建议，处处蕴含着对孩子的深深同情。我阅读该书的感觉，就像是在跟随一个才华横溢的临床医生兼教师的旅程，体会到他刚工作时的愤怒与失望，体验到他身体和情感上所受到的打击，感受到他巨大的困惑和悲伤……也看到了，及至后来，在对有严重情感性障碍的孩子的帮助中，他逐步成长为一个经验丰富的专家，由此也给他带来了自我的满足感，形成了他的谦逊低调的性格。比

① 查理是对查尔斯•爱泼斯坦的昵称。后文相同。——译者注

较明智的做法是循着此书的轨迹来阅读，这也是该书之所以与众不同、行之有效的原因。

自始至终，查理都意识到，我们对问题儿童工作的质量，取决于我们对自己感觉的把握，而这不会与儿童的感觉永远都不一样，我们与孩子之间总会有交集的！查理不是简单地将他们区分为成人“专家”与“精神病”儿童，他明确指出：在开始培养孩子掌握自我控制能力之前，我们需要“一直保持对自己的控制”。本书对这个主题的论述，以及文中所涉及的其他更多的主题，都反映了临床治疗的特点；这些课题的提出，都是源自本书作者与孩子个体之间的大量互动。

查理的睿智之处表现在几个核心信念：你要认识到，没有坏孩子，只有“坏”行为；你唯一的途径是与孩子开始交往，并持续维持这种关系，只有这样，才有可能成功实施其他的干预行为；所有的坏行为需要被“解码”，只有这样，才有可能进一步推进治疗；好的治疗，既包含对症下药的“症状管理”的恰当方法，也需要一些复杂的措施来解决掩藏在这些症状后面的问题。这些信条告诉我们，应该把“为什么”这个问题放回到行为治疗上，把儿童放回到“生物医学”的诊断方法上。

就像他的前辈弗里茨·里德尔和大卫·瓦因曼一样，查尔斯·爱波斯坦用生动的临床案例，描绘出了治疗问题儿童的基本策略。不仅是书中的多个场景，勾画出了充满想象力的有效的言语干预方法；而且书中有好几章所涉及的具有移情治疗作用的言语交互，就像“X 光机”一样地聚焦在情感、语调、用词及体态语等方面的交流机制上。我愿意把该书推荐给相关的儿童保育员、教师、社会工作者、护理人员、心理医生，或者是寄养家庭的家长们，从他们工作的第一天起，就应该随身携带印有 14 条基本言语干预技巧的表格（表 10–1），以便工作中可以随时随地进行查阅。紧随其后的策略性言语干预（第十一章），对于指导他们此后进一步的工作而言是无价之宝。在与孩子的交流中，说“正确的事情”或者避免说“错误的事情”，这种能力对于建立关系一类的治疗而言，是至关重要的！

此外，区分本书与领域内大多数书的差异，还表现在这本书分为三个部分，以对应这项工作中紧密相关的三项核心内容。这三个部分是：理解挑衅性行为、预防挑衅性行为和应对挑衅性行为。查理清楚地指明，所有的儿童帮助者，在治疗管理的每个阶段都需要利用好这些策略。从某种程度上说，即便我们掌握了理解与预防挑衅性行为的艺术与科学，我们自己需要明白、我们的孩子也需要我们明白：如何才能有效地应对挑衅性行为？如何运用好最初的“界限设置”与“行为矫正”策略？

我发现《谁都不是坏孩子》这本书，既有启发性又有实用性。进一步来说，在判断是否属于治疗管理的有用信息方面，这本书符合我的根本标准；因为在回答“这种方法呈现出了孩子最好的一面了吗”这个问题时，该书掷地有声地回答：“是的！”有趣的是，该书更进一步，又提供方法呈现出了儿童帮助者最好的一面！在书的一开头，查理就叙述了一个名叫安迪的令人伤透脑筋的滑稽角色，他试图要乘查理不注意，把查理的重要文件摔出行进中的汽车车窗外，查理运用了创造性的应对策略，转移了安迪的注意力。查理的方法是向安迪指出，他们之间是朋友，查理先为安迪制造出一种积极的“自我形象”，这种形象与此前安迪对自己的定位是不一样的，安迪随后不得不“被迫”践行被赋予的新形象，而不是按照其先前的麻烦制造者角色行事。

不仅安迪会感谢他，我和每一位儿童帮助者一样，都会感谢查尔斯·爱泼斯坦！是他帮助我们在工作中展现出了最好的一面，使得我们能用更积极的姿态看待自己。

南希·S. 科顿 博士

临床发展心理学家

《从狮子的巢穴吸取的教训》[1]一书的作者

---

① 南希•S. 科顿博士1993年出版的一本儿童心理治疗的专著，书名《Lessons from the Lion's Den: Therapeutic Management of Children in Psychiatric Hospitals and Treatment Centers》——译者注

序

在过去的 33 年的历史中，吉福德学校的员工们已经与数千个儿童、家庭、教师以及临床医师有过合作。对于那些存在行为问题、学习问题或是情感问题的孩子，无论我们曾经跟他们一起工作过、生活过或是教育过他们，我们都知道这项工作是如何地充满挑战，我们的士气如何被销蚀，当无能为力时我们所时常感受到的无助！与之不同的是，当看到承受这些困难的孩子，最终能够跨越困难或者取得了一些进步时，我们也体会到了满足感。

问题儿童常常对强加于他们的问题很挣扎，这些问题会把他们置于特别不利的境地，在家庭、学校、社区里他们总是日复一日地遇到这样的问题。无论他们是面临学习困难、行为方面或社会方面的困境，或是有被虐待、被忽视的历史，这些孩子都非常需要由爱心人士及专业人员组成的支持性的“安全网络”。对于我们这些人来说，无论是否是自己选择加入的，我们都已成为这个支持网络中的一员。我们的使命很清楚：在我们照顾这些脆弱孩子的过程中，我们必须找到新的、更有用的方法去帮助他们。我们学校出版这本《谁都不是坏孩子》一书的目的，就是要为实现这个使命提供一本宝贵的指南！

吉福德学校很高兴能够有机会与查尔斯·爱泼斯坦一起合作出版这本书。查理是一位极受尊重的儿童保育方面的专家，他对问题儿童的长期研究，使之在行为管理领域独树一帜。他有关行为方面的建设性建议，在教师、家长、儿童保育员等人员中产生了积极的响应。与很多研究挑衅性行为的书不同，《谁都不是坏孩子》是一本实践手册，它能够帮助我们理解，如何才能保持看问题的均衡视角；它能够提醒我们，在与“触碰到我们的敏感神经”的孩子的交往中，挑战与机遇并存！

从教室、保育中心到寄养家庭或是寄宿中心，一直回荡着一种声音：在处理孩子的困难行为中，他们需要更多的帮助！我们吉福德学校的每位员工，都致力于帮助所有的孩子获得成功，改善处于危险中的青少年在情感及行为转变方面的效果；对于那些负有儿童教育使命的人来说，《谁都不是坏孩子》是一个鼓舞人心、至关重要的资源！

麦克·J. 巴西奇斯 注册社会工作者

吉福德学校，执行主任

马萨诸塞州，维斯顿市

引 言

本书是写给所有与问题青少年工作相关的人看的。与多数有关挑衅性行为的书不同，本书不是学术性的，这是一本实践指南，目的在于帮助你与儿童、青少年有效地沟通，由于不好的过往经历，这些孩子会持续性地表现出社会功能受损——简言之，孩子“处在危险中”！

无论你是一位教师，正试图尽力去解决难以处理的教室行为；还是一位营队辅导员，面对的是营地小屋里孩子的火气比室外正午的太阳还要热的状况；或是一位社会工作者，正在设法对付一个任性的 4 岁的孩子；也或者是一位寄养家庭的父母，面对一个粗鲁的、挑衅的少年；也可能是一位不堪重负的寄宿中心保育员，你知道挑衅性行为意味着什么！你也知道，这些挑衅性行为会唤起你怎样的感觉。你甚至可能已经是处于职业倦怠的边缘，正打算快刀斩乱麻，脱离那看似毫无希望的工作。如果是这样的话，那么，你该振作起来——从你与孩子的每一次交流开始做起，紧随其后的实践性观察与干预，能够帮助你坚持下去，会给你带来新的视角和多种多样的有用技巧。

为了说明这些方法，本书的每一章都包含有数个趣闻轶事。这些故事，源自我自己的经历，我对此推崇备至。但请记住，你所读到的所有与孩子积极互动的故事，其中至少有 20 件本该处理得很漂亮的事情，被我搞砸了。跟大多数人一样，我也总是尽我所能，从分析错误中进行学习。当你在与孩子互动中犯了错时，你最终给孩子所带来的可能是一种内在的伤害，所以，你才需要设法从经验中学习，并且争取下一次做得更好！

许多个人典故，发生在我工作的寄宿制保育中心。这儿不仅是保育中心，同时也是个巨大的“学习实验室”。在这里，你可以发掘出大量的有用的干预方法，加以总结利用以减少问题儿童的数量。阅读该书的过程中，你可以按照自己的理解，自由地推断这些故事。

同样，当你读到本书的某些部分，若是发现与你当前的状况并不相符的话，那么，别管它，继续往下看。但，需要记住的是，阅读有关挑衅性行为是一回事，而处理挑衅性行为则完全是另外一回事。应对处在危险中的孩子，既无特效药可吃，更无捷径可走！相反，我们需要对这些孩子付出更大的耐心、更坚强的意志、更多的牺牲以及更深的爱。因为他们希望能够信任我们，他们会不断地“测试”我们，以判断我们是否值得他们信赖，确认我们是否是言行一致。若我们信守诺言，孩子就会跟我们联系起来，通过这个纽带，他们就会健康成长。

这个事情就发生在我最近遇到的一位名叫艾尔的人身上；在做了 10 年商人后，艾尔发现商人生活不是他真正想要的生活，他很激进地换了工作，到一个面向问题儿童的寄宿制学校就职。入职两年后，他仍然热爱这份工作，他明白了自己真正的使命。

大约就在这个时候，一个叫比利的 12 岁男孩加入了艾尔的课程，比利易怒又比较顽固。一个星期五下午，比利又开始不安分了，于是，艾尔决定放学后把比利留下来解决问题。放学后，比利拒绝说话，而且用一种粗鲁、好斗的方式行事。

“比利，我会让你一直待在这里，直到你愿意跟我谈谈你发生了什么。”艾尔平静地申明道。

比利怒气冲天、面带讥笑，开始回击：“走着瞧，让我待在这？我就住在这里，你这个白痴！你是三点钟就要滚回家的，我要让你在这里守一整夜。”

艾尔回答：“比利，我喜欢这里，跟你们这些伙计一起工作，是全世界最好的工作！我从未打算离开，如果我今晚需要待得晚一些，那是没问题的。我已经跟你的宿舍打过招呼了，他们一小时后会把晚饭送给你。”

比利变得沉默了，不久之后，他开始谈及他今天发生的事情，说到了他所遇到的一些压力。

两年后，艾尔准备离开这个工作，对这项工作，他觉得筋疲力尽、一无所获，在他上班的最后一天，比利自告奋勇帮助他把东西搬到汽车里。在他们最后一次步向停车场时，比利突然停了下来，眼睛直视着他。

“你是否还记得，几年前的那天，放学后你把我留下了？”他问道。

“是的，我想是这样的。”艾尔回答。

“你说你热爱这项工作，永远都不会离开，你现在为什么要离开了？”

艾尔透过比利的眼睛，看到了他痛彻心扉的绝望。沉闷了几秒钟后，艾尔宣布："把所有的材料放回我的办公室！"

这件事发生在 5 年前，艾尔此后一直待在那儿。

这个故事证明了关系的力量。它提醒我们，问题儿童对成人的信任到了什么程度，以及坚守这种信任是如何地至关重要。对一个孩子发火、产生冲动的行为很容易；对一个本就排斥我们的问题儿童，拔腿就走也同样容易；更何况，这些问题儿童常常是沉默不语，不愿意寻求帮助的。当我们仔细地倾听他们，保持自我控制，我们就已经开始发挥作用了。

谁都不是坏孩子，他们只是运气不好罢了……最终结果取决于我们的坚持，以及能否给他们提供新的、更好的环境。

谁都不是
坏孩子

上篇

理解挑衅性行为

第一章
行为失当：一种密码信息

一天，我正开车行驶在埃尔姆大街上，那是一条交通繁忙的道路。12 岁的安迪搭乘我的汽车，他目前住在问题青少年治疗中心。在来到治疗中心之前，安迪受到了来自父母的严重虐待。他的行为被描述为挑衅、不礼貌、野蛮、有攻击性，他不相信任何人。

作为社会工作实习生，我被分配负责安迪的教育工作。我带着他出门，是去参加他的第 4 次心理课程。尽管此前给我带来过一些考验，但我们前面的 3 次课程进展顺利。即便如此，我也很喜欢他，他很有勇气。在治疗进程中，我渐渐能更容易地透过他表面的坚强，看出他内心的想法。我感觉到了那个孤独的受过伤的男孩，他渴望与人交流互动，却又害怕和别人建立联系。

当我们路过一个忙碌的交叉路口时，安迪开始在我车上的储物柜里翻找。“不要动我的储物柜！”我心想。因为里面是一堆我刚付过的账单，已经用橡皮筋整齐地捆扎好了的，即将被寄出去。当他解开橡皮筋时，我试着让自己保持冷静。

“嗨，安迪，”我用可以控制的最镇静的状态对他说，“你为什么不把它们放回去呢，它们只是没有什么用的破旧账单而已。”

安迪没有搭理我，他在观察着手中那个密封好的信封，接着瞥了一眼窗外。“可千万别向窗外丢啊！”我心想，此时我们还在拥挤的道路上缓慢前行。

“如果我把这个扔到窗外，你会怎么做？”他问道，带着挑衅的眼神看着我。

我的脑海里快速闪过我可能做出的各种反应，以及可能由此带来的后果。“如果你从窗户扔出这些东西，那么我们在很长时间里就没办法一起开车外出了！”我在想象这样跟他说。稍后，我再平静地补充说：“因为你将会被禁止外出一个月！”

控制好你自己！一个熟悉的发自内心的声音出现在我脑海里。你说的不同的话语，可能会带来不同的结果！我自我反省了一下，决定后退一步，结合当时的情况，改变了我的话语。“安迪，”我解释道，“你是我的朋友！我觉得你不会做出那样的事情。”

他盯着我看了一会儿，又看了看那些信，接着平静地将它们放回了储物柜。我终于松了口气。

我们从此再也没有讨论过那件事，等我觉得可以谈谈这个事情的时候，他已经早就忘记这个事了。但是我从来没有忘记，因为从这件事情，我可以看到在安迪的故作勇敢的掩饰之下，是一个孩子在寻求与成人交流的需要，是孩子考验我们之间关系的需要。

超越行为的观察

像安迪一样，触到了我们的敏感神经的孩子，常常是试图传递一个信息。他们在试着告诉我们："某些事情有些不对头，我需要帮助！"但我们有时被孩子言语冒犯了，或者听说要把我们的账单一张张扔到车窗外，愤怒感和挫败感就会涌上心头，但我们可能需要暂时将这些感觉放在一边，我们需要对隐藏在其行为后面的信息进行解码。

当我们遇到孩子做这些事情的时候，自然地会倾向于将更多的注意力放在孩子做了什么和我们应该做些什么上，而不是关注他为什么这么做。在储物柜的事件中，安迪威胁说要把账单扔出窗外，所反映出的是有深层问题的症状，其实质是他对自己与他人的关系，产生了"信任无能"问题。安迪其实是对成人缺乏信任感，并且想要搞清楚我是不是也会像他父母曾经做过的那样，会虐待他。

为了说清楚外部症状与内部核心问题的不同，我们可以打个比方：你可以想象一下，有一个运动员膝部的软骨组织受伤了，现在是饱受痛苦，强效的止痛药可能会暂时地缓解症状，但是这并不能根治隐藏其后的核心问题。痛苦是一种症状——只是表达了一种信息，事情有些不对劲！如果那个运动员的医生仅仅是治疗了这个表面的症状，那么实际情况可能会变得更糟糕。好的治疗需要适当的症状管理（减轻痛苦）和精细的问题解决（手术），二者缺一不可。

不考虑孩子们产生问题行为的原因就惩罚他们，就像不检查人们病症的原因就给他们分发药品一样。如果孩子的某个问题非常值得关注，那么，仅仅有症状管理是不够的。举个例子，安迪所需要的就不仅仅是更多的行为限制，他希望搞明白的是：他可以依赖我，而我不会伤害他。

解码信息

为了找到问题行为的源头，我们必须要对隐藏在行为后面的信息进行解码。琳达是一个小学的美术老师，她有一段时间很难吸引住四年级学生的注意力。汤米是一个目中无人的学生，他坐在教室的最后面，并且一直打扰其他同学。当琳达停下来去思考这个男孩行为背后的问题时，她意识到汤米只是和其他学生一样在绘画上有困难，好像他从来都没有对自己的作品满意过，而且似乎缺少自信。

为了改善这一点，让他增加获得成功的机会，琳达决定让他做一些难度不大的作业。在每节课开始的时候，她会向同学们展示当天的练习，她会请汤米从自己的作品中选择一些简单的，来参加展示。过了一段时间后，他就不再有出格的行为了。到了学期末，他与其他同学一样，已经有能力做相同难度的作业了，并且对自己的作品很满意。在他的那些任性的行为背后，隐藏的信息是："我画得不如其他孩子好，我怎么做什么事都是最差的一个？我对此感到厌倦，能不能帮帮我？！"

对玛丽来说，解码其行为背后的信息也是非常必要的。她是一个受到过虐待创伤，而有着不幸过去的青少年，最近才被安置到一个寄宿制治疗中心。由于其社会性发展不成熟，她不停地被班级里的同学嘲弄，常常是含着泪回到治疗中心。玛丽急切地想要换学校，并和其他一些寄宿的孩子一起参加了当地的一个特殊教育活动。管理机构的人也认为，转学是个解决问题的办法。

几周过去了，当有关转学的文件还在审核中时，玛丽的治疗师艾琳报告了一个严重的问题：玛丽在他们的心理治疗过程中逃跑了。艾琳猜想，从玛丽的角度来看：管理人员的工作进程太慢，既然管理人员对她的事情不上心，那么，她对自己的治疗师也可以不理睬。当这样来解释事件的时候，玛丽承认了她逃跑的原因，是因为她想要换学校的要求并没有被重视。艾琳将这条信息反映给主管，他立即为玛丽的转学做出了安排。玛丽在确认自己的要求会得到满足后，便不再从治疗课程中逃跑了。

在这两个案例中，负责这两个孩子的教育的成人，都有能力去解码错误行为背后的信息。结果是，他们成功地解决了困扰每个孩子的问题，找到了有用的解决方案。

当解码这样的信息时，请记住，说"事情有些不对"，并不一定意味着你正在做的事情就是错了。不论是汤米的不尊重行为，或是玛丽的逃跑事件，相关的成人并无什么过错；他们只不过是为产生麻烦行为的孩子解开了心结而已，他们对解码行为背后的信息兴味盎然。

许多问题行为产生的机制都是生物学层面上的，多动症（ADHD）、学习障碍、视觉或听觉障碍，或者其他生理上困难的孩子，会频繁地表现出行为问题——他们中有一部分人，可能会被误诊或被不当治疗。我们需要为他们的不利处境大声呼吁！

在问题行为产生的过程中，性情差异也会起到一定的作用。比如说，稳重的父母生了一个活泼的孩子，可能就注定了他们之间会有冲突。许多孩子的性情与他们父母的性格可能不匹配，当孩子被要求去做不符合他们性格的事情时，孩子就可能一而再地发生问题行为。在这个行为背后，隐含的信息是："让我成为本真的我，而不是让我成为你所希望的人。"

比较有趣的是，有些出格行为的发生，在生长发育过程中是正常现象。例如，即便是已经被"完美"调教过的十多岁的孩子，也会做一些令人疯狂的事——那是青春期的正常现象。理解正常的发展和问题儿童做出的离经叛道行为之间的不同，能够帮助你鉴别出问题行为的源头（要进一步了解发展性因素对孩子行为的影响，请参看第三章内容）。

无论你是在解码一个问题行为背后的信息，还是在尝试理解该问题产生的源头，你都需要避免草率解读！一方面，孩子们很痛恨对他们的行为进行轻描淡写的解释；另一方面，你可能会因此铸成大错。无论是哪一种情形，过早下结论的话，都会阻碍你与孩子之间关系的进一步发展。

教我谨防草率解读、匆匆忙下结论的人是埃尔罗伊，一个13岁的孩子，他被指派到法庭诊所，接受心理咨询师的心理疏导。他的妈妈报告说，6个月之前，他们家一个名叫吉恩的年老的亲戚被人残忍地杀害了，他曾住在男孩的家中，他们两人之间感情很深。最初，埃尔罗伊对吉恩的死，反应并不强烈，但是，他最近开始表现出抑郁的迹象。

埃尔罗伊和我进行一周一次的治疗课程，以此来帮助他度过迟来的悲伤。我们的课程共12个月，在前9个月中，他感觉很不舒服、非常不愿意敞开心扉。后来他放下了他的心理防卫，并开始为他失去的好友哭泣。他越悲伤，他的抑郁就减退得越多。

埃尔罗伊只剩下些微的"不舒服"，对我几乎没有什么心理防御了。在得到他母亲的许可后，我时不时地暂停我们的课程，邀请埃尔罗伊和我一起吃一个冰淇淋甜筒——当然，我请客。但是，他每次都礼貌地谢绝了我的邀请。我想："那个孩子还没有完全做好与他人亲近的准备，我这个男性的外表，可能会引起他想到吉恩，所以我的治疗不必走得太快。嘿，我得到这个孩子的肯定了吗？"

在第11个月的治疗中，通过相当多的工作，让他释放自己并正确看待吉恩的死之后，我又一次邀请埃尔罗伊和我一起吃甜筒。我确信他会同意一起庆祝我们工作的胜利，但是，他再一次礼貌地拒绝了。

"到底发生了什么事情？"我感到奇怪，"我了解这个孩子啊！以前，他的拒绝是要表达这样的信息‘我还没有准备好如何去处理人际之间的亲密关系’。但是，现在他应该准备好了呀！我们难道还没有彻底解决那个悲伤问题吗？”困惑中，我开始自我怀疑埃尔罗伊的治疗课程是否合理。

在倒数第二次课程中，我已经不能忍受那种焦虑了，我直截了当地问埃尔罗伊，为什么会拒绝和我一起吃甜筒。其实，我本不应该强调这个问题的，也不该把我的需求置于他的需求之上，我也本应该更尊重他的心理界线。

“你穿得比我好多了，”他平静地回答道，“我跟你一起去那里会感到尴尬。”

“就这些吗？”我想，“难道只是因为我按照法律规定，穿着比较正式的衬衫和领带吗？”

接下来的一周，我打破了常规。我抛弃了刻板的衬衫和领带，然后我们在一起享受了好几个冰淇淋球。

这个故事的意义在于：在找到确定的答案前，要一直探寻！这个故事，同样适用于大多数问题行为的治疗。无论何时，当面对一个有挑衅性行为的孩子时，都需要将你的目光放在深层的问题上。你越能够敏感地了解到孩子为什么这么做，你的应对方式就会越有效果。最后还需要再强调的是：尽管好的、及时的症状管理是必不可少的，但是，长期的成功还是取决于对隐藏在症状背后的问题的妥善解决，只有这样，才能真正减少问题行为的发生。

第二章
应对VS反应

当一个孩子惹怒你，成为你的工作对象时，寻找隐藏的信息总是不容易的。我们更容易说："我一点都不在乎为什么这个孩子激怒了我。她需要管教——立刻！"我们会喊出那些话，找出我们行为管理的手段，但在气头上的我们，常常错误地使用了这些手段！为什么？因为此时，我们的自我保护意识被"接通"了，并且当我们感受到威胁的时候，会用报复性的、非建设性的方式对激怒情形做出反应。

弗兰克的这个故事，就发生在他离开一个行为管理培训工作坊后的几个小时。在研究会上谈到相关问题时，他还能表示理解地微笑和点头称是，但是那天晚上，当他领养的16岁的女儿在宵禁之后带着酒气回来，并且在客厅的新地毯上呕吐时，他对她大喊大叫，然后规定她3个月禁止外出。他已经完全处于怒火攻心的状态，结果是他把刚刚学到的东西抛在了脑后，失去了一个找出他养女叛逆行为的潜在意义的绝佳机会。

为什么许多有爱心的成人会对孩子感到非常失望，并会对他们做出一些非建设性行为呢？一个重要的原因是，当我们所关爱的孩子做出错误举动时，我们可能会感到信心不足和心理上的打击。在经历这样的自尊心伤害时，我们会倾向于用喊叫、威胁和不适当的行为管教来回击他们。问题的关键在于，当孩子们做出出格的事情时，我们倾向于把这件事界定为是针对我们的，因为我们相信他们的行为是对我们自己的反映。

好的行为管理的关键，就是保持冷静，并且针对实际情况采取“应对”措施，而不是立马做出情绪“反应”。正确地“应对”，就需要我们首先要明白，自尊心是有脆弱之处的，接着，需要多花一些时间，去寻找那些令人伤心的行为背后的信息，而不是马上就搞定孩子得到结果。要想做好这个工作，我们首先一定要学会管理好我们自己的行为。

自我管理的技术

多数情况下，面对一个失控的班级，老师会感到很无能为力。一个寄宿中心的咨询师在无法帮助孩子改善他的行为时，也会感到自己一无是处。一个爱搞破坏的孩子离开了她的家，会使领养她的父母认为自己是个失败者。上述这些感受，以及其他的更多的感觉，都告诉我们：我们对孩子的行为，只是做出了一般“反应”，而不是有针对性的“应对”。

想象一下，你接到了你养子卡尔的校长的电话，说你的儿子最近表现得很好，但因为被抓到在学校墙上写“赖利老师是个蠢蛋！”而被停课三天。你有什么感觉，尴尬和羞耻吗？你可能会想知道，作为家长，你会对此行为作何反应？毫无疑问，你的自尊心被重重打击了，同时，你作为养父母的信心被动摇了。你会等待小卡尔一回家，然后就给他来个下马威！那么做，无可厚非，是吗？那你错了！

是的，卡尔是犯了一个严重的错误，他要对行为的后果负责。然而，如果你在他回家时反应过度，你可能会减弱了自己处理这个事件的能力。换个角度看，如果你平静地倾听卡尔的解释，你可能会发现，原来是一个学长胁迫卡尔在墙上写这些字的。

那怎样才能避免过度反应呢？最好的方法就是你用一些时间来思考，数到五、十或是一百，或者是暂时离开那里。接下来，当你找回你的镇定时，再开始思考那个令人痛苦的事件，进一步想清楚这个事件给你带来了怎样的感觉，细想它怎样影响了你的自尊。记住你的目标是找到应对方法，而不是做出简单的行为反应。

为了达到有效的自我反省，你可以试着挖掘一下可以观察到的自我。方法是：当你的自尊受到伤害、情绪激动的时候，你会感觉到有个声音在跟你对话。如果你的想象力比较活跃的话，那么，这个声音可能会指导你走入另外一个意识境界。

与观察性自我的对话

与观察性自我对话，可以使你的自尊心摆脱原有意识的藩篱，并且能够阻止你产生过于激烈的反应。自己对自己的这种对话，可能会是这样展开的：

你：我要杀了那个孩子！他为什么对我这么做？他毁了我的生活！他干吗要在学校的墙上写“赖利老师是个蠢蛋”？等他回家之后，他会被罚6个月不能外出！

观察性自我：现在，××（说你自己的名字），你生气是正常的，你是人，生气是人之常情。但是，你要记住，你听到的是一面之词，你还没有听到卡尔对这个事情的解释呢。

你：他还能说什么呢？他做出这种事，还能有什么借口？！我都快要气炸了！

观察性自我：你何必要如此狂怒呢？

你：他让我感到很尴尬！他的这种做法，让我很怀疑我是否有做家长的能力。或许我并不能够如我所想的一样，能够做个好养母。其他的养父母，可不会有一个在墙上乱写字的养子。真是太糟糕了！

观察性自我：××（说你的名字），你正在经历的事情都是正常现象。当我们的自尊心受到打击后，我们都会怀疑自己的能力。但是要记住，这只是一个小伤口，这个伤口是可以被治愈的。你所经历的是一种“自恋创伤”，几个小时后你就不会感到太糟糕了。不要因为你脑中的冲动，而做出任何草率的决定。等会开始与卡尔谈话时，要小心一些，首先，要从他的角度看问题，听听他对这个事件的解释；其次，在你听完所有事实之后，根据他的行为，决定合适的惩罚方式。无论你做什么，在讨论问题的时候都不要叫喊、恐吓或指责。

使用“原力”

当你的自尊心受到伤害、缺少支持、想要惩罚孩子时，你的身体、情感都会感觉到筋疲力尽，这个时候，该项技术能够帮助你避免不恰当的应急反应。实际上，据说那些做有挑衅性行为的儿童教育工作的人，在缺少支持的时候，易带有惩罚性倾向。下面这个对话描绘的意向，是依据《星球大战三部曲》中，经典的“原力黑暗面VS原力光明面”的斗争演绎出来的。

你：卡尔真是气死我了！

观察性自我：放松、放松！你这几个星期太艰难了！在没有外援的情况下，你已经孤军奋战了很长时间。你已经都“跑不动”了。

你：不要跟我说那些没有意义的理论了。我快疯了，我觉得这个孩子要为此付出代价！

观察性自我【模仿欧比旺·肯诺比[①]的声音】：用“原力”，卢克！你伸展开来，找找你的感觉……

你：不，那个孩子——

观察性自我：让原力来引导你。原力一直与你同在！

你：好的，我听到你了！我是被拉到“黑暗面”去了。我知道如何去做正确的事了！

卡尔【带着强烈的感情从后门进来了】：我遇到麻烦了！

---

① 欧比旺•肯诺比，(Obi-Wan "Ben" Kenobi)是电影《星球大战》中的一个角色，他的信仰是“原力(Force)光明面”。原力是一种超自然的而又无处不在的神秘力量，是所有生物创造的一个能量场，同时也是绝地武士和西斯尊主(Sith Lord)两方追求和依靠的关键所在。原力可以从四个不同角度来理解：光明原力、黑暗原力、统一原力和生命原力。光明原力是正义、仁爱、治疗等积极元素的体现；黑暗原力则代表了恐惧、愤怒、憎恨、恶意等消极元素。——译者注

你：卡尔，我们需要好好谈谈，让我们一起来搞清楚到底发生了什么，以便你下次再遇到类似的情况时，你就可以做出更好的决定。

如果“原力”的意向对你不起作用，就去找到一个有用的人来帮你。许多有宗教信仰的人，或者一些精神上对避免惩罚问题很有感悟的人，他们都可能帮助到你。你所想象的东西是什么并不重要，重要的是在不断上升的怒气与不断下降的支持的反差之间，你知道你正处于极大的危机之中！因为你此时此地所说的话、所做的事情，既未实现你的最大利益，也未实现孩子的最大利益！

移情的方式

当你知道一个有破坏性的孩子那天在学校被残忍地欺负了，或者前一个晚上没能吃到晚饭，你还会对他感到烦恼吗？可能不会，你很可能会带着同情心，站在他的立场看问题——理当如此！联系到我们自己的情感，这是同样重要的，我们需要对在孩子身上发生的事产生共鸣。即便仅仅只有片刻时间，也需要设身处地地为孩子想想。

移情，能够帮助我们看到自己过去对青少年的消极行为及对他们的感受。它是这样起到作用的：任何时候，当一个孩子开始让我们血压上升时，我们就试着把自己变成他一会儿。

我们认真、努力地思考他发出的信息和导致他做出这些行为的因素。接着我们可以核实一下，看看角色转换会让我们有什么感觉。

在学习研讨会上，我经常提出要对最气人的孩子进行专业性的反思。“当你想到这个孩子的时候，第一个出现在你脑海里的词是什么？”我问听众。

回答的范围从“令人沮丧”“挑衅”到“令人精疲力竭”“爱控制”“性情古怪”和“祸根”。

我接着放出了下面的情景：“如果说，当你明天早上到达工作地点时，你第一件事就是直接到办公室，看了那个孩子一生中过得最差的10分钟的生活视频：你看到他被无视和虐待，并且哭着求救。看完这卷录像带之后，你认为在这一天随后的工作中，你会对那个孩子有怎样的反应？”

“带着更多的同情心，”有人会说，或者“我不会那样粗暴地对待他了，”又或者是“我可能不会对他喊叫了”。

当与有着艰难生活的问题儿童一同工作时，在你采取行动之前，或许可以先回顾一下那个录像带。其实，每个孩子都有一段艰难的过去。

乔迪的录像带很生动。这个7岁的红褐色头发的暴力女孩，是被虐待和被忽视的孩子中的一员，她住在一个大的寄宿制治疗中心里，每天都需要2到4次的身体约束治疗，以避免她伤害自己和他人。大部分工作人员都对对付这个挑衅“大师”感到精疲力竭。第一次作为主管走进这个单位的时候，我很快就注意到，她正站在一个全身镜前，专注地看着自己。她盯着我，就像是要大祸临头的样子。

我在脑袋里回想了一下她的过去。据报道，乔迪是一个被极度忽视的受害者，她曾经受到继父的性虐待。在来到治疗中心之前，她已被 3 个收养家庭拒之门外。我试着想象她的生活可能会是怎样的，同时考虑到她被性虐待的过去，她会对组织里的陌生男性有怎样的反应。

我到达后没有 5 分钟，因为乔迪说了粗鲁的话，值班的保育员就给了她一个计时隔离的处罚。她立即开始大叫，乱扔屋子里的东西。因为她对教师的口头干预置之不理，也因为她的攻击性的行为逐渐变得危险，我明白她需要得到帮助来重新控制自己。运用身体约束的技术能够保证孩子的安全，我护送她来到房子一角，那儿不会影响到其他的孩子。刚到了那里，她就大声地尖叫着、激烈地摔打着，她需要持续的身体约束！她强烈地反抗，一遍又一遍撕心裂肺地尖叫:“让我一个人待着！”

在持续地约束她的时候，我想对自己说，“嘿，小伙子，在对这个姑娘的工作中，前方的道路很艰苦啊。”我试着想象她被怎样恶劣地对待，感受到她心底的愤怒和她所背负的痛苦。当她对着我破口大骂，并且试图咬我的时候，从我心底里一浪接一浪涌出的同情，帮助我控制住了自己的情绪。

大约 10 分钟之后，她的声音分贝和激烈强度都没有明显下降，我决定尝试一个实验。下一次她叫出“不要管我（leave me alone）！”的时候，我将手伸进钱包，拿出了一张 10 块钱的钞票，然后放在她的面前。等到她哭泣的间隙，说：“你说的借给你一点钱（leave you a loan）。我只有 10 块，够不够？”

接着哀嚎声突然停止了，乔迪极其缓慢地转过来，看着我。我正在微笑，很快她也笑起来，几乎不需要我再一次控制她了。

6个月后，我们几个人在沙滩上玩。我正站在离海五英尺远的地方，看孩子们游泳。乔迪滑过来，用只有孩子拥有的纯洁的眼神看着我。接着她说，“你知道吗，我以为你会像其他人一样对我喊叫。但是你让我笑了。”

我立刻知道她在讲什么了。“那种方法会比较好一些吗？”

“当然！”她咯咯笑着回答。

我将她抱起来，然后扔到水里，在被扔到飞溅的水花里的时候，她开怀大笑。能听到她的笑声，真好！！

不再使用贴标签的方法

敏感地应对孩子的挑衅性行为，也需要我们避免使用消极的贴标签方式。为什么呢？原因是当我们带上贬义的标签，并且贴在孩子身上时，我们自己——还有所有人都已被告知了，我们看孩子的眼光都会聚焦在孩子做过什么消极的事情上了，而不再关心他这个人是谁了。

假设你要在候选名单上的两个孩子中，选择一个进入你的团队。第一个孩子曾在4个领养家庭生活过，手上有被他父亲虐待导致的烧痕，他被描绘成一个伤心的、孤独的男孩，从来没有朋友并且不相信成人。第二个年轻人，则被描述成一个自恋的、有控制欲的人，他不听从指令，需要被一直关注，并且为得到某物会不择手段。你会选择哪一个孩子？我问的大部分人都选择了第一个。

事实上，这些描述是从同一个孩子的两份档案里来的，只是措辞有点不同而已。讲述一个孩子悲痛的过往，会让人们想要帮助他们。但是，给孩子们令人厌烦的行为贴上标签之后，人们就不那么愿意伸出援手了。

消极术语的转换

无论何时，当你要对一个孩子运用一个负面的评价时，或是当你听到别人使用这些负面评价时，你需要让自己停下来，并且在心中把那些术语转换一下。试着找出这些术语所指称的痛苦情感和不符合我们需求的地方。

下面列出的术语，是常常被用在问题儿童身上的贬义标签。当你要探寻掩藏在这些术语背后的真相时，仔细读一下每个标签后面的值得深思的见解。

“幼稚”——是那个孩子发育迟滞吗？他有没有可能在他应当受到关怀的那几年中，缺失了营养和缺少了关注？

“不诚实”——那个孩子会因为害怕承担严重的后果而害怕说出真相吗？他说谎是为了赢得同龄人的肯定吗？

“利己主义者”——“我，我，我”的态度，是否说明因为那个孩子不相信会有别人来关心他，所以他需要花很多时间关心自己？如果是这样的话，利己主义就是孩子为了保证自己的需求得到满足的方式。

“只是追寻关注”——这个孩子在他的早期生活中，没能得到他应得的关注吗？如果是这样的话，那么，当他的期望像山一样高的时候，即便是受到一点点关注，他也会变得很开心，这样理解就很合理了？当问题儿童们要求过多的关注时，会让大人们产生挫败感，实际上，更麻烦的事情是，如果他们停止追寻额外的关注，那时他们可能都已经放弃希望了。

大部分问题儿童都缺乏关爱，因此，即便我们尽最大的努力来关注他们，或者为他们做出了巨大的牺牲，他们也很少能够满足。我们会带着火气抨击他们，但实际上我们不应为他们伤心，而是为他们缺失本该得到的关怀难过。

“懒惰”——那个孩子孤僻，还是有些抑郁？他是不是有学习障碍，或是有过一段失败的经历？如果不是，也许是他之前对某人或某事寄予了希望，但后来“破灭”了。或者他只是没有理由，要去做个有雄心壮志的人。

“有控制欲”——这个孩子是不是出于安全的目的，操控他周围的环境？许多孩子会为了生存，学着巧妙地控制他人，对他们来说，有控制欲是自我保护的一种形式。

“令人讨厌”——那个孩子有没有在自己身边画了界线，以使成人与他保持距离？曾被成人伤害过的孩子，也会因此不能接受亲密的行为，会经常用令人讨厌的行为将成人推离他们。

“挑衅”——这个孩子正在寻求关注吗？有些孩子，希望被别人拒绝时，会通过挑衅成人的方式来控制事情发生的时间和地点。为了掩饰紧张，他们会用巧妙的挑衅来引发拒绝。也有一些年轻人，因为曾经被成人虐待过，他们心中对成人是愤愤不平的。为了转移他们的愤怒，他们会向任何挡住他们道路的成人发起挑衅。

负面标签的影响

做出那些问题行为，是孩子们发送信息的一个途径，而给他们贴上负面标签，无异于是“射杀信使”。这既会激怒孩子，也会损害你与孩子之间的互动。

看看有关7岁的泰迪的案例，他是一个热心的充满勇气和幽默感的孩子。由于混乱的家教，泰迪的自尊心少之甚少，并且无法相信成人。他还经常说谎！每当他说谎被抓住，并面对“谎话”被揭穿时，他会激动起来。他会大叫：“我不是骗子！”泰迪将谎话与坏孩子画上了等号。他不能容忍被贴上骗子的标签，他太脆弱了。

第三次说谎被抓住时，泰迪说了个显而易见的谎话。他的寄宿学校的咨询师尝试了一个新的方法。

咨询师：泰迪，现在我们好像遇到了一个问题。

泰迪：我没有说谎！我不是骗子！

咨询师：嘿，我没有说你是骗子。我只是希望我们能谈一谈。

泰迪：我没有说谎！

咨询师：我听到你说的话了，我也知道我看到了什么。我来问你点事情：你是不是觉得只有这么小小的可能性【将拇指和食指放在一起，使他们几乎靠在一起】，你所说的事情的发生【再次将拇指和食指放在一起】，相比真正的发生，有那么一点不太对？

泰迪【思考那个问题，接着笑起来】：我是有那么一点点不太对，当然是可能的。

咨询师：好吧，谢谢你承认这一点。我知道，这对你不容易。

接下来的一天里，全体工作人员都开始对泰迪使用“有那么一点点不太对”这个短语了。结果，他的谎话很快减少了，并且每当一个根深蒂固的问题显现出来时，他们能够谈得更深入。

如果你倾向于给像泰迪一样的孩子贴上消极的标签，你或许也没有什么错——但只是，有那么一点点不太对！放弃这种做法，你就会有更多的机会跟这个标签后面的孩子交流。

避免错用权力与控制

有意义地“应对”挑衅性行为的一个最有挑衅性却最有效的方法，就是小心谨慎地运用好我们对孩子的影响力。而对破坏性的行为产生强烈“反应”，则会给我们带来干扰，使得我们无法走入孩子的内心。更糟糕的是，对权力和控制如此滥用的话，常常会诱发出更多的错误行为。为什么呢？因为孩子们会认为这些手段是充满伤害的、相形见绌的、令人生气的，孩子们的出格行为可能是他们进行抗议的唯一手段。

错用权力与控制的一般表现

我们对孩子总是带着良好的期待，但在饱含善意的教育之路上总是会充满着陷阱。下文的四个方面，点出了其中几个最具隐蔽性的陷阱：

1. 滥用职权

孩子：为什么？

你【很生气地】：因为我叫你这么做！

如果这个对话发生在你和你的上司之间，毫无疑问，你肯定会怒火中烧、拂袖而去，甚至会蓄意报复。那么当手握权力的人对孩子们说这些话的时候，他们就不能发发脾气吗？

当一个处于权威位置的人，如此滥用权力的时候，他们其实就是关上了与孩子的对话之门，使大家一直纠结于谁对谁错的问题。这种影响可能是灾难性的！许多孩子遭到滥用的威权的再三攻击，他们所经历的是一个暴风骤雨般的、锱铢必较的青春期。

在一个持续一年的“冲突消解”计划接近尾声的时候，那个四年级的班级所积聚的强烈情感爆发似已初见端倪。他们在操场上已经打了一架了！事情发生后，他们那位已被饱受批评的老师，竟然还问：“你们这些孩子，为什么能在课堂上说得很好，到了外面却是言行不一、另做一套？”

只有几个学生给出了一点微弱的回应。接着亚历克斯回答道：“或许是课堂里学的东西很难运用，因为我们在家里也没有见过这样的情况。我们家谈到权力这个事情，就开始开玩笑。我的奶奶会大笑，而且会说，‘我们已经得到所有的权力了！’大人们为什么就不能直接告诉我们，他们因为年长所以要照顾我们，而非要说他们有权那么做呢？遇到事情时，他们为什么就不能将理由告诉我们呢？我妈妈就在用这个‘冲突消解’新方案，她总是用新方案里的方法喊‘1、2、3’，然后，我就被禁止外出了。大多数时候，我甚至都不知道自己到底做错了什么！”

随之，孩子们一个接着一个，描述那些因权威而违背心愿所做的事情。“我的芭蕾老师要求我们不能在芭蕾裙外面穿衬衫，但是她自己却这么穿。我们问她为什么自己可以穿的时候，她说，‘因为我是老师！’”

“我的父母从来不向我解释，为什么不让我做那些他们自己也做的事情。他们总是说，‘因为我是家长！’”

“我的教练会说：我说什么就是什么，不听话就滚吧！”

几乎每一个孩子都有一个故事可讲。在这些故事中，他们所表现出的感情是自然的，他们的愤怒很真实，事实留给他们的记忆是挥之不去的。

2. 大喊大叫

当有人对你大喊大叫时，你会有什么感觉？最有可能的，就是感到被人瞧不起了！这与感觉被不尊重是一个意思，也包括会感到愤怒和受到威胁等。此外，你还可能会想要报复那个人一下。其实，孩子们也会有同样的感受。

对着孩子大喊大叫，不仅会加剧孩子对自我形象的负面评价，它还会传递一个可怕的信息：这个大人的情绪失控了。若孩子发现他世界里的成人难以控制自己的情绪的话，他会把自己与这个人的互动视为不恰当、不稳定的。

大喊大叫与提高声音有什么区别吗？从某种意义上来说，大喊大叫满足了成人宣泄怒火的需要，而提高声音则服务于儿童管束的需要。但是孩子很难看出这两种方式的区别，那些对成人错用权力过度敏感的问题儿童，更是如此。事实上，我们将声音提得越来越高的话，接踵而至的紧张感产生的可能性就会越来越大。

当大喊大叫现象减少后，孩子们的行为也会随之改变。据报道，在马萨诸塞州的一个寄宿治疗项目中，工作人员有意识地显著减少他们的大喊大叫行为，报道出来的数据表明：针对孩子的“身体约束”治疗方法的使用，降低了 50% 还多。另一个小组的情况是，随着教师大喊大叫行为的减少，老师们终于松了口气，他们开始能花时间倾听孩子们说话，而不是强迫孩子们听他们说话。他们指出，如果用平静的、支持性的语气宣布 5 分钟的计时隔离处罚，也会比带着怒火地命令“坐下 5 分钟”作用大得多。

即便你偶尔大喊大叫了，也大可不必因此而产生什么犯罪感。取而代之的是，争取在接下来的几个月里减少你的大喊大叫行为！每次都争取向前跨一步，脚踏实地地去做，然后再看看有何感觉。也需要注意的是，要看看孩子们对你“变安静”的方法会有什么样的反应。你当然会从你的努力中得到回报的！

3. 打人

如果你迟交了一份报告给你的上司，他突如其来地揍了你一顿，你会作何感想？恐怕没有人能忍受这种过分的行为，这会让人感到颜面尽失、没有得到尊重。那么，你也可以想象一下，这样做，对孩子来说会意味着什么？

打人包括猛击、击打和轻拍等几种方式，这些都是权力和威胁的反映。从身体角度看，这些行为是打到人了；从情感角度看，这些行为会让孩子们愤怒。我们之所以要摆脱打人这样的事情，是因为我们所面对的孩子还很小，他们无力反抗我们。

我们不仅把打人这种惩罚方法，用在了年幼的无力反抗的人身上，而且，我们也常常看到这种充满怒气孤注一掷的行为，效果是如何地适得其反。体罚给孩子传递的信息是：身体暴力是应对挫折的正确方法！

在你气得要打一个孩子的瞬间，你也要记住你对孩子一直的关爱，这些爱会远比一次体罚的影响有价值得多。尽管如此，你要能够意识到自己刚才做错了，需要找到更有效的处理方式，你该为自己的失控行为向孩子道歉。一个道歉，不仅可以帮助你修复你们之间的关系，也可为孩子学会采取建设性行为做事，做出表率。

4. 不尊重孩子的意见，一意孤行做决定

成人动辄就会为孩子做出一些影响其生活的决定，对孩子不加提醒也不求支持就做出一些改变。比如：学校老师未预先通知，就给学生们换了座位；教养院的咨询师未经学生同意，就给孩子换了室友；寄养家庭的父母不跟孩子协商，就修改了家规。尽管所有这些改变都是为了孩子好，但如果孩子没有准备好，尤其是在面对大的改变时，他们会感到不知所措，成人是强人所难，而自己是一点用都没有。

设想一下，假如你都上了一天班了，但是你的上司却叫你留下来加班去写完一个报告。因为加班会妨碍到你晚上的原定计划，所以，你即便没有化为行动，也可能会感觉很恼火。如果我们反复无常地改变规则，并认为孩子理所当然该接受的话，小孩也会有同样的感受的。为了帮助问题儿童，需要敞开你的交流通道，让孩子能及时知道必要的信息，只要可能，就要让他们为影响生活的问题做出自己的决定。

如果你此刻别无选择，只能突然改变计划的话，事后也需要向孩子解释原因，并要感同身受地对他们的反应表示理解。如果只是没有告诉孩子计划中一个临时的变化，当然也不至于带来什么灾难性的后果；相反，尽管孩子们希望对未来可预知，并以此来增强自己的控制感，但是，他们仍需要知道生活有时是不可预测的，不可预见的变化会越来越多。

每当你想要“把权力放出笼子”，采用滥用权威、大喊大叫、打人的方法或是一意孤行做决定时，你最好在开始行动前就尽量控制好自己，做一次深呼吸，仔细思考你的行为可能带来的后果。那么，有没有更有效的方法，让你也展现一下你的权威和控制呢？当然有的，这就是：你希望别人怎样与你交流，你就应该用同样的方法跟孩子交流。

曾被虐待所造成的阴影

许多长期有问题行为的孩子，都有大量的被权力和控制所严重伤害的历史。那些曾受到性虐待的孩子，心中都藏着极大的愤怒；那些被反复责骂、体罚或被区别对待的孩子也会对这个世界充满怨恨。其实，没有孩子，也没有成人愿意像这样，被别人不公平地控制或是被权威者无理地威胁！

乔迪是个十七八岁的女孩，她有一个悲惨的过去，因为她曾受到过性虐待和体罚，现在住在寄宿治疗中心。她来的时候，期望在这里也受到不公平的对待，因为那是她所知道的一切。在某些方面，她还期望被权威管制，所以她试着激怒工作人员，让他们对她大喊大叫或对她进行身体约束。每一次的挑衅，在她的脑中都有一个微弱的声音发出来：“看到了吗，我是一个坏孩子。我的父母有很好的理由虐待我、抛弃我，我把他们都逼疯了，看看周围，我把所有人都逼疯了！”

是的！尽管乔迪的父母如此不公平地对待她，但她仍然爱他们，因为父母是乔迪所拥有的全部。她也因此认为父母苛待她是她应得的，因为自己是个坏孩子，所受到的那些虐待都是自己的错。乔迪激怒大人们，让他们错用权威的力量来管教她，她在保护了父母的同时，也由此来确认自己消极的自我意识。此外，她是想通过“设置好”被虐待行为，来掌控住局面，这样的话，她就能够知道虐待将会在何时、何地发生！

像乔迪这样的一类人，是把自己置于自己最害怕的情形中，越是害怕什么越是去做什么，用医学术语来说，叫作反恐怖行为。这一类行为容易发生在一些学生身上，他们会假设自己被踢出教室，然后激怒老师来“准许”他们离开屋子。实际上，他们并不希望被踢出去，他们无非是不能忍受不知道何时会发生被驱逐的事情。

多年来，我遇到过许多孩子对我大叫：“你来啊，打我啊！”他们同样也是在试图掌控局面。他们希望通过我来验证，他们是坏孩子，应该被揍！他们也是在测试我，看看我是否也像其他大人那样苛待他们。

弄清真相

针对有“反恐怖行为”的孩子们，我们的工作任务是弄清真相，通过这样的方法，让他们相信自己是个好孩子。为了达此目的，首先要做的就是要帮助他们搞清楚，为什么自己会被父母苛待。例如，我们可能会说，你们的父母是好人，但是犯了严重的错误，可能的原因大概是因为不走运，或是他们自己有什么别的问题。这个解释会让问题儿童有了一个继续爱父母的理由，而不会因为所受到的消极和虐待行为而过分自责。

第二个任务就是在孩子们出现那些无可避免的伤心与愤怒时，尽力去安慰他们。

例如，麦克先生用了两个小时才控制住乔纳斯，这小子有两百磅（1 磅约为 0.9 斤）重，胳膊像树干一样粗，他刚刚就利用一件小事来大发脾气。尽管麦克先生对乔纳斯了解不深，但他很快推测出，乔纳斯是一个非常麻烦的年轻人。被制止住之后，乔纳斯仍然非常伤心。麦克先生开始尝试与乔纳斯面对面交谈，因为乔纳斯的心情仍然很烦乱，此时此刻，乔纳斯开始直率地表达一直以来对母亲的不满。他谈到在他受到一个叔叔的性虐待时，妈妈是怎样对此置若罔闻并多次故意地望向别处！在让乔纳斯发泄了一会儿之后，麦克先生评论道："我敢打赌，你妈妈是爱你的；我也敢打赌，她的生活也十分艰难！"

乔纳斯用一副"你怎么知道的"表情看向麦克先生，"她小时候也被性虐待过！"乔纳斯自己说道。他接着叙述了相关的细节，包括他自己被虐待的相关情况。突然，他开始抽泣起来，麦克先生将手放到乔纳斯的肩上，然后他们一起静静地坐了一会儿。

当我们错误使用成人的权威时，即使是用再巧妙的方法，也会有加剧孩子产生消极的自我意识的风险，使得他们更相信自己是个坏孩子，那些苛待对他们来说是罪有应得。只要我们尊重孩子，并能够冷静地对待他们，我们就可以帮助他们发现自己原本就是一个好孩子，只不过是一时头脑发热做出了错误的决定而已。

第三章

用发展的眼光看待孩子

在观察孩子的挑衅性行为方面，发展心理学为我们提供了一个非常有用的视角。之所以这么说，其中一个主要的原因是，发展心理学能够给我们带来真真切切的希望。因为随着问题儿童年龄不断增大，他们的监护人多已对他们越来越失去了希望，这种不断增加的失望，进而会导致他们与孩子之间产生更多的误解和冲突。相反，如果成人能够分辨出孩子的不同发展水平，能够以发展的眼光看待孩子的话，就可以帮助他们改变原先的预设，从而避免与孩子之间产生不必要的争吵。

之所以需要用发展的视角看问题，第二个方面的原因是：人际交往上有困难的孩子，常常表现为基本需求没有得到满足。这个时候，他们的问题行为背后所隐含的信息是："我还停滞在早期发展阶段，我需要帮助才能改变这种状况，现在就得给我提供那些我本应得到的帮助。"我们对不端行为背后隐含的发展阶段分辨得越是清楚，我们据此将要采取的应对措施就会越有效果。

大量有关儿童发展问题研究的文献，都深刻地指出了健康成长的重要性。本章的目的是要解决如下问题：人生前五年的发展有哪些关键任务需要完成？若是没有完成这些任务，会对孩子此后的生活产生怎样的影响？若是产生了问题的话，我们该怎样帮助他们？

打基础的年代

孩子生命的开始，就像刚开始建房子的阶段，要为未来一切可能的发展打好基础。随着时间的推移，为了承受风吹雨打，房子需要坚实的基础，否则会有崩塌的危险。在孩子的人生中，需要在最初的五年打好发展的基础。在这几年中，需要用“足够好的”方式满足孩子们的需求。只有这样，才会给他们带来健全的基础，他们才会在舒适与安全的环境中，感受到自己所生活的世界是美好的。

从理论上说，这些儿童已经获得了“客体恒常性”“自我的统整意识”，最重要的是，明白他们是生命中重要成人的健康“从属者”。简单地说，孩子的依赖需求已经得到了满足，他们的发展可以继续前行了。另一方面，若是没能在生命的前五年中打下坚固基础，孩子的未来发展就会有周期性“崩溃”的风险，甚至其一生都是麻烦不断。这其中，最初的三年是最为重要的！

第一年

在生命的第一年里，孩子们完全依赖着父母。为了活下去，他们需要食物、衣服、住所、清洁、拥抱、摇动、交流、保护、感知和触觉刺激，当然，首要的是还有爱。当他们开始探索周围的环境时，他们还需要更多的指导和适当的限制。

当父母满足了孩子的这些早期的需求后，孩子开始成为他们的依附者。最终，这些受到悉心照顾的孩子，会开始逐步进入“分离个性化”的进程。换句话说，通过父母强烈的依恋，孩子们发展出了足够的信心与能力，使之能够作为独立的个体到外界闯荡了。尽管有时爸爸妈妈并不是真的站在他们身后，但在他们的意识中总会觉得父母是他们的支柱。

如果孩子第一年的需求没有得到满足，比如，家长长时间对孩子没有反应、不关心或总是惩罚孩子，孩子就会认为这个世界是一个冰冷的、不欢迎他们的地方。他们最终会在这种观念下形成自己的性格！他们会觉得跟大人在一起不舒服、不安全，还会认为依赖别人是不可靠的，他们确信自己必须照顾自己。他们投射出的信息是：“我必须自己做好一切。”

第一年的需求没有得到充分满足的孩子，会渐渐成长为极端以自我为中心的人，他们在未来的生活中没有能力持续地维持好社会关系。因为他们从来没有全面地依赖过一个重要的成年人，他们常会将大人看作一个对象而不是人类。结果是，他们会趋向于感到孤独，会觉得在这个背叛了他们的世界里被孤立！

对有反社会倾向的儿童，诸如不服从规则、极端自我中心、对人有敌意，或是有虐待动物的癖好、伤害同伴却毫无悔意等，我们无论在什么时间遇到他们，都需要明白他们可能曾经有过发展阻滞问题。他们的行为很可能是在说："在我生命的第一年中，我没有得到应得的关爱""我没办法对你好，因为在我的家庭中没有人对我好"或"我是不可能跟其他人交流的，我与全世界为敌！"

面对一个"阻滞"在一岁的基础人生阶段的孩子，我们能做些什么呢？你能做的是，可以找出他未能得到满足的需求，给他无条件的爱和支持；确保他有足够的营养，在个人卫生方面给他清楚的指导；保证他的生活环境是安全的、整洁的和有序的；给他制定合理的约束，并且提供坚固的支持体系。此外，要努力去维持与孩子之间相互信任的关系，这会让孩子依附于你，将你看作他生命中的重要成人。

第二年

大概在第二年开始的时候，许多被照顾得很好的儿童开始学着走路、交谈，并对他们周围的环境有着更好的感知。结果是，世界成指数倍数地向他们展现出来，这是多么令人兴奋而又让人害怕的状况啊！小小的孩子被各样的感受和冲动淹没，却没办法将它们全部吸收到自己小小的身体中。他们大笑、尖叫、生气，在他们两岁的时候，还会有可预测的规律表达出"不"！

第二年是"自我表达"的时期！第一年还是乖乖女的"宇

宙的女王”，原先都是父母的掌上明珠。现在，却已经会带着老练与狡黠把早餐碗在房间里扔来扔去，会猛打一个无辜玩伴的头，知道卖巧弄乖讨好家里人，还会敏捷地收起电视遥控器。

怎么解释孩子个性上的这种突然的转变呢？为了影响其周围的环境，孩子最新获得的能力是产生了一波又一波的挫折和焦虑。因为探索不断扩大、越来越不确定的领域，这可不同于在父母的羽翼下活动！父母的角色也改变了：他们允许孩子进入独立个体的发展进程；他们为孩子建造了家庭的基础，可以让孩子回归安全的港湾；为了保护孩子，他们建立了安全的界限，让孩子第一次感受到限制。

在这种事态下，越来越多的挫折会触发年幼的孩子回应说“不”。说“不”，成为他掌控一个不再安全、不再可靠的环境的工具。这样做，也是让别人知道他与众不同的一个途径。每次他说“不”的时候，他是在表明他是一个独立个体，他需要被关注、被认同：“注意啊，我可是个大人物！”

在孩子的眼中，他会觉得，只有父母才会给他带来不断增多的焦虑！除了父母，还有谁会这样责备他呢？这些软心肠的父母，起初的态度诱发了孩子，让他认为生活是一次温暖而模糊的愉快旅程。但真正的生活却不是那样的，生活不会是一帆风顺的。它充满了不确定性，会遇到各种制约，并且犯错误要付出代价！

与说“不”一同来临的，是一个迷人的心理进步。当蹒跚学步的孩子第一次听到某句话的时候，它就进入了他的意识中。不论是粗鲁的话“给他个耳光”，还是友好的话“你好吗”，对他们来说都很震惊。

“不行，阿曼达。”

“什么，妈妈。你知道你在跟谁说话吗？我是你的小阿曼达，我是你的骄傲、你的快乐。你不可以对我说不的！”

“不行，阿曼达。”

“我的耳朵一定是被堵住了。记住，像我这样的小孩有严重的耳朵问题。让我们去看耳科医生吧。”

“不行，阿曼达。”

“你瞎了吗？你失去了你的感觉了吗？是我，阿曼达，是宇宙的女王正在指挥她的父母。你不可以对我说不。我会揪下你的脑袋的！”

“不行，阿曼达。”

当然，最后她的听觉当然是完好的。孩子只是会疑惑：“这些人怎么能在爱我的同时，仍然对我说不？”为了应对这个充满压力的窘境，她将父母分为“好的”和“坏的”的形象。这种区分，可以帮助处理好相互矛盾的感觉：可以接受的（好的）父母和拒绝的（坏的）父母。她会对自己说：“在我妈妈和爸爸的身体里，一定有两个人。当他们对我好，说‘可以’的时候，他们是好家长；当他们变得刻薄，并且说‘不’的时候，他们就是坏父母。”

很多小孩子还会分裂他们自己。他们这样想：“当我表现好的时候，那是好我；当我表现出恶的一面的时候，那是坏我。”不论是直接向外指向他们的父母，还是向内对着他们自己的分裂，会帮助两岁的孩子适应不同的压力。这包括父母设置的制约所带给他们的压力，和他们与自己的冲动的斗争所带来的压力。而这两种压力，总是会干扰他们对快乐的追求。

在这个阶段中，家长的任务是：既要对孩子进行持续的养育与影响，也要给孩子不断补充清楚的、可预见的约束，并且寻求到两个方面之间的平衡。如果在设置约束和正常养育之间出现严重的不平衡，就会对孩子的行为和社会作用起到消极的影响，导致他在两岁时产生发展性停滞。被父母娇惯大的孩子，由于他们的父母不给他们设置清楚的、可预见的约束，他们会继续将自己划分为“好的”和“坏的”两部分，并从不将两者整合为一个统整的自我。随着他们逐渐长大，他们可能很难忍受挫败的感觉，并且可能在应对不安和压力时，变得混乱无序、容易生气。即便是那些被父母加以约束、被划出了边界的孩子，如果父母没有给他们加以适当的影响的话，他们也同样不会形成统一的自我。因为，这样的孩子会认为纪律和界限的设定，是父母拒绝自己的一种方式。只有当大人们满足了孩子的愿望时，他们才是“好的”家长。任何阻挡他们追求快乐的家长，都会被看作“坏的”家长。

这种分裂，在我们人类最初遭遇压力的时候就已经开始了；这种分裂，也会伴随我们终身。成年人产生焦虑的时候，也同样会产生分裂现象，他们也会在头脑中，将人分到“好的”和“坏的”两个盒子中。例如，不堪重负的儿童福利工人们，就常常会挤在单位的大厅里，言语上将他们的同事划分到这两个盒子里。他们会说：“那个主管是个蠢货。但愿我们能有更多像海伦一样的主管！”或者“那个新员工真是太可怕了。

他为什么不能像拉尔夫一样开始这份工作？”通常在人多的场合，他们会发现若是仓促、简单地把人分出好坏，并不能如其所愿地降低自己的焦虑。他们会觉得需要在非黑即白的观点与真实生活的灰色阴影之间，找到平衡点。所以，他们会这么说：“或许那个主管，也并没有那么糟糕。海伦和拉尔夫，也可能并没有那么高尚。”

问题青少年遇到压力的时候，他们产生分裂的方式就比较接近成年人了。唯一不同的是，他们错失了生命的第二年发展所需要的范本，此时他们更需要的是示范，而不是建议。给孩子设置明确的约束范围，同时奉献出你的爱，能够让孩子们感觉到你并不是完全“好的”或是“坏的”，而是一个可以养育他们并给他们制定规则的人。承认身体中存在两个对立面，能让孩子们学会接受自己的“好”与“坏”，并向统整的自我的形成跨进一大步。他们越快地体会到统整的自我，就能越快地控制好自己的脾气，并避免把个人挫折转变成对他人的敌意。

第三年

一个受到精心培养的孩子在进入生命的第三年时，会开始调和自己对“好的”与“坏的”的理解，并进而形成一种新的舒适而安全的感觉。因此，尽管父母会给他们定规矩，但孩子开始认识到父母总是会支持自己、帮助自己的。成功地融合好“好”和“坏”的理解，为他们建立发展性的、积极的社会关系奠定了基础。

无论何时，若你发现一个孩子定期地利用一个大人对付另外一个大人，并成功地引起了他们之间争吵有关对待他的最好的方式，你就要意识到，这个孩子可能在两到三岁的发育阶段中，遇到了发展阻滞问题。在这种情况下，对孩子发展来说，最需要的就是要补上一课，将他察觉到的好的与坏的方面融合起来，学会统整地看待成人与自己。

那你能够做些什么呢？首先，阻止这种分裂！你可以鼓励孩子生活中的相关成人，将自己的自尊先放到一边，尝试以统一的方式行动，帮助这些成人认识到，关爱孩子是没有唯一"正确的"方法的！同时，也要让孩子们看到身边的成人，他们在对待孩子这方面是"团结一致"一起工作的。尤其重要的是要帮孩子形成健康的心理，找到约束限制和无条件的爱之间的平衡。

在生命的前三年中被剥夺了父母关爱的孩子，会频繁地产生分裂行为，持续地表现出行为困难。他们后期的发展可能会处于风险之中，形成长期的个性失调或人格障碍。因为孩子的人格还在形成中，所以有关"人格障碍"这样的诊断，一般不使用在孩子身上。但是，他们所表现出的行为，其实已经被认为是有了这个症状的先兆。

在常见的几种人格障碍中，如边缘型人格、自恋型人格、反社会人格等，界线明确、各有差异。但在所有情况中，个体的人格都反映出早期曾遭受过混乱、忽视和动荡等问题，这些问题导致了孩子与世界相悖。有人格障碍的孩子，会在其性格中展现出过分任性、冲动、难以管控情绪，并且缺乏与他人建立适当的关系的能力。

与个性失调或人格障碍的青少年一起工作，是极具挑衅性的，由此，这项工作也极易产生职业倦怠。好消息是，尽管无法从根本上消除人格障碍这类问题，但成人可以帮助孩子进行修正，以缓和相关症状。这就需要成人用发展的眼光看待孩子，要设立切合实际的目标，而不是简单地根据时间表简单行事。在给予约束与正常养育之间，成人可以保持一种稳固的平衡。成人也需要适当把控自己，以避免被孩子分裂。在教育那些身心受到严重损伤的青少年的工作中，成人教育者需要发挥其他所有相关当事人的作用，做到风雨同舟共同进退，这也是保证他们完成教育任务的一项特殊使命。

第四年

幼童在进入人生的第四年时，会变得非常好奇，他们经常会表现出对知识无尽的渴望。他们想要到处摸一摸、闻一闻、尝一尝，一言以蔽之，他们对所有看到的东西都要捣鼓一下。总的来说，无论何时只要有可能，他们就会渴求探索新的领域。

这些新的经历，会引发孩子产生极大的焦虑。一方面是感官超载，另一方面则是经验和专业知识的缺乏，两者之间的落差，常常会导致孩子产生不确定、恐惧和疑惑等情绪。为了缓解这些不舒服的感觉，在许多三到四岁的孩子的想象中，都会形成虚构的朋友。这类朋友无条件帮助自己的好伙伴，可以被随时召唤来提供陪伴、安慰和支持。

这个年纪的孩子似乎都明白，如果想要跨越障碍、有能力在周围的环境中发挥作用，就需要不断地练习。当他们堆积木、揉面团、敲打、绘画、种植物，或是和娃娃、玩偶一起玩耍的时候，他们都会想出有效的方法来与周围环境的各个方面交互作用。他们会打扮得像个大人，那是在预演他们未来的角色。事实上，三到四岁的孩子，会通过参加他们能控制并能获得成功的活动，尝试着掌握生活的复杂性。追求对复杂生活的掌握，是孩子与其未来生活的一种连接。

若是四岁孩子这方面的需求遇到阻碍，或是个人感兴趣的事情未能获得熟练经验，这些问题会给他们日后的生活带来深度的不完满感、不安全感。实际上，许多问题儿童表现出对前途的不安和焦虑，是因为他们童年时从未得到机会学习怎样掌握社会的复杂性。有些孩子会被阻止去探索自己的周边环境，还有的孩子会被劝阻与虚拟朋友玩耍，更有一些孩子会受到限制而不能将“玩耍”转化为自己所收获的成果。

无论何时，当你怀疑你所照顾的孩子可能错过了这些发展性浸入的机会，那么，请帮助他们找些课题去做、培养出点爱好或者干脆给他们找点需要努力干的事情，这些都可以给他们注入熟识复杂生活的感觉。比如，鼓励孩子制作或者修理家具、要求他们到厨房帮忙、请他们将可以回收利用的易拉罐和瓶子分类等，都是可以选择的工作。再如，等他们年龄稍大到了青春期，也可以问问他们是否愿意做辅导小学生的工作。简而言之，就是让他们为即将进入的成年期，多加练习。

第五年

一般来说，在四到五岁之间的孩子，大部分都已经开始接受正规教育了。他们开始与同伴有了更为复杂的交互活动，最大限度地涉入了世界。如果孩子对父母曾经有很好的依恋关系，他们就会充满信心去超越家庭的束缚。和其他孩子一起玩，令人激动；与同伴分享特别的时刻，令人兴奋。有时，这些活动还是很令孩子沉醉的。

进入社会这个竞技场之后不久，处在发育进程中的孩子会有一个重大的发现："如果我总是固执己见的话，就没有人会跟我玩了。"为了被同伴接纳，孩子会很快开始适应同伴的需求，并将自己的冲动放在第二位。因此，建立友谊也成为标志性事件，这有利于减少孩子自我中心的想法，能使孩子融入丰富的社会关系中。

发展迟缓的孩子在进入学校之后，往往没有能力交到朋友，因为他们不愿放弃自我中心。他们希望随时都有控制权，他们对别人缺乏信任，因为他们认为信赖别人是不安全的。他们自尊心的发展，受制于早年贫乏的心理环境。因为不能很好地联系同伴，他们还遭受着另一种打击。缺少朋友和自尊心受损，都会伴随着孩子成长的过程，直至其成年。

很多年来，我一直在询问专业的儿童护理人员：在他们帮助过的问题儿童中，是否有人有个最好的朋友？在我调查的5000个人中，只有3个人回答有最好的朋友。大多数的问题儿童都没有朋友，他们不能跟同龄的人一同大笑，一起探险，分享感受，相互支持或是相互陪伴。想象一下，没有一个最好的朋友的生活会是怎样的生活？！

对于那些深陷孤独的问题少年而言，你能够提供的帮助就是帮他们交到朋友，或者更好的是交到一个最好的朋友。当两个孩子在争吵的时候，不要冲动地去干预或是分开他们，相反的，要帮助他们解决这个问题。你可以作为一名司机，带着想要介绍给孩子的朋友回家或去治疗中心，或带孩子们去看望他们。要克制住自己，不要因为孩子做了错事，就限定他们和朋友或同学在一起的时间。当然，若是可能存在不安全因素，才需要阻止孩子。只要你观察到问题儿童在玩耍中，就要帮助他改进他的社会技能。对一个缺少自尊的孩子来说，能交到一个真朋友，是一件令人兴奋的里程碑式的经历。

看到孩子们交到朋友是很令人高兴的。二人组疗法是一个相对较新的治疗思想，由两个配对的孩子和一个治疗师参与。我记得为伯斯特和艾利奥特安排二人组疗法时，他们都是11岁，每周会见我一次，以改进他们的社会技能。伯斯特粗暴而冲动，曾经受到过虐待，他会玩弄同学们，不断地找人打架，并常常需要身体约束。像大部分受虐待的孩子一样，他不受欢迎并且非常以自我为中心。

艾利奥特则很安静随和，尽管他也有被虐待的过去，有些受虐倾向，他愿意接受被别人戏弄，但是到他不能再承受时，接着他就会采取行动了。曾经有两次，他纵了大火。他像伯斯特一样，以自我为中心，从未有过最好的朋友。

在我们前两次的课程中，伯斯特常会捉弄艾利奥特。我会问艾利奥特："他可以这样捉弄你吗？"

艾利奥特会回答："是的，我喜欢这样。"

到第三次课程时，就不一样了。这一次，当我问他是否允许伯斯特捉弄他的时候，他回答："不，我不喜欢。"我建议他让伯斯特知道这个真相。一开始，他拒绝了，但是到了课程的最后时刻，他终于敢面对伯斯特，并请他停止捉弄自己的行为。

伯斯特同意了！显然，为了交到朋友，他很愿意放弃一些敌对的行为。从艾利奥特的角度看，他开始为自己挺直了腰杆了。

在他们第十二次课程时，两个男孩成为好朋友。此后的一年，他们要求成为室友，一个月接着一个月，两个男孩都在改进自己与人交往的方法，并且学着变得更加适应社会。对伯斯特和艾利奥特来说，交到朋友为他们打开了一扇大门，使得他们改进了自己的社会功能，形成了更加积极的自我认知。

在晃动的地基上砌砖

大部分没能在早期得到父母足够关爱的孩子，都会认为世界是不安全、不协调和没有爱的。因为他们没能与父母建立牢固的依恋关系，所以在他们的生活中会充满无情的焦虑和恐惧。在他们此后的生活中，除非他们与父母的关系有了很大的改进，或者转而对其生命中其他重要的人形成了依恋，才有可能改变这种状况。否则的话，他们很容易带着这些消极情感长大。这种对生命中重要他人的依恋，可以纠正原先的错误基础，帮助孩子稳固地进一步发展。在这种情况下，受到信任的成人开始取代孩子父母，给孩子补偿原已丢失的关爱。

下面是发生在亨利身上的故事，他是一个 7 岁的孩子，在生命的头两年里就被无情地遗弃。在还是婴儿的时候，就很少有人抱他、照顾他，此后不久，他就被安置在了一个条件不太好的孤儿院里，他每天会有好几个小时在婴儿车中嚎哭，没有人关注他。据孤儿院的工作人员说，为了挡住他的尖叫声，他们会用一块塑料布把婴儿车盖住，只在上面切开一个透气用的小洞。据亨利的养母说，由此带来的后果是他学会了大声尖叫。

尽管我第一次见到亨利的时候他才7岁，但他表现得更像是一个一岁的孩子。他的注意力会集中于任何在他面前的东西上，他不相信任何人，心中没有安全感，生活在持续的害怕被抛弃的恐慌中。每当他的养母将他留在治疗中心的时候，他就会担心自己永远见不到她了。

最终，我决定帮助亨利来探个究竟。因为亨利很喜欢坐我的吉普车，所以我们常常开着车四处兜风。我们第三次出门之后不久，亨利发现有工人正在为一栋大房子建造地基，问我能不能停下来看看。工人们的进程非常慢，但尽管如此，亨利被迷住了。我们待了大概有半个小时，在接下来的一个月里又来过好多次。我们看着工人倒出混凝土建造地基，架构墙壁，接着完成木工、护墙板、房顶和环境美化。亨利被吸引住了。

我同样被迷住了！事实上，是在那个建筑工地上，我第一次发现了为建房子打地基与为孩子生活打基础之间的联系。我看到了这两种情况的共同点：内在统一性是建立在坚固的基础上的，其形成取决于能否小心地把每一块砖砌在恰当的位置。因此，我决定我最能为亨利做的事情是：给他补偿，以弥补他生命第一年所缺损的关爱。

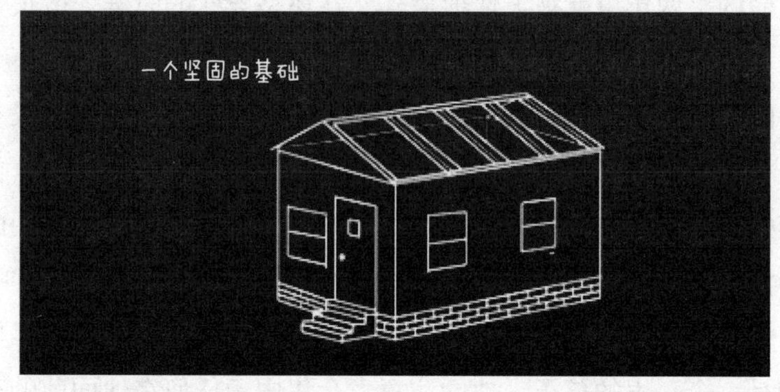

亨利的养父母、治疗中心的管理员和我决定共同合作，一起完成将他“基础中缺失的砖块”填满的任务。我们的目标是帮助他与大人建立依恋关系，并且希望随着时间的推移，推进他的发展。我们的行动计划是：即便他已经7岁了，也要为他提供一岁时从未得到过的东西，换句话说，就是得到成人的养育、获得安全感和了解生活的架构方式。

对于相关的教育工作者来说，遇到像亨利一样严重的问题儿童时，首先需要解决的问题是如何补偿其缺损，而不是与孩子产生冲突。因此，成人的角色更多的是为孩子填补缺损，而不是仅仅谈谈话。即便是这些孩子发展了，似乎已经不再产生冲突问题了，但是我们不时所看到的行为爆发，也还是在告诉我们：他们的基础需要填补。问题儿童的哭闹行为，与一个健康孩子试图通过哭闹来解决冲突问题，是有极大的不同之处的！

你是否有过这样的经历：在和一个问题儿童有过严肃的谈话后，感觉终于“理解”了她，让你很高兴，你如释重负地回了家，而到了第二天，你却发现你并没有让她的生活有显而易见的改变？在第二天早晨开车上班的路上，你还对头一天所做的积极交流的结果充满期待，但是一到单位，就看到那个女孩又在发飙了！看来你前功尽弃了，就像那次谈话从未发生过一样。你彻底崩溃了，你甚至可能会迁怒于孩子。你的自尊骤然跌落，你无法以最好的状态对待她，你这个时候会觉得对谁也好不起来。

若是我们自欺欺人，认为一次好的“心与心”的谈话，就会显著地改善一个问题儿童的生活的话，那给我们所带来的就是接踵而至的失败感与失落感。事实上，一次好的谈话、一次有效的计时隔离，或者其他的积极的交流，都能在孩子未来的长期发展中填补上一块“砖”，但这不会立竿见影地根除常年的不恰当的照顾所带来的负面影响。对成人没有牢固的依恋、缺乏信任感的孩子，并不会在一夜之间就能够改变。对一个摇动的基础进行加固，是一个长期而艰苦的过程。再者，谁也无法保证，这些缺少早期“砖块”的孩子，得到矫正后就会永远保持有正常的社会功能。例如亨利，尽管在寄宿中心取得了令人瞩目的进步，但他仍然是一个有过情感损伤的孩子，他可能永远也不能承担与其年龄水平相应的社会责任。

简而言之，积极的互动是至关重要的，但这种互动，需要周而复始、一次又一次的运用。对于在生命中前五年受到不适当照顾的孩子而言，没有灵丹妙药可以快速地修补这种缺失。

当面对处境艰难的孩子的时候，我们还需要从新的视角看待谈话。对那些一岁时有心理缺失的孩子，行为动作往往比言语有效。为什么呢？因为拥抱、哺育、摇晃、爱以及他们从未经受过的约束，都会给孩子留下发展的空间，也就是说，讲一大堆的话也难以填充心理的缺失，这就是所谓的言不及行。他们对环境所做出的回应，跟婴儿是一样的，他们并没有准备好，难以通过言语来克服困难。孩子们最重要的需求，就是获得成人的养育以及了解生活的架构方式。

我们需要把视角从话语的角度，转向“砌砖”的隐喻；在对问题儿童的教育中，这种视角的转换可以使我们减少挫败感，避免可能的失败。事实上，这种转变，还可以使得我们更重视每次给孩子提供的护理干预。因为这些干预，不论其大还是小，都是在给孩子的发展补上另外一块必需的砖，这个过程，会给我们带来非常好的感受。

从根本上看，对于早期发展受到损伤的孩子们来说，我们是填补者而不是谈话者。实际上，从我们开始与他们一起工作的那天起，直到他们从我们的照顾和监护中“毕业”，我们的目标就是尽量多地填补砖块，帮助他们加固发展的基础。尽管我们在建立这个基础的过程中充满痛苦和辛劳，可是我们可能根本看不到立竿见影的效果。实际上，在此后的整个青春期阶段，孩子仍然还会暴露出他们未被填满的需求。但我们内心会明白，我们曾经在恰当的位置填进去的砖块，将永远不会被移除。我们还应当知道，我们所提供的砖块越多，就能够为孩子未来拥有更好一点的生活，增加更多的机会。

第四章

帮助孩子追求自尊

大部分问题儿童自尊心都低，他们多是为此痛苦不堪。他们想对自己感觉更好一些，一旦他们开始这么想，就意味着他们的行为将会有进步了。在这个方面，我们能帮孩子做些什么吗？只要开始这项工作，你就会发现可以选择的方法比你想象的要多得多。

对孩子联系成年人加以表扬

当我第一次与处于危险之中的孩子一起工作时，我不停地称赞着他们，来增强他们的自尊心。不管他们做了什么，我总会表扬他们。当萨莉在 20 秒内画出了一幅图，我会轻声说出对她的赞赏，就好像这是巴勃罗·毕加索亲自画的。当阿尔伯特削尖了铅笔，我会表扬他的削铅笔技巧。我十分确信，这些孩子需要大量的、足够多的正面反应，来补偿他们过去缺失的而且无疑是从未经历过的赞美和鼓励。我想让他们感觉到自己是特别的、与众不同的，让他们明白有人相信他们、认为他们是非常重要的。

过了一段时间，我意识到自己做得有点过头了。我过度的无条件的称赞，对孩子们来说，开始变得没有意义了，还让一部分孩子不再努力工作了。比起对自己有更好的感觉，他们更觉得一点小小的努力就可以带来无尽的掌声，这传达的并非是有用的信息。

随后，我决定要让孩子们明白，表扬是需要通过自己的努力才能挣得的。当萨莉再一次向我展示了一个快速完成的素描时，我礼貌地感谢了她，并问她用了多长时间在这幅画上。她告诉我之后，我建议她在作品上花更多的时间和精力，这样就会给她带来更多的赞美。这样的回应方式，传达了一个不同的信息和一个有价值的课程：一分耕耘一分收获。从那一刻起，在提升孩子的自尊心及其能力发展方面，我的表扬才开始起作用。

数周后，我对“努力”的理解，从孩子在一个项目中花费的时间与精力，扩展到在做项目中所形成的态度与姿态。一天下午，一个此前从未在我面前表现过自己的男孩，突然为我画了一幅画，我非常热情地表扬了他。不仅如此，我还向他解释了他能够为我创作这样一幅美丽的画是多么有意义。他的成人依恋缺损的过往历史，给我留下的印象很深。我觉得，表扬的重要性不仅在于要称赞他的作品，更为重要的是要表扬他努力与人沟通的姿态！

问题少年常常会对成人敬而远之，要提升他们的自我价值感，我们的第一步工作就是要对他们开始与我们建立联系加以鼓励。在向他们伸出双手的温情时刻，我们需要更多考虑到孩子是非常不容易的，他们的交往能力使得他们很难恰当地与成人建立联系。我们需要更多地理解他们，而不是对此漫不经心，不加思考地滥用廉价的表扬。明智的做法是：先与这个孩子建立联系之后，才可以逐步地、有区别地使用表扬。

对于那些习惯性发飙的孩子，要提升他们的价值感，我们的第二步工作是：只要他们开始产生改善自己的行为，就要及时激励他们。这就意味着，有时候我们需要表扬一个行为远远低于我们期望值的孩子。例如，一个二年级的孩子，在前一周被赶出教室 10 次，但因为本周只被赶出了 7 次而得到表扬。

这样的建议常会使儿童保育的专业人员感到困惑，他们会奇怪：“为什么表扬一个仍在犯错的孩子？”答案是，因为孩子们正在努力改变。当我们了解到一个孩子在努力改进时，我们需要支持他最初的努力。我们所肯定的是他当前已经做出改进的状况，而不是理论上他应当达到的目标。孩子对此所做出的回应会是：对自己的感觉会变得更好，并且会更有动力去为自己的行为承担责任。

为每个人的成功创造机会

许多身处险境的孩子自尊心低，他们不愿意参加不熟悉的活动。因为害怕再次失败，也使得他们拒绝尝试新的游戏、运动项目、学术追求，或者是社会交流。所有的这些，都会招来孩子发展中挥之不去的幽灵：更深的情感上的痛苦与窘迫。孩子可能会问："如果我三击不中出局了，那还打什么垒球？"或者"为什么要学科学？我很笨——我永远都做不对的！"又或是"我不喜欢画画，我不擅长的"或"为什么要跟那个孩子说话？他不会理我。他知道我是个失败者"。

大部分问题儿童已经为此吃尽了苦头，他们更希望让生活更安全，并且回到他们"擅长"的活动中。在空闲的时间，他们更倾向于玩电脑游戏、看电视、加入帮派，或是参加其他很少显现出情感危险的活动。他们居住在一个狭小而舒适的空间里，他们会对空间之外的冒险抱着很谨慎的态度。对于这些对生活中的大部分都感到不开心的人来说，即使是小小的意外也等同于遭受了挫败。

我们的目标是帮助这些孩子缓和对抗情绪，扩展他们舒适空间的边界，并且让他们感受到成功。那我们要怎样做呢？方法是：为个人的成功创造普遍的机会。

创造这样的机会，我们首先要做的是：只是将对抗看作是一种防卫机制，而不是对不喜欢的活动或工作所做出的反应。比如，一个"痛恨"体育的问题少年，从来不想参与这些活动，但可能实际上是喜爱体育的，只是害怕自己在场上出错而受到伤害。改变了看法之后，我们进而可以引入一个新的，或者修改一个传统的活动，这样就会自然地把孩子引向成功。就拿垒球比赛来说吧，我们可以提出全新的规则："今天我们不采用三次不中出局的规则，现在是春训！"

某个大型寄宿制治疗中心的一位职员就采用了这样的方法。校内学生多是受到过虐待或是被忽视的孩子，他打算为孩子们组织一个校内垒球联赛，但是最初的现象是到了比赛日，只有很少的孩子来到球场。修改后最新发出的联赛通知，伴有两条新规定：其一是选择一位大家公认可信的成人作为投手来投球；其二是取消三次击打不中就出局的规则。然后，大约 60 个孩子报名了。尽管他们许多人从未玩过垒球，但是结果发现许多人是杰出的运动员。所有的参与者都在享受着比赛——这并不令人惊讶！因为规则的修改，为每个人的成功创造了机会。

附近一个青少年感化中心的工作人员，面对身处问题少年“包围”之中的处境，也采取了这样的方法。在这里，个人的人身安全不能得到保障，孩子的道德水平很低，随处都有紧张感。为了解决安全问题，并加强成人与青少年之间的联系，除了执行更多公正的惩罚评价，还提出一周用两个晚上玩 Bingo 游戏或其他活动来推动个体的成功。最初，大部分孩子都不愿玩 Bingo，他们哀嚎道：“那太土了！”但是时间一周一周过去了，越来越多的孩子出现了，热切地想要玩一个任何人都能赢的游戏。所有的这些改变得到的回报是，孩子们很快对自己感觉更好了，并且开始讨论自身存在的问题，自始至终都听从建议并从他们的角度讨论问题。尽管仍然需要对一些破坏性的小事件进行处理，才能达到较好的管理效果，但是，孩子们最终还是发出了相信自己的信号。

成功的机会不仅能通过群体活动得到，更可以通过个体活动获得。贾斯汀在7岁时，表现得就像个两岁的孩子。他对冲动的控制十分有限，不能忍受失败，自尊心的水平极低。某一天，在我带着他跟另外两个男孩打保龄球时，他的这些性格全部显露无遗地爆发了出来。那两个男孩是相当好的保龄球手，但贾斯汀不是，他没办法让球沿着轨道滚并且不掉出去。当我试着教他怎样控制球的时候，他没有理睬我，想要自己来解决这个问题。

第一局打到一半时，我可以看出贾斯汀处于极大的痛苦中。当其他两个男孩玩得很好时，他仅撞倒了零星的几个。让情况更糟糕的是，我们的分数会在头顶的显示屏上打出来，让每个人都能看到。贾斯汀对于公开显示他匮乏的保龄球技巧很伤心，并且开始低声咒骂，对自己感到失望，他还不礼貌、粗鲁地对待我。

很明显，此时我们该做些什么了！第五格打完后，我把贾斯汀叫过来，对他说："贾斯汀，从现在开始，你只需要记自己的得分，不要看别人得了多少分。也别考虑你认为你应得多少分，你只需要把实际得分都记录在表格里就可以了。"

他怀疑地看着我，接着开始了他的第六次挑衅。这一次贾斯汀没有失败，实际上，他得到了4分。他慢慢地回到计分桌旁时，看了看四周，接着为自己赢得了一次全中。大大的×出现在他的头顶，于是他毫无顾忌地大笑起来。另外的两个孩子抱怨了两句，但是当我解释到我们只是玩玩时，他们也就不再多说什么了。

贾斯汀又开始了他的第七和第八次挑衅，每一次都是先击倒了 3 个瓶子，然后回到计分桌旁想一想，接着，再来一次全中。他欣喜若狂，得分的逐步“提高”，使他找到了成功的感觉。

他的兴奋感延续到了第二轮。每当有人路过我们球道边时，他都会开心地指着头顶的计分屏，炫耀自己的分数。到了最后，他总共得到了 300 分，一个完美的分数！

他将自己得到的“满分的比赛”的成绩单带回了治疗中心，工作人员们同意将得到这份独特的成绩的方法，运用到未来的保龄活动日上。在 3 个月中，贾斯汀从害怕失败中解脱了，并且成了一个很棒的保龄球手，也慢慢回到了通常的保龄球活动中，能够按照正常的得分规则比赛了。此后不久，他取得了进入一个“周六早上保龄球联盟”的资格。

在建立尺度方面，对本身就存在功能性障碍的孩子降低标准，偶尔也会有人对此存有疑问。事实是，需要在学业及社会追求的定位方面做些修正，有些孩子才能踏进门槛、参与到这个游戏，如果连游戏都参加不了，他们可能永远都不会知道自己的潜力。然而，还有些孩子需要推动，要为得到成绩负责。做出修正的决定最终还是要取决于评价，你必须知道什么能够调动你所照顾的孩子的积极性，然后你才能够决定如何去培养他们的成功感。低自尊的问题儿童，需要在生活中经历更多的成功，这是普遍的指导原则。因此，若你在教育这些孩子的过程中走偏了，最好的办法就是换个角度考虑问题，站在帮助他们、以使他们对自己感觉更好的立场选择相应的对策。帮助处于危险中的孩子们发现的成功越多，他们就会越多地让你参与到他们的努力中，并且也会做得更好。

对于贾斯汀这个例子来说，放弃常规的记分方法，给了他在整个比赛中获得成功的机会，否则，他早就逃避这个游戏了。最终的结果就是，一个孩子不仅学会了怎样打保龄球，还提高了自尊心。毫不奇怪的是，比起教化中心的任何一个被预期将要走入寄养家庭的孩子，他更快地做好了到新家庭的准备。这个故事告诉我们所有人：提升自尊心可以打开许多新的大门！

提升孩子自尊的二十个小贴士

下面所列出的二十条技巧，是经过实践检验的靠得住的方法。这些方法的使用，可以有助于我们促进孩子的自尊心提升。将他们吸收到你的日常工作中，再加入一些你自己的创造性的想法，然后再看看会发生什么。但不变的是，当一个孩子开始对自己感觉变好的时候，他就在冒险改变其走向外部世界的途径。

一、高调宣告孩子的成功

对孩子做得好的工作，表现出极大的热情：将孩子在学校写的文章，展示在冰箱或公告板上；把他的绘画作品，裱好挂起来；为他的成功经历，制作一个剪贴本；在晚饭时，讨论他的收获。

在教室，贴出作业纸来展现进步，挂出标语来肯定他的成就。对有关成功的话题，展开讨论。另外，奖杯、牌匾、绶带、证书，还有握手，也可以提升自信水平。而各种照片，可以使成功变得更鲜活。

二、制定与孩子定期一对一交流的时间表

这种一对一的不被打扰的交流，就算是一天只有五分钟时间，都会让孩子感受到你在关心他。

三、一起度过闲暇的时光

向孩子表现出你喜欢有他的陪伴，这会帮助他自我感觉良好。如果你是养父母，可以和孩子一起玩桌游，一起到厨房闲待着，或者在院子里并肩干活。如果你是一个老师，从现在起每天跟孩子一起吃午饭。无论是养父母还是老师，你都需要出席他的运动会、作品展览会，还有音乐表演会。要在合适的情况下大声地祝贺，这非常重要。要让他们觉得，你一直在他们身边！

四、赞扬孩子的外貌

比如说："你今天帅呆了！"或"天哪，你真帅，"或"你今天看起来真酷！"或"嘿，那个背心真棒。"你赞赏孩子的外表，能够起到一个提醒者的作用，可以阻止孩子拿自己跟其他同伴比较，在处于危险中的孩子里，这种不恰当的比较是常见的现象。

五、让孩子积极投入到应当完成的工作中

请孩子来帮忙，让他知道自己是被信任的，能力是被认

可的。让孩子给他的弟弟妹妹喂饭，到院子里除草、砍柴，油漆一张桌子，准备一顿饭，清洗汽车并给发动机换一次油，通过电话或亲自去向一个人传达一个信息，尝试到银行办理一次业务，辅导一个小一点的孩子做作业，读一个通知，擦黑板，收集空的牛奶盒或是发一个传真等。

六、让孩子负责一些家务活

家务能教会孩子肩负起责任，帮助他人并明白团队协作。首先，从照顾自己开始，这包括个人卫生和梳洗打扮。接着，逐渐扩大范围，让孩子负责家里的整理工作，比如铺床、摆桌子、洗碗、除尘、喂宠物、遛狗、吸尘、清理院子，还有倒垃圾。就算是很小的孩子，都可以参与进来。例如，你可以在拿着一个正常尺寸的扫帚的同时，鼓励四岁的孩子拿着小的灰尘掸来清扫灰尘，可以向孩子灌输他来帮忙的价值所在，并试着消除家务活是引起大人和孩子冲突的原因这一观念。

在小学里，制定每周的“卫生值日表”，来帮助学生将教室打扫干净并布置得井井有条。邀请初高中生参与到教学楼的维护或办公室的工作中。

七、鼓励志愿服务

帮助他人会使孩子们感到自己很重要，很有价值，这也能够为获得新技能和发展个人能力铺平道路。可以到本地的报纸杂志上寻找社区志愿项目，像读书给老人听，到施粥店帮忙，参与一个空地清扫工作，教导一个小点的孩子完成学校作业，照管一个邻居的花园，捡起丢落的垃圾，回收旧报纸和其他物品，组织城镇的节日活动。

八、给孩子写一封感谢信，寄给他或是放在他的床头或桌上

一句简单的话可以使世界变得不同。下面就是两个例子：

琼：

谢谢你昨天帮了我，我确实非常需要你。你是最棒的女儿！

爱你的妈妈

汉克：

你这次数学测验考得很好。你在我的课堂上做得非常棒！

罗宾逊老师

九、帮孩子走入工作市场

挖掘与当地餐厅或其他行业管理者的关系，尽可能多地告诉他们有关你带来的年轻人的信息，并帮助他们了解这些年轻人的重要的人格问题。以这种方式把年轻人介绍过去，经理们就很可能会雇用他们，并一直留用他们。

许多有挑衅性情绪的青年，不论是自愿还是被迫的，常常会辞掉他们的第一份工作。如果这种事情发生了，试着不要过度反应。相反，不要泄气，逐渐地再将孩子推向新的工作。在一份工作中取得成功，可在很大程度上增强他的自尊心，同时

也可以培养他的能力，使他在长大后能够寻找并承担一份职业。

十、每天给孩子几个拥抱

通过身体接触来表达关心，可以增强孩子的自我价值感。这种个人赏识行为，也有助于关系的构建。（提示一下：在我们充满争论的社会中，从事儿童保育工作的专家需要细心地对待跟孩子进行的肢体交流。如果你在一个儿童保育机构工作，搞清楚哪些是可以接受的动作，在符合规定的范围内，考虑孩子的不同年龄、不同情境，尽可能多地给孩子一些身体接触。同时，因为许多孩子有被虐待的历史，他们可能会对成人的接触感到紧张，所以，也要确保尊重那些孩子所愿意接受的身体接触的界限。要避免触碰一个没有做好身体接触思想准备的孩子。

十一、请朋友和家人打电话或者写信为孩子庆祝生日，就如同孩子取得了令人瞩目的成绩一样

寄宿中心的工作人员曾约请十个孩子，在一个孤独的寄宿中心的孩子过生日的那天，给他打电话。结果，电话铃就一直没停过。那个孩子，为此欣喜若狂。

十二、询问孩子，征求孩子的意见

只要有可能的话，就要给孩子选择的权利，并要求他提出自己的看法。要让他看到，你很重视他的意见。用这种方法给孩子们权利，会让他们感到自己被尊重、被信任。

十三、鼓励孩子们和小动物一起玩耍

与动物交流往往比与人类交流要简单一些。一个毛茸茸的、绝对的无条件的“朋友”，就像是一个忠诚的同盟者。与小动物一起玩耍，会提醒孩子他自己也是多么可爱。

十四、自然地展现你的慷慨大方

不时地给孩子一些惊喜，用一些不需要他努力“挣得”的、特别的方式来款待他。如果他问起为什么，告诉他：“因为你就是你！”

十五、肯定孩子独特的长处和天赋

帮孩子找到一个他擅长的兴趣、爱好，或是体育运动项目，当他在这些活动中“闪光”时，对他加以肯定。认识到在一个领域中获得成功，常常会延展到其他领域的成功。

十六、促进孩子的友情的发展

为孩子多付出一些，帮孩子积极地和同龄人沟通。因为对于这些孩子来说，自己伸出手去交朋友可能会很难，你的支持可以让他明白，他的生活值得拥有朋友，并且他也有能力维持这些友谊。

十七、形成传统

每年在孩子过生日的时候，让他自己选择晚饭的菜单。在感恩节时，让他在吃饭前说几句感恩的话。在 7 月 4 日[1]，带他去游泳，吃冰淇淋，最后到公园看烟火。

形成传统，可以使家庭联结得更加紧密，对于班级和小组也是一样，可以给他们灌输一种精神层面的感受。形成传统，最好的一点就是可以激励问题儿童，让孩子盼望可以预期的活动，使自己成为其中温暖而熟悉的一部分。

十八、真诚的问好和告别

衷心地欢迎孩子来到领养家庭、学校或是寄宿中心。挂出的标语和正式的介绍，都可以让他了解到："我们非常开心你能加入我们。我们认为你是特别的、与众不同的！"

同样的，当孩子要离开你的机构时，组织一个正规的仪式。比如"告别圈"，让所有工作人员和孩子坐成一圈，说几句感谢的话，回忆有趣的故事，分享自己的感受或是简单地让那个孩子知道自己多有价值。最后，可以让这个孩子说一些自己的心里话。"告别圈"之后，或许可以接着开一个欢送晚会。

十九、尊重孩子自主权

锻炼可接受性，其意义是培养孩子逐渐成长的独立性。儿童跟十几岁的青少年一样，都喜欢依靠自己去尝试，他们常常想搞清楚："没有别人帮助的话，我能做多少？"在寻求独立

① 7月4日是美国独立纪念日，即国庆节。——译者注

性方面，孩子得到的支持越多，他们就会越有自信，为未来的成年生活所做的准备也就越充分。

二十、推行良好的价值观

教导孩子明白尊重、诚信、不歧视、慷慨和其他你所信仰的品质的重要性，并且付诸实践塑造孩子的品格。美好的价值观，不仅能培养孩子的自尊感，还可以帮助孩子更好地决策，使得孩子从他们的成就中，得到更多的满足感。

第五章

需要适当的惩罚手段

大多数有心帮助问题儿童的成年人，想要使孩子的行为得当的话，都会发现只靠养育是不够的，还需要一些惩罚手段，以使孩子为自己行为的后果负责。那些行为不当、屡教不改的孩子，他们的行为应该受到约束。因为，即使有充分的理由对事情产生疑惑或是对人生气了，他们也没有权利去破坏规则、伤害他人或肆意破坏周围的环境。

例如，在乔迪第一次打一个同伴时，如果大人们没有使用惩罚手段，那么对乔迪来说，可能就产生了这样的暗示："既然你感觉不爽，你可以宣泄你的愤怒。让那些规定和尊重见鬼去吧！偶尔胡闹一番，没什么大不了的！"当大人们允许像乔迪这样的孩子，三番五次地行为不当，她可能就会得到更加负面的推论："因为你一直行为粗野，所以你对控制自己的行为是无能为力的。"因此，孩子可能会想："哎！我反正不能控制自己！"这种想法可能会助长问题行为发生的几率。

若是对一个问题儿童的负面行为熟视无睹的话，尽管那可能是一个无伤大碍的行为，但也会传递出另外一种信息："你是个非常可怕的孩子，大人们都害怕跟你交流。" 一旦这种想法出现，就可能增强青少年负面的自我形象，并增加其破坏性行为的强度。

当不恰当的行为被忽视的时候，这些行为可能会再度升级。因为孩子们感觉不安全，想要寻求帮助以控制自己的冲动。实际上，许多孩子是迫切需要被惩罚的，他们渴望规则给他们带来是非对错的边界。

一个处于危险中的孩子和其他孩子一样，有权力决定自己的感受，无权力决定自己的行为。当对问题儿童施以同情和理解的同时，也需要让他们对自己的行为负责任，这样做的目的是向他们传达这样的信息："你可以控制你的行为，并且你和所有人一样，要对自己不恰当的行为负责。"这才是需要传递的正常的信息。

渴求"上规矩"

前不久，我在一个寄宿治疗机构工作的时候，曾带3个11岁的女孩去看电影《狼踪》。这是一部需要在父母指导下观看的有关自然的电影。那天看电影的过程，一开始一切正常，直到剧中野外生存的男主角开始与狼一起裸奔。

"噢，不！"我暗暗对自己说，因为我开始担心至少会有一个女孩，很可能是翠西，会被这个突发的场景所刺激。不出我所料，翠西开始从她的椅子上跳起来，张牙舞爪，发出奇怪的声音，渐渐引起了骚动。我轻声地叫她控制住自己，而她眼睛里透出疯狂，向我大叫："我没法儿停下来，我太兴奋了！"

"真对不起。"我对她说。我突然认定她是有能力面对这突如其来的场景的，于是，我又说道："我也不能控制自己。但如果你不能在三秒钟内停下来，那我们就开车回家！"她笑了笑，坐回位置，接下来的时间里风平浪静。

翠西确实很兴奋。但是，与刚开始比起来，她后来变得有自控了。这也是我为什么不让她以自己的诊断状况为借口，任由这些错误行为继续发生的原因。这件事情给了我两点启发：第一，在允许孩子以自己的病人身份作为借口之前，要三思；第二，要尽量避免将孩子置于可能会引发骚动的情境中。让青少年处于适宜的情境中，那么，我们使用惩罚的需求就会减少。

阿尔弗雷德对于"明确界限"的渴求，表现得更加明显。他在 4 岁时，受到了可怕的虐待。然后，他不得不进入寄养保育系统生活。那里的孩子们，将他从一个房间赶到另一个房间。尽管他聪明幽默，并极度渴望和其他孩子一样，但是他对世界的愤怒，一次又一次地通过失控行为爆发出来。他会扔东西、打人，还不停地尖叫。9 岁时，他被送进了一个短期寄宿治疗机构。

我成了阿尔弗雷德的治疗指导师，开始每周都跟他见面。不久之后，他被交给了格特鲁德，她是一个年迈的单身的领养母亲。尽管她很热心、很慈爱，但常常会做出不恰当的管理。阿尔弗雷德很快与她走到一起，然后每次我与他见面时，他好像总在担心家庭规则的缺失，并担心不能控制自己的冲动。“让她制定一些规矩吧。”孩子向我请求。

我试着帮格特鲁德设计一些规则，以及对破坏规矩的惩罚，但是她没有精力来落实这件事。因此，阿尔弗雷德搬到了另外一个寄养家庭中，这个家庭很好地平衡了养育和上规矩之间的关系。根据最近的反馈结果，阿尔弗雷德表现很好。

像翠西和阿尔弗雷德一样的问题儿童，既需要被关爱、同情，需要增强自尊心，也需要有规矩的约束，以帮助他们了解行为的边界。与健康的一周岁的孩子一样，规矩会给他们带来安全感。反过来说，没有清晰的边界，他们可能一遍遍地“以身试则”，以试探行为的界限在哪里。

对渴求做出回应

当孩子产生不当行为时，成人该怎么做才最合适呢？

数学问题都有明确的答案，例如 2+2=4，而行为问题却没有。尽管如此，对于问题行为带来的挑衅，情境的视角总是可以帮助我们做到“最好的回应”。

情境的视角

对问题行为做出回应的第一步，需要对当时的情形进行评估。第二步，需要采取一种干预方法，也要与当时的情境相匹配。总的来说，一个问题行为越严重，回应的就要越迅速、越直接。例如，一个孩子打了人，就需要迅速地回应，采取与其错误行为的严重程度相匹配的惩罚措施。

最严重的错误行为，是那些威胁到安全和稳定的行为。一般来说，一个有问题行为的孩子越失控，你需要越多的合适控制来帮助他 / 她增强安全感。在教室或治疗机构中，一个孩子的不当行为，可能会对所有孩子产生消极影响。因此，往往需要更及时、更直接地做出决定，让孩子承担相应的后果。

当你要针对实际情形，制定一个具有情境敏感性的回应方案时，下面这 10 个关键问题要牢记心中：

1. 安全问题是否得到了保障?

当任何一个人的安全受到威胁时，就需要设定严格的限制。对此，要努力做到少说多做。在群体环境中，及时的行动是必需的。在家的时候，如果边上没有其他孩子，没有危害到其他人的话，也许不需要迅疾地回应。

2. 这真的是一个问题吗?

孩子们常会做出一些事情，既让我们怒发冲冠，但又在一定尺度内。比如，他们会说粗话，穿花哨的衣服，或在房间的墙上贴满了攻击性的海报。在这样的情况下，惩罚就没那么必要了，若是非要采取措施的话，实际上可能会起反作用。所以，一定要评估孩子的行为是否符合当下的规范、规则和价值观，那样你就不会因为自己对这些东西感到不舒服，而反应得过于激烈了。

3. 为什么会出现这个行为?

要记住，问题行为是孩子陷于苦恼中的反映。一旦你了解到了潜在的原因，你就很可能知道了接下来该怎么做了。大多数情况下，找到了问题的根源就是在解决问题。

4. 对这个意外事件，我应当承担多少责任呢?

如果该问题的产生，也有你的责任的话——例如，不周全的计划，或其他一些疏忽，最好是赶紧承认错误，尽力避免这种情况再次发生。在这种情形下，惩罚也许合适，也许不合适。有一点要记住，你对自己的行为越负责任，孩子对自己的行为也会越负责任。

5. 还有谁可以来帮忙?

有人会向你伸出援手吗？是否有可供你使用，并承担得起的资源？拓展范围、寻求更多的帮助，是干预的一种策略。

6. 这个行为之前出现过吗？如果出现过的话，是否有什么规律?

如果这个行为反复出现，并有一定的规律性的话，例如，若是在每天、每周或每个月的同一时间发生（阅读行为除外，P83–85），你就要弄清可能的诱发因素。孩子是因为即将到来的家长的探视、数学考试或就寝时间而感到焦虑了吗？对于基于焦虑的问题行为，有效的回应，不是在每次问题出现的时候都回应一下，相反的，需要设计一个综合计划，探索他们的行为模式，同时，也需要一些激励措施，循序渐进地增加惩戒力度（当然，惩罚是预先已经告知孩子们的）。但是，还是要谨慎些，以便防止惩罚过于极端。过于严厉的惩罚，给孩子带来的仅仅是挫败感，但给你带来的却是受困于不必要的严酷纪律执行上去了。

7. 我与这个孩子的关系有多紧密？

你与孩子的关系越紧密，那么你就越能灵活地制定有效的回应策略。因为处于危险中的孩子们会试探成人，以确定谁能给他们安全感。

如果你还没有与孩子们建立紧密的关系，那么，你建立的约束措施就需要是严格的、始终如一的，这样，你才能取得孩子们的信任。一般来说，先硬后软要比先软后硬，实施起来更容易一些。

8. 我对这个孩子的发育情况、社会关系、医疗状况和心理历程了解多少？我对她当下的问题又知道些什么呢？

如果你对这些问题了解得越多，你的回应就会更有效。花在了解孩子过去经历上面的每一分钟都是值得的，可以使重要的信息显露出来，从而大大节约了你制定策略的时间。

9. 哪些方法过去起作用了，哪些没有起作用呢?

为了避免仅仅依赖“试误”的方法，你要反思之前你对问题行为的回应策略，摈弃那些没有引起任何变化的策略，再次启用那些效果显著的方法。如果你没有任何经验教训，那么现在就该着手为未来搜集数据，积累些资料。吃一堑，长一智，也许你能从你所采取的最糟糕的干预中学到最多。

10. 哪些个体特征（如年龄、身高、体重、家庭习惯、身体外表、个人卫生、协调性等），影响了孩子的行为，也影响了我对这些行为的判断?

这些因素常常与自尊心相关，因此同理心（empathy）是最重要的。比如说，一个男孩在体育课上行为任性，如果他肥胖且动作不协调，就可能需要更多的关怀。还有，要当心你自己的偏见，不要让偏见干扰了你的回应。

在采取措施、做出回应前，花几秒时间，把这 10 个问题全都想一遍，是否可能呢？毋庸置疑，人类的大脑可以在短时间内处理大量的信息，并做出合适的回应。试一试吧！你会很快发现，你在评估这些问题上越有经验，你的干预措施就会越有效。

案例

尽管问题行为是元凶，但是还是要基于当时的情境，制定出干预策略。下面的例子说明：不管是什么行为，基于情境的回应才可能是最好的干预。

当卡罗尔开车载着她 7 岁的养子马克去看牙医的时候，她注意到儿子渐渐变得焦虑不安。当他们距离牙医诊所还有 5 个街区的时候，马克开始咒骂她。她该怎样回应呢？她明白马克对牙医感到恐惧，他的恐惧和不断增加的烦躁，可能会导致他做出过激的行为，而逼迫她不得不采取严厉的干预措施。由于正在开车，为了安全起见，她决定对这些骂人的话置之不理，直到看完医生。

当他们回到家的时候，卡罗尔跟马克聊起了他骂人的事情，对他的焦虑表示了理解。她帮助马克明白，他伤害了她的感情，而且就算是处于极度的焦虑中，也应该有更好的方式来表达。马克为自己的行为道了歉，于是卡罗尔告诉他这一次是因为他太紧张了，不会有惩罚。但是她期望马克将来表现得好一些，如果再骂人，就一定会有 5 分钟的计时隔离、面壁思过的处罚。

4 个小时之后，当卡罗尔提醒马克去完成他应承担的家务——收拾餐桌时，他变得很心烦，又一次骂了她。卡罗尔平静地叫他去计时隔离 5 分钟，并要思考什么是表达愤怒的更合适的方式。

这一次，同样的行为（咒骂）却引发了不一样的回应。因为这次他们没有处于危险中，卡罗尔可以采用疗效理想的应对方式。不同的情境区别对待，她的第一次和第二次回应，都是当时可能采取的最好的回应方式。

下面是第二个基于情境干预的案例。记者乔治有一次独自在青少年教养院采访，当时他的同事斯坦到别处拍视频去了。突然，牛高马大的曼尼失控了，他挥舞着紧握的双拳，向乔治走去，不管怎么劝说也没能让他停下脚步。乔治敏锐地发现，自己的人身安全正处于危险中，他跑向最近的办公室，关上门，并叫了警察。

警车的到来，使曼尼停止了攻击。当警察离开的时候，乔治和曼尼处理好了那个事件，并且共同决定了对后果所应该承担的责任：由于这次事件的严重性，曼尼要被关两周的禁闭。

在视频拍摄结束不久，一个叫拉里的学员开始又用污言秽语大骂，并威胁乔治。这一次，斯坦有时间来干预了。他们一起控制住拉里，把他带到一个安静的房间，帮助他恢复自我控制。然后，他们和拉里一同回顾了本次事件，在拉里的参与下，制定了相应的处罚决定：拉里就寝前都要与其他成员隔离，而且要被关 3 天的禁闭，同时要求他记录下这次事件，思考如何可以做得更好。

像第一个案例一样，两个相似的攻击事例引发了不同的回应方式，但是每一种回应首先都要保证人身的安全。第一次，人手不够，这就需要孩子们明白，攻击性的行为会引发非常严厉的惩罚。当人手不成问题时，惩罚就不会那么严厉，并且治疗效果更加理想。

第三个案例是关于尼克森老师的，他是一个六年级的老师，班上有 30 多个学生。由于编制（预算的削减）问题，他不是全职老师。有一天，坐在教室后排的赛缪尔往教室前面抛了一个纸团，同学们爆发了窃窃的笑声。作为回应，尼克森老师平静地叫赛缪尔到校长室报到。

这个老师明白，他没办法花过多的时间和精力在一个学生身上，而不管其他的34个学生。但是他也知道，对这个行为若是假装视而不见的话，会使他成为一个默许不当行为的软弱管理者，并会助长更多的不当行为。考虑到自身的职责范围，尼克森老师选择了尽可能最好的干预措施。

尽管如此，他还是感到沮丧。那天放学后，他向一个同事说，他所期望的回应是非常不同的。如果有幸像去年那样，做一个全职的教师，并只带20个学生，他很可能会坐到赛缪尔旁边，与他平静地交谈。他可能会发现，也许那个男孩只是被另外的同学陷害了，他可能不那么处理了，而是改变措施，如传递一个特别的信号、调座位、定期点名等，当然也包括对乱抛纸团的惩罚。

最好的回应vs最理想的治疗法

在儿童福利和公共教育方面，不断减少的资源是一个日益严重的问题。由于支援系统的日益减少，养父母、教师、儿童保育师、社会工作者和感化所顾问，经常被迫采取挑衅传统智慧的策略以应对状况。

丘克在为一对夫妇弗雷德和香农做咨询服务时，就发现存在这样的问题。弗雷德和香农夫妇本打算收养一对姐妹——9岁的艾喜丽和5岁的布兰迪，这对姐妹已经与他们一起生活了6个月。但事情进展并不顺利，这对姐妹来自一个非常不正常的家庭，后来在另一个收养家庭里也受到虐待。她们讲话粗鲁，熬夜，拒绝约束，时常相互殴打，也殴打他们夫妇。夫妇两人请求丘克做一些干涉治疗，因为他们已经一筹莫展，并准备放弃收养计划了。

对丘克来说，很明显的是，尽管发生了糟糕的状况，这对夫妇仍然非常爱这两个女孩，有意义的关系已经出现了。为了帮助她们恢复秩序，需要在更多的资源（包括个性化的治疗、家庭顾问、一些延期的机会）到位之前充分利用时间，他建议夫妇俩应使用行为激励表。可以把进步的行为在表上显示出来，并能挣到女孩贴纸，这些贴纸可用来换取物质奖励。他还向他们介绍了其他方法来增强与孩子们的互动。

艾喜丽和布兰迪对这个贴画表的回应非常好。不久之后，支援陆陆续续到位了。而在这期间，家庭气氛也日渐好转。在张贴第一批贴纸表格的两个月之后，表格被拿下来了，孩子们已经不再需要它们了。

然后，丘克重新思考了这个干预策略。他注意到，有些学校根本就瞧不上这些行为矫正的方法，他开始考虑“贿赂孩子”所产生的消极影响。他本期望这两个女孩行为的改变，不是为了物质奖励，而是为了改善与养父母的关系，去“挣得”她们持续的爱和养育。由于担心自己误导了那个家庭，丘克又回顾了当时的情景：两个女孩即将被送走，所有人都不开心，必须立即采取措施。后来他总结，那个贴画表格也确实激励了她们，带来了更和谐的家庭关系，在更多治疗方案实施之前，这种方法也不失为可能的最好的解决办法。

冷酷的现实是：我们不得不承认，我们提供的干预方案往往在治疗效果上不是最佳的。由于资源的匮乏，加上安全的不确定性，我们不得不在有限的范围内选择最佳的方案。

任何时候，当你和丘克一样，开始怀疑你所建议的干预策略的价值时，请记住下面的指导方针。你的首要职责就是对挑衅性行为提供一个切实的“尽可能最好的回应”。其次，主张用更好的资源，以便将来你的“尽可能最好的回应”更接近于理想的治疗法。

事实上，好的行为管理发生于两个层面：微观和宏观。微观层面，你在运用你已有的资源，做到最好。宏观方面，你是在用更宽的视野看待行为的改变，更多地获取额外的支持。

同时操作这两个层面可能吗？是的，完全可能。每天晚上，回想起一天来你与孩子们的互动，扪心自问一下：“我是用尽可能最好的方法回应孩子了吗？”如果是，你就是成功了！！而不要担心没能给孩子最好的。你可以对着镜子对自己说：“我今天尽我所能做到了最好……明天我会做得更好！”

中篇

预防挑衅性行为

第六章
提出正确的问题

处理问题行为最好的办法就是预防该行为的发生，这就需要我们更好地运用积极主动的前瞻性思维。一个具有前瞻性思维的人，会通过对当前状况的反思，来为将来做好准备。每当孩子行为爆发时，他们会退一步反问自己：“我此前应该做些什么，可以避免形成当前事态？”随后，他们会抛出一系列的问题来讨论，以形成一个富有成效的方案。

前瞻性思维在行动

在一个小学生家长行为管理工作坊里，一位叫斯蒂芬妮的衣着邋遢的母亲举手说：“在我们家，每个工作日的早晨都是乱糟糟的，每个人都是伴随着紧张和争论开始新的一天。送孩子们上学时，他们会在车上打架。如果不是为争着谁坐在前排而争吵，就是对听哪个电台意见不一，或者会找其他事情来吵架。我一路上都在冲他们吼叫，我能怎么办呢？”

我分析斯蒂芬妮所能做的事，取决于她能否找到孩子产生错误行为的“触发器”。换句话说，弄清楚“为什么”，会帮助我们找到“怎么做”的答案。在接下来的十五分钟里，我问了她一系列的问题，来帮助她主动思考这些困扰：

- 孩子们早上吃什么？热的，还是冷的？是他们自己做，还是你为他们做好？
- 车的内部看起来是怎样的？家里是什么样子？
- 孩子们的身心都为上学做好了准备吗？有没有人帮他们检查是否穿着得当、梳洗干净，并带好作业和其他一些上学必需品呢？
- 早上有没有固定的时间安排，比如在规定的时间起床、梳洗，等等？
- 孩子们在上车之前会做什么？他们是否有一个相对悠闲的早餐时光，还是为了赶时间而狼吞虎咽？他们是安静地看一段喜爱的视频，还是把音响开得很大，或是胡闹一通？
- 在孩子们出发去学校之前，你们会给每个孩子一个拥抱或说一些暖心的话吗？
- 孩子们是跑向车子，还是安静地走过去？
- 孩子们在学校的表现怎样？他们跟同学相处得好吗？他们有一两个好朋友吗？你如何看待他们跟老师的关系，以及学习状况怎样？

- 孩子日常生活中的大人们之间相处如何？跟孩子的关系呢？
- 你是否探讨过与孩子的过去相关的心理问题，比如家庭变化、性别认同、虐待和忽视等问题？

在仔细思考了斯蒂芬妮对这些问题的回答之后，我尽量帮助她弄明白，固定好早晨的时间安排有重要意义，在计划上学途中的事情时，要与孩子共同制定每周的“汽车座位表”。大约一周后，我收到了她写给我的纸条。从她的介绍中可以看出，我们的积极计划明显地减少了他们家早晨的混乱。

需要调查的关键领域

当我们去追问“为什么会这样”时，那些答案常常启发我们，帮我们找到补救措施。我调查斯蒂芬妮的几个问题，就是来自以下的 9 个领域。 每一个问题的讨论，都包含了许多窍门与技巧，这可以帮助你预防很多你也正在处理的问题行为的发生。

一、孩子们的基本需求得到满足了吗？

大多数的问题儿童在年幼时未得到基本需求的满足，长大以后，他们还是会歇斯底里地渴望满足基本需求。“基本需求”包括了健康发展的两个关键方面——营养和安全，这两个方面需要分别处理好，否则将来可能会带来令人头痛的问题行为。

二、孩子的营养需求满足了吗？

一顿营养丰富的早餐，可以帮助孩子们增加一天里成功的机会，尤其是由与其亲近的大人准备的早餐。为什么呢？因为这样一顿早餐，既是为孩子提供了身体上的营养，同时也是为孩子提供了情感上的滋养。对于那些喜欢自己准备早餐的青少年来说，你还可以跟他们强调一下早上吃饱的重要性，以此让他们知道你是关心他们的。除了早餐之外，问题儿童还需要大量的零食、分量充足的饭食和规律的就餐时间。如果这些需求被满足了，那么就会激发出他们在社会交往、情绪、行为和认知方面的最大潜能。

孩子们对食物的需求是神圣不可侵犯的，需要无条件地满足他们。也就是说，永远不要采用不许吃东西作为对错误行为的惩罚。如果这样做，很可能会妨碍到学习，并会引发更严重的事端来。那些饿着肚子到学校去的青少年，还有那些不吃午饭的，都不可能喜欢学习，而且更可能惹是生非，就像那些无法预知自己下顿饭在哪里的孩子一样。教养院中许多有着被忽视或极度贫困经历的孩子，会偷偷地到厨房拿吃的，藏到自己的房间，因为他们不相信大人们会给他们充足的实物。带这些孩子去看看你的食品柜，向他们保证食物是十分充足的，不用担心没有吃的，这样做有助于消除上述偷偷摸摸的行为。

三、周围的环境安全吗？

混乱、肮脏的环境，会给孩子们提供这样的心理暗示：“这儿所有东西都这么乱”“生活是不可预知的”“我们对自己所拥有的不感到自豪”或者甚至是“我们根本不关心你”。问题儿童所需的，是高度结构化、具有可预知性、安全性的环境。对孩子来说，这样的混乱环境本身就是一种行为风险。

有一次，我作为一个受虐待、被忽视的儿童的高级顾问，要在一个寄宿治疗中心轮班，进去三小时后，我就发现那个地方简直是混乱不堪。那里有12个7至14岁的女孩，她们都是由于图一时之快而误入歧途的，我要求她们平和、安静，她们充耳不闻。其他工作人员看上去也都十分着急，因为我们已经无力掌控这帮孩子了。

我只好低声下气地拨打了单位主任艾伦家里的电话。

铃响第一遍，她就接了电话：“你好。”

“艾伦，我是查理，可能需要你来一趟。那些女孩太疯狂了，她们根本听不进我说的任何话。”

“我马上就来。”

我对艾伦翘首以盼，想象着她像一个能干的指挥者，冲进门来，几分钟之内就搞定这帮孩子。几分钟后，我听到楼梯上有声音。“太好了，”我对自己说“‘报仇雪恨’就在眼前！”

穿过重重大门，走过铺着地毯的走廊，艾伦来到了争吵的地方。她用带着光芒的眼神，扫视了一下大厅，然后说：“凯西和乔安，你们俩拿着拖把到卫生间里，我要看到干净得发亮的地板！艾莉、朗达和贝姬，你们把洗好的衣服拿到宿舍里，把它们叠好。梅维斯，你拿一块抹布加一点清洁剂，去擦镜子，我一会儿就去帮你。丽萨和吉尔，你们拿两个吸尘器，吉尔去吸走廊，丽萨去吸客厅和宿舍。”

不到两分钟，那里就安静了下来。依靠秩序性和一致性，所有女孩一下子都摆脱了刚才的混乱。而我，由于没有经验，还天真地以为要先说后做来改变糟糕的状况。现在我才明白，不管什么时候，只要我走进为问题儿童服务的机构，我就会将地上的纸捡起来、将墙上的画摆正。为什么要这样做？因为我认识到，问题儿童的内部结构发育不足，需要给他们提供增强的外部结构，以使他们体验到秩序感、组织感和安全感。

如果你面对的是这样一个孩子，他在门上凿洞、在墙上涂鸦、破坏家具，若是要让他生活在破烂环境中，你一定要三思而后行。因为那样的话，这个孩子很快就会觉得自己就是一个生活在一片狼藉中的麻烦孩子。尽管让孩子修复被破坏的东西，可能是个合适的惩罚，但是，如果这个孩子不能在适当的时间里完成修复，那么，就得换一种惩罚的方式，你要考虑亲自去恢复环境。可以想象为，这是给他的地基加一块砖。

对于孩子周围的环境来说，除了需要整洁和秩序，还需要考虑充满温馨、色彩多样、注重激励等因素。在很多教室和寄宿学校的宿舍里，规章制度贴在显眼的墙上，但是环境中其他的物件不是褪了色的就是被撕破的，甚至还有一些破损的海报已经被挂了很久，早就没有孩子再去关注了。如果你面对的环境是这样的话，你需要把墙刷新，画上一些生机盎然的画，挂上喜庆的窗帘，张贴别具一格的海报，你还可以放一两盆植物。一个整洁漂亮的环境，传递的是安全与关心的信息。

还要考虑到，每一件家具都可能起到遏制错误行为的作用。移走衣帽架，把常用物品放在显眼的地方，将两张床拼成双层床，将背靠着卧室的电视或音响从墙上移走，保留一台老式电视机用来玩电子游戏；重新安排书架的摆放，指定一层放书，一层放艺术品，还可以分出几层专门放录像带和录音带。这样的安排，可以让孩子们清楚地知道，哪里能找到他们需要的物品，并且要归还到那里去。

井井有条的家具摆放，既能给孩子提供清晰的边界，也为孩子们提供了保护，从而减少孩子们焦虑的程度。当你在设计公共休息室的布局时，可以通过椅子、桌子和长沙发的摆放，隔出不同的功能区，包括小型的、半私密的聚会场所和大型的共享空间。在客厅的一个墙边，放置一张特别的长椅或沙发，作为活动交接的场所。当他们从一个活动转向另一个活动时，可以注意到他们从哪个区域来到哪个区域去。

电话放置的位置同样重要，最好放在孩子们的视线范围内。这样，在你接电话的时候，孩子们就不会感到被忽视，也不太可能一听到电话铃声响起，就开始喧闹起来。当给孩子们读故事或陪他们吃饭时，记得使用电话留言，也要控制你打电话的时长，避免让孩子们感到你打电话比与他们在一起更重要。

决定家具和设备的摆放位置时，一定要确保无障碍的监管视线，让孩子们始终在你的视线中。如果你是养父母，你要能从你厨房的窗户、前后阳台或客厅看到孩子在户外的游戏场地。

如果你是一个老师，当你坐在讲台前的时候，是不是能看到所有学生的课桌呢？比起六行线性的课桌摆放方式，两三行课桌围着老师排成一个半圆的摆放，可以给老师带来更好的视线。如果你在一个寄宿治疗中心工作，你能隐秘地观察强制安静病室的情况吗？越方便地关注到孩子，就越能够应对潜在的困难，对突发事件也就越能很好地回应。

安全环境还要包括计时隔离的地点的设计。当问题儿童感到心烦或者由于犯了错要计时隔离的时候，需要给他们提供一个恢复平静的房间。为了避免不必要的打扰，这个房间必须很安静，远离活动区域，但要让孩子容易到达，确保它远离楼梯、火灾报警装置、玻璃窗还有炉子。

隔离室的选择因环境而异，许多收养家庭的孩子回到卧室就能平静下来，有的则需要在大人的目光所及的范围里。在一些学校里，老师会让一个犯错的学生到另外一个老师的教室，而不是去办公室，在办公室的反思效果会大打折扣。而在另外一些学校，一位包容行为研究专家，会将孩子带到大厅里一个安静的角落来处理事件。对于严重扰乱课堂的孩子，一个有效的做法就是提供一个安全的计时隔离室，自我控制困难的孩子在那里可以恢复自我控制。隔离室里有垫子，因为有些情况下需要让孩子约束在垫子上。灯具以及其他一些可能给孩子造成伤害的物品，都要放在安全距离范围之外，因为，要考虑到有些孩子愤怒的时候，很难控制自己的破坏性欲望。

不管在哪种情况下，一个计时隔离室应当营造一个非惩罚性的氛围，因为，它的目的只是为了帮助孩子们恢复自我控制力，谈谈自己错误的行为，找到潜在的问题。为此，椅子要很舒适，并要对着房间的中间，而不是放在角落里；灯光要令人愉悦，还有阅读材料要随手可取。

四、孩子的身心为每一件事都做好准备了吗？

为每天不同的时间段都做好了准备的问题儿童，要比那些未做好准备的孩子表现得更好。做好准备的最重要标志之一就是外表，一个外表邋遢、头发蓬乱的孩子，其内心也多半会如此，所以，强调个人仪表和卫生是非常重要的。一个希望自己看起来整洁、衣冠楚楚的年轻人，也会感受到被爱、被关怀，他会想："我是一个非常重要的人。我值得被别人过多关爱！"就算是这些孩子老是被人说"你该洗澡了"或"快去洗手"等，当时会让他们觉得难为情，但在历经这些"折磨"之后，他们的自我感觉也会更好一些。

很多年之前，我作为一个大型寄宿治疗中心的一个单位主任，负责一群 7 到 12 岁的男孩，他们都有被虐待和被忽视的经历。每天早晨，当他们排着队走向教室的时候，我都会仔细检查每个孩子，确保系上了皮带、梳了头发、手指甲是干净的，衣服上没有破洞和污渍，鞋带系好了，脸也洗过了。有的时候，孩子遇到我时也会有一股臭味，他们会说："我才不管我是什么样子！"或"我不喜欢梳头！"

对于他们的抱怨，我会说："让我把话说明白。你就因为我关心你，想让你在学校里看起来帅帅的，而生我气吗？你是这个意思吗？"我还做了一个钉板，用来挂那 12 把梳子，如果有孩子的头发是乱蓬蓬的，我就会拿着他的梳子，帮他梳头发。我希望这些孩子都能明白，他们是被人重视的，而且他们都是帅气的小伙子！

上面是值得较真的事。但该如何看待诸如染发、“时尚的”破洞服装或是大冬天穿短打等的冲突？界限在哪儿？区分适合或不适合穿去上学的衣服，往往是很困难的。但是，如果我们想让孩子知道，学校是举止庄重和学习的场所，我们就要告诉他们，那些逛商场穿的衣服也许不适合上课穿。关键的问题是，你要拟定一个界限并坚持执行。

如果是养父母，你可以参考当下的穿着打扮的标准，允许你的孩子穿着时尚，但是，不可以太出格。接着就该跟他讨论一下，倾听他的看法，最后跟他协商，达成一个共识，比如：“那么，你能不能只戴一个耳环，别让头发竖起来太多，一周只穿一次破洞牛仔裤呢？但是不要打鼻洞，可以吗？”

如果你在教养院或寄宿治疗中心工作，要记住，有些孩子过分地装扮自己是为了表示他们在家庭中不开心，或存在其他一些严重问题。在这种情况下，你可能要尝试进行一种更为直截了当的交谈：“我认为你打扮自己的方式，就是向全世界宣告你不是一个开心的孩子，你需要帮助。现在，你发出的信息被接收到了。你不再需要发出求救的信号了，我们可以一起商量一下怎么打扮。我不是说你必须要像个唱诗班的孩子那样装扮，但是那像彩虹一样的发型，还有脸上的 7 个耳环就太过头了。我们能不能商量出一个大家都能接受的样子呢？”

除了个人卫生和装扮，“准备好了”还指已经为即将到来的事件准备好一切。一个孩子如果没有完成作业、忘记让家长签名，或是带错了材料，可能会从早上上学开始就陷入焦虑，并且随着时间的推移，这种焦虑只会越来越强烈。

为了防止这种情况的出现，每天晚上要有例行的“检查时间”，这可以确保所有需要的东西都准备好了，然后第二天早上，快速地保证所有孩子需要的东西都被装进书包了。

有时孩子的作业也需要你去费心。没有完成作业的原因可能有很多，包括作业太难了，家里的环境太乱，可能因为个人问题而心事重重，或是孩子忘记把作业带回家了。你的任务就是找出引起问题的原因，然后想出合理的解决方法。一个屡试不爽的方法是，把做作业当成结构化的常规事情的一部分，比如规定每天下午 4 点钟起开始做作业。让孩子在一个固定的地方写作业，也是一个明智的方法，但要选一个安静的、不会让孩子分心的地方。你的最终目标就是鼓励孩子养成习惯，为每件即将到来的事做好充分准备，比如上学、一个重要的拜访或是郊游野餐。

五、是否已有固定的日常活动安排？

对于一个有时对这个世界充满恐惧的问题孩子来说，固定的时间安排可以给他们带来结构化的、具有可预知性、安全性的环境。事实上，孩子的困扰越多，就越需要固定的活动时间安排，也就越需要严格的管理。每天的日常安排过于松散，对于一个健康的 8 岁孩子的父母来说，可能问题不大，但是，对于收养了一个历经苦难的 8 岁孩子的养父母来说，则可能代价很大。对于特殊教育的老师和少年感化中心的工作人员来说，也是如此。

日常活动安排，勾画好了一天的每个活动阶段，在孩子从一个活动转到另一个活动时，心里面会感到很舒适。例如，给出了日程后，孩子们就可以预知何时该结束游戏，这可以确保，此时该转向另一个活动了，而且第二天这个时间，他还可以再玩这个游戏。

弗兰基的养父可能会说："嘿，10 分钟之后就要吃晚饭了。你为什么不停下，把你的小卡车收走呢？"如果弗兰基知道每天的晚饭都会在一个固定的时间准备好，他可能会开始收拾玩具，并准时坐到饭桌前。但是，如果每天的晚饭都是在不同时间准备好的，同时孩子也没有事先得到足够的警告，他很可能会拖延时间，迟迟不来吃饭，甚至会在吃饭的时候行为不当。

缺少结构化的日子，常常衍化出权力争斗。学校一旦面临放假，许多问题儿童的这种现象迅速凸显。他们不是为即将到来的自由时间感到兴奋，而是对每天即将面临的不明确的结构倍增焦虑，开始产生更加强烈的不当行为。

帮助困境中的儿童轻松面对即将来临的改变的一种方式，就是张贴每天的作息安排表。养父母可以在每天早上列出要做的事情，这样所有的家庭成员都能知道那一天的"计划"。通常从家到学校、从学校到家转换的时候，历来是最忙乱的。冷静平息的办法是：可以用 5 分钟，预览一下当天的日程，或是抓紧磋商一下，安排好当天的下一个时间段的活动。同样的，小学老师也可以在公告栏张贴一个班级日程，每天早上大声复述一遍。而中学老师可以告知同学们每节课的安排，例如，你可以像这样解释："今天的前 20 分钟，我们要独立完成一些任务，接下来会有一个复习测验。"对于在寄宿治疗中心的工作人员来说，则是要张贴一个"今日待做事项"的表格，列出值班人员、约谈、活动、用药、访问、杂务，甚至是菜单。

六、孩子是不是一直都被告知即将来临的改变？

你可以打赌，如果一个孩子在一个转换中难以自控，他的暴躁情绪很可能就会带到下一个活动中。为了避免情绪的波动，要早早地提前告知孩子们将要发生的事。你的通告可以简单到这个样子："孩子们，10 分钟之后我们就要出发去学校了。麻烦你关掉音乐，把那些卡片放到一边，拿着书包安静地坐在客厅。谢谢你们的配合！"给出类似通知的时间，可以是在下一节课开始之前、吃饭或睡觉之前。

要记住：问题儿童在延迟满足方面，通常是有困难的。如果正玩得开心，他们是不情愿停下来的，因为他们会担心这样的快乐不知多久才能再次拥有。这些儿童生活在那个快乐瞬间，所以要让他们退出当前的愉快活动，必须是不动声色地完成的。

我们可以操作许多变量，以减少活动转换时带给孩子的刺激。例如，可以考虑减少孩子体能消耗的水平，同时可以调暗灯光，将电视、广播的音量调小，转换谈话主题等。目标是要警惕当前的活动可能会对下一个活动产生的影响，如果就寝时间快到了，也不要在一个扣人心弦的电影中间打断孩子，让他们睡觉，靠谱的做法是，选择一个在就寝时间前就能结束的电视节目，更好的做法就是，睡前给孩子读一个故事。在教养院中，不要允许孩子们在睡前电话聊天，以免他们受到过多刺激。

罗伯特是一个寄宿治疗中心的新主管，负责照看 12 个男孩，他就通过改变另外一些因素，来安抚孩子转向就寝的焦虑。在他来工作之前，这儿所有的日程安排都是完全失败的。原来要求孩子们从晚上 7 点半一直到“熄灯”，必须安静地坐在公共区看那台大电视。但是，有些孩子的注意时间很短，还有许多其他孩子社交技能很差，安静的时间只保持了 15 分钟，就乱成一锅粥：孩子们开始发脾气，大吵大闹，工作人员也逐渐失去了耐心。

在罗伯特来到这的第二天，他买了 4 个壁灯，把它们挂在大客厅里不同的地方。那天晚上，他告诉孩子们，他们不用看电视，可以把这段时间用来画画、玩机器人或者在任何一个新指定好的地方玩耍。他还把厨房提供出来，之前那里在晚饭后是禁止入内的。

罗伯特“分而治之”的策略神奇奏效了。孩子们喜欢能够自己选择活动，并且适应了对自己负责任。这个寄宿治疗中心的夜晚，不久就变得祥和起来。孩子们的错误行为显著减少了，同时，大人与孩子的关系也逐渐变好了。

七、转换是被怎样管理的?

当转换一发生就对其进行管理，此时，主动思考的前瞻性思维就该登场起作用了。如果孩子被允许争抢上车，横冲直撞上课或参加一个活动，那么错误行为发生的可能性就会大大提升。在这些转换的情况下要保持井然有序，关键就是要确保让孩子明白他们应该怎么做。

埃米莉是一个寄宿治疗中心新来的保育员，她在那里帮助受过虐待和被忽视的孩子们。她管理着一群 7 到 12 岁的闹哄哄的男孩；那些男孩经常在吃饭和其他集体活动的时候胡闹，他们会尖叫，四处乱窜。整个群体的孩子都会在每个新活动到来之前，早早地就感到紧张。孩子们看起来非常没有安全感。

意识到这个问题之后，埃米莉决定加强转换的管理。接下来的两周里，只要看到有孩子脱离群体，四处游荡，过分吵闹，在楼梯上乱跳或去参加活动时奔跑，她就会把他们带到刚刚出发的地方，让他们重新来过一次。在重来的途中，她会很郑重地告诉他们，为什么要安静而有秩序地走路。一次，在去吃饭的途中，因为孩子们不能“正常”地走路，她让他们走了 4 遍。几周之后，埃米莉引导了很好的转换，并在随后的活动中孩子们都有着良好表现。

要不要让那些不愿受约束的青少年排队呢？因为他们正处于追求个性和独立的年龄。要和不要，可以视情况而定。如果安全感对他们来说很重要，那么在尊重他们的同时，也需要采取一些控制的手段。根据当时孩子们的行为不当的程度，决定控制的程度。也就是说，问题行为发生的频率越高，青少年就越需要被严加监管。

少年感化院的问题少年们，被要求排队，并安静地从一个活动场所走向另一个。那些表现没有达到标准的孩子就要受到惩罚，被剥夺一些重要特权。另外一种极端现象是，初、高中的老师报告说中学生课间时会在走廊上产生问题行为。增加成人对课间的监管，已被证明是可以减少胡闹的现象的。针对所有青少年的情况，成年看护人面临的挑战都是“在不滥用权力的情况下，维护一个安全的环境”。

八、你觉察到关键问题的所在了吗？

许多孩子会在一个与情绪高度相关的活动中表现不当，比如，与治疗师的约谈、与“死对头”同学对质、与生父母的会面，等等。你越能明白这些孩子焦虑的根源，你的主动性干预的效果就会越好。

例如，一个孩子在上学之前犯错，可能是在寻求学习上的帮助，大概会说这样的话：“学校对我来说一点都不好玩，帮帮我吧！”其实，孩子的潜台词可能是这样的：“对不起，斯图尔德老师，但是，对于我的认知水平和兴趣所在来说，你给我布置的数学作业有点太难了。”

对于一个课业上有困难的孩子，将他 / 她安排到合适的班级、小组学习难度适宜的课程，是至关重要的。如果孩子的求助被忽视越久，下次问题行为就会越激烈。最后，你可能会收到校长的来电：“您的养女格里，今天下午推翻了两张课桌，还推了一个老师。您能不能过来一趟？我们得好好谈谈。”

如果你弄清了格里紧张的根源，你就可以帮助她学会用一种合适的方式表达她的担心，可以进行干预以减少她的压力。比如，你可以去见一下她的老师，向老师解释一下格里的学习风格，或者把她的治疗调整到一个更合适的时间，或者帮助她在纸条上记下一些解决与同学的冲突的方法。记住，最小的改变可能会有最大的效果。

另一个帮助孩子处理焦虑的方法，就是让他们明白应当期待什么。一个养母用了这个方法："道格，你在午饭后跟沙利文医生有预约。记得我们上次一起讨论的测验吗？沙利文医生今天要给你 3 个阅读测试，没有一个是选择对错的。考试的结果能让你的老师们知道怎么更好地教导你。你最好在 3 点前完成，然后我们就去游乐场。"一个野营顾问用了一个相似的方法："萨拉，我们要在午饭后去医务室。哈维医生要确保你耳朵里的感染消除了，她可能会看看你的耳朵和喉咙。"

对于孩子来说，对即将到来的感到可怕的事件，如果得到一个事前的简单解释，就可以大大减少他们对未来的消极想象，特别是对于那些多愁善感的孩子，更是如此。知道一切都在掌控之中，孩子们就获得了面对恐惧的勇气，就不会为了寻求帮助而行为不当。

九、"你好"和"再见"有意义吗？

"你好"和"再见"可以让一天变得完全不同。一个养父在孩子下车走向教室时，给他一个大大的拥抱和微笑，会让他积极地做好学习的准备。如果与父亲告别时，听到的话是这样的："不要再欺负你弟弟了，不然放学后有你好看的！"这个孩子会带着未完成事情的负担走进教室。若一个孩子还未告别上一个事件，是很难积极地面对接下来的事情的。

不管早晨的时光多么令人不愉快，你与孩子最后的对话应该是温馨有爱的："克雷格，今天早晨虽然不愉快，但你还是我最喜欢的孩子。祝你一天愉快。"记住温柔地与孩子告别。小孩子需要拥抱，青少年则更喜欢被拍拍肩膀。

老师亲切的问候也是同样重要的。不管是微笑，还是握手，或者是欢迎的话语，向孩子传达的信息都是："很高兴在这里见到你。"

十、沟通系统准备就绪了吗？

相互之间能保持良好沟通的看护者们，能更有效地预防和减少孩子问题行为的发生。为什么呢？因为，良好的持续的沟通，使得一个孩子的内部网络的提供者（包括养父母、教师、咨询师、教练和牧师）知道每天每一步要做的事。

你可以参考以下 5 条积极的指导方针，来建立一个一流的沟通系统：第一，把所有重要的电话号码和地址都保存在手边。把重要人员的电话号码和地址记下来，放在一个方便拿到的名片盒、地址本或手提电脑里，并且及时更新信息。还有，要把当地重要机构的联系电话贴在电话旁边明显的地方，比如火警、公安、毒物控制中心，以便紧急之需，为了快捷叫到点心，还要记下你最喜欢的比萨店的号码。

第二，明确角色、边界和期待。谁来传递信息，多长时间传递一次，传递什么样的信息，用什么样的媒介(媒介包括：电话、传真、信件、电子邮件和面对面交流)，怎样才算是紧急情况等都要达成一致意见。

第三，建立危机应急程序。任何时候，一旦安全受到威胁，如果反应慢了、犹豫了，或是压根就没有反应，那么不确定性就接管了此事，张力水平就会微妙而又破坏性地上升。所以要未雨绸缪，使得护理人员可以胸有成竹地去应对危机。为了能快速地做出保证安全的行动，最好的团队方法就是设计出你们自己的“911”通信系统。

马萨诸塞州的一个小学最近提供了一个新职位，叫作行为包容研究专家，他们雇用了肖恩。在新学期开始前，所有教师意识到，当所有教室都仅仅只安装了一个简单的对讲机时，教师们就不能在学生发生严重问题的时候及时联系到肖恩了。为了解决这个问题，学校买了4个无线对讲机：一个给肖恩，一个给前台秘书，还有两个给了两位带着最有挑衅性行为学生的教师。

新学期在9月开始了，全体教师对他们创造的警报系统非常满意。肖恩把他的对讲机挂在腰上，及时出现在需要他的地方。那些没有配备无线对讲机的老师，只要敲响办公室门，秘书就会联系肖恩，肖恩就会准确无误地赶到现场。在多数情况下，肖恩在教室里就能帮助那个孩子，把问题解决了，而不是不问青红皂白就让孩子到办公室计时隔离。学期末，一个教师告诉他：“紧急支援系统太棒了，我们轻松多了，更积极了，还能更多地关注孩子们，设置了许多更有效的约束措施。”

第四，促进核心组织联系的方法，就是利用书面交流的方式。口头信息常常比较匆忙、粗略、易曲解，而且未必能传递给合适的人。换句话说，把一些事情写下来，可以保证信息的正确传达。

书面沟通有几种形式。儿童教养院会把重要的信息贴在墙上和公告板上。寄宿中心在每个活动转换之前，可以要求工作人员读一读关键的日志，并在相关文件上签名。这些日志有的用来跟踪孩子们的行为模式、记录重要事件，有的为治疗计划储备一些数据。一些养父母坚持写日志，记录孩子每天的进步，也记录错误行为发生的频率及发生的时间点、诱发的因素及持续的时间。这样的记录不仅对记录者本人有所启发，也给顾问和老师提供了重要的信息。

第五，最后一个方法是，与你的团队成员和你管教的孩子们定期会面。每周核心团队成员的会面提供了一个讨论的机会，可以回顾每个孩子的发展，处理后勤事务，统一大家的意见。每周与孩子们在教室、居住单元或家里见面，以及时了解最近发生的事情、改变的规定，当前的问题和即将到来的事件。必要的时候，每日的会面可以减轻孩子的紧张，并促进师生之间的关系。被允许参加这些讨论，并得到尊重的孩子，就会愿意表现得更好。为何？因为这样规律的见面，促进了你们之间的连接和孩子对你的依恋。

除了跟孩子正式的会面之外，也要计划一些更随意的见面。事实上，每天与孩子确认事情的发展，是一个很好的主意。每天差不多同一时间进行会面的惯例，一定会使很多青少年得到慰藉。

当你跟一群孩子交流时，想象自己是一个切得很均匀的派，尽量将你的注意力平均分给每一个孩子。坚持这种想法，你就不太会轻易放弃那些把你拒之门外的孩子。毕竟，他们是那些最需要你的帮助的孩子。

十一、你注意到那些潜在的心理问题了吗？

主动思考的最后一点就是了解错误行为的心理缘由，尤其需要运用好系统的方法。好的临床理论提出：每个家庭、学校，或是护理小组的环境，都是一个系统，如果系统中的领导者出了问题，系统中的成员就有可能行为不当。换句话说，孩子们出格的行为，可以看成孩子们试图引导大家关注领导者的问题，而不是他们自己的问题。帮助了系统中的领导者，你就帮助了其中的成员们。

因此，孩子们有时会做出一些错误的行为，以引起人们关注一个或是多个他的照料者的问题，比如他的父母、养父母、儿童保育员、老师或寄宿机构的工作人员。孩子行为不当是将大人们推向公众的视野，迫使他们的理念或护理中的问题“曝光”，直到这些大人得到应有的帮助。

应用系统的方法，需要对孩子行为的背后原因进行长时间、严格的审视。他在试着帮助谁？可能是婚姻不和的父母，一位压力巨大的单亲父母正在错误决策，一位疲倦不堪的教师，或者可能是寄宿中心的一位苛刻的或是沟通困难的员工？当一个大人花时间去寻找这些问题的答案的时候，孩子的问题行为通常就消失了。

第七章
提前排除故障

比较好的一点在于，不端行为常常是可预测的，因为它往往是由一些特定的诱因触发而引起的。一旦这些诱因被捕捉到，我们就可以采取相应措施加以控制，进而根除问题行为或是将其影响降到最小化。有意思的是，大部分的诱因都源自上一章所提到的相关调查领域中的某个内容。在挖掘具有可预防性的思想方法的过程中，护理人员的任务是：不仅要学会正确地提问题，而且要学会运用下面 4 种方法，以预见到问题所在并据此制订相应的干预计划。运用这些排除故障的技术，可以促进儿童福利机构的持久力。

模式的识别

预见问题行为的一个可靠技术就是模式识别，也就是寻找破坏行为重复发生的相似时间或地点，并回溯引发该行为的根源。为了提高模式识别能力，每当遇到孩子的破坏性行为的时候，我们就需要问问自己："我看出一个模式了吗？这种行为，显而易见是在每天、每周或是每月的同一时间发生的吗？如果是，是什么诱因触发了这种行为？"比如，你可能会发现，一个被领养的孩子或来自寄宿中心的孩子，每次在与亲生父母见面之前，都会一再地出现行为爆发的举动；一个来自紧张压抑的家庭生活环境的学生，在学校放假之前会隔三岔五地产生错误行为；一个曾被性虐待的孩子，容易在就寝时间失控；还有许多其他类似的情况。

当你识别出一个问题行为的模式，并找到原因的时候，一个改变它的好办法就是让孩子参与进来。一开始，选择一段平静的、相对完整的时间，温和地与孩子交谈你所发现的那个模式。或者，最好问问孩子自己有没有意识到这些问题。无论是哪种情况，都需要站在孩子的立场上去感受，然后与孩子一起修订计划，帮助他们在那个困难的时间控制住自己的行为。这样的一个计划，可能需要大人更多的帮助，如额外的咨询、日志的记录、一个激励计划、一项新的活动，或是向孩子介绍一种自我管理技术等。在群体治疗中，这样的合作同样也很有效。

凯茜是教养院的一个 11 岁的孩子，通常，她的行为不当的发作时间是星期四晚上，那正是星期五与她亲生母亲见面的前夕。在我发现这一模式后的一个星期四，我把凯茜拉到一边，问她："我今晚该什么时候拿出我的拳击手套？"

"你在说什么？"她带着疑惑问我。

"每个星期四的晚上，我们都会有一个轮回"，我假装在跟一个虚构的人对话，回答道："你因为不当行为，而被短暂地计时隔离，你会大喊大叫，一到两个小时的'拳击'之后，你就安静下来了。"

"走开。"她对我嗤之以鼻。

"嗨！我是认真的。我想知道发作什么时候开始，这样我就能提前准备好我的拳击手套了。"

她大笑着走开了。

大概 7：50 的时候，凯茜又因为不礼貌而被计时隔离，于是她开始争论，逐渐升高抗议的分贝。听到她大喊大叫，我进来了，说："凯茜，稍等一下。我觉得现在是该把手套拿出来了。麻烦你保持冷静，我一会儿就能拿过来了。"

她开始笑了。

紧张感被打破之后，凯茜就能够考虑为什么星期四晚上会如此艰难了。接着我们一起制订了一个计划，来帮助她消除这些可预知的焦虑。她同意在星期四晚上义务做家务，和亲近的工作人员待在一起，并随时在日志里记录她的想法和感受。她甚至同意跟一些工作人员谈谈自己的感受，很意外地，这还拉近了她和工作人员的关系。

我们完全消除了她在与生母会面之前的紧张了吗？只有一点点而已！她能明白自己为什么会出现这些情绪了吗？这毫无疑问！她开始试着更好地控制情绪了吗？正是这样的！

在进行一次群体治疗的时候，维克多也用了这种模式识别技术。有一次他进行一个群体行为治疗，治疗的对象由 9 个七年级学生组成，他们在学校里一直都有不少问题行为。维克多开始注意到，在每个疗程的最后 10 分钟，孩子们都会变得焦躁不安，他们开始彼此戏弄，喧闹打斗，乱扔铅笔和钢笔。随后，在下个疗程一开始，学生还处于风平浪静的阶段，他就跟孩子们提及这个他所发现的规律。他告诉学生们，有些问题是他本人的错，因为他没有为疗程的最后一段时间做好准备，但是，孩子们仍然要为自己的行为负责。他接着问孩子们有没有什么建议，能让这最后 10 分钟安稳地进行下去。

一个男孩提出玩 UNO（优诺）牌的游戏，这还真解决了问题。在下一次疗程接近结束的时候，维克多分发了三副 UNO 的卡片。孩子们皆大欢喜，一起玩游戏，再也没有什么破坏性行为。

前瞻性探索

前象棋世界冠军博比·菲舍尔[①]为了在比赛中获胜，要提前思考 20 到 30 步棋。为有挑衅性行为的孩子排除纷争问题，也需要用相似的方法预防破坏性的行为。

如果交由你独自来改善这一麻烦的时刻，你可以试试“前瞻性探索的练习”方法。一开始，先在纸的眉头写下：“__________（产生麻烦的时间段）可能会导致行为障碍的影

① 博比•菲舍尔(Bobby Fischer)，美国历史上首位也是唯一一位国际象棋世界冠军，有“国际象棋坛莫扎特”之称。菲舍尔一生充满传奇和争议，他是个国际象棋天才，“八连冠”的战绩几乎后无来者，他在冷战时期击败苏联对手登上世界棋王宝座，令他成为美国“国家英雄”！2008年1月18日在冰岛一间医院因肾衰竭病逝，享年64岁。——译者注

响因素。”接着，列出你能想到的所有因素，不管有多琐碎。

假设你在一个寄宿治疗机构工作，那儿的晚饭时间一直以来都是吵闹而忙乱的。你可以列出下面 25 条可能的因素，来完成这个练习。

前瞻性探索 练习一

晚餐时可能导致行为不当的影响因素

1. 从上一个活动到晚餐的转换没有管理好。
2. 餐厅的环境令人不舒服，灯光太暗、温度太低而且装饰单调。
3. 孩子们到达之前，餐厅还没有整理干净，饭菜可能也没摆好。
4. 餐厅太小了，孩子们得挤在一起吃饭。
5. 计时隔离的场所太糟糕了，每个犯错的孩子，在去的路上都会打扰到其他孩子。
6. 每天晚饭的时间都不固定。
7. 晚饭准备得不充分：食物很冷、不好吃并且供应不足。
8. 座位的安排上，工作人员没隔开两个最吵闹的孩子。
9. 吃饭前没有进行安静的祷告。
10. 吃饭时间的规定和程序不够清晰，“杂务值日表”也没挂出来。
11. 工作人员的监管不够到位。
12. 工作人员与孩子沟通不畅，或不幽默。
13. 吃饭的时候，工作人员一直在厨房接电话，而吃饭的孩子看不到。
14. 因为工作人员生病，所以常常是一个不熟悉的代班在场。
15. 吃饭的时候，总会有人四处溜达，孩子们起来去倒水，或者去找他们最喜欢的色拉酱，等等。
16. 在吃饭之前有冲突或感到沮丧的孩子，没能得到适当的关注。
17. 值班的工作人员没有经验。

18. 值班的工作人员被个人问题所困扰。
19. 照看吃饭的工作人员没有形成团队。
20. 工作人员有时候会穿一些挑逗性的服装。
21. 有不熟悉的来访者会在晚饭时间穿过餐厅。
22. 晚饭的时间常会有雷雨。
23. 在晚餐要结束的时候，没能适当地提醒孩子们。到了收拾桌子的时间，有些孩子的盘子里还剩下食物。
24. 工作人员没有在就餐期间帮助孩子们收拾餐桌。
25. 没有符合孩子们期待的有趣的饭后活动。

有可能掌握所有的情况吗？通过练习，是可能的。这取决于儿童保育人员是否训练有素，有多少奉献精神，以及你手边可支配的资源有多少。

完成了这个前瞻性探索活动之后，下一步就是在员工会议上讨论你的推断，要确保在孩子的每次晚饭之前，所有同事都能尽力让所有方面都在掌控之中。例如，每当天气预报有暴雨，可以在吃饭前，讲解打雷和闪电的知识，然后让最害怕的孩子跟一个工作人员坐在一起。也许你不可能对“25 条”清单逐一对照，但你可以根据员工们的讨论和你个人的经验，知道什么事情需要在饭前、饭中、饭后准备好。

有时候只是一些小小的改变，就能极大地影响孩子的行为。我记得，我在员工会议上花了大量的时间，只为了争论一个个小的细节，例如怎样叠孩子的裤子，或应该用块状的肥皂还是液态的洗手液。我会想：“这就是我为什么要读研究生的原因——为了洗手液花 15 分钟去争论？”但接下来我总会提醒自己："没错，这就是为什么我要读研究生的原因，因为洗手液是触发孩子行为改变的一个有机环节。"

儿童保育机构就像是钟表的内部，有无数的齿轮和机械同时工作，这样，才能确保显示正确的时间。只要其中一个齿轮无法运作，整个钟表都会出现故障。

前瞻性探索练习的使用，并不只限于群体治疗。帕迪利亚是一个三年级的老师，关于最近约翰引起的课堂混乱问题，她写下了所有她能想到的可能原因。这个学生，正挣扎于如何控制自己的行为。

前瞻性探索 练习二

可能导致约翰在课堂上行为不当的原因

1. 约翰很难理解上课的内容，这让他在同学面前感到很尴尬。
2. 我已经不再将他的课堂作业分成序列任务了。在我叫他"快做作业"的时候，他的反应不是很好，因为他有注意力缺失多动症。
3. 他座位旁边的两个孩子总是戏弄他，还总是煽动他做坏事。
4. 他在家里的日子很不顺利，而且看起来心事重重。
5. 我最近很累，这让我对四处走动的学生无法容忍。可能我的语气、情绪和用词太过强硬了。
6. 他总忘记作业，没有为上课做好准备。
7. 因为他总是行为不当，我现在有点不喜欢他了。实际上，我都不想让他待在我的班上！可能他感觉到了这一点。
8. 他每次进教室，看起来是很饿的样子。
9. 教室有些杂乱无序。

10. 最近，我修改了班级规定，却没有好好地提前告知他们。
11. 约翰有时候会因为放学后没什么活动安排而紧张。
12. 他进教室的时候，看起来像在爆发的边缘。也许，在上课铃响之前，他在操场上遇到了什么不好的事吧。
13. “上午结束时间到”的广播，总是打断我们班级的讨论。

在仔细检查过这个列表之后，帕迪利亚老师决定逐个排查原因。她从那些可以立即处置的事情开始行动：她马上重新编辑了练习题，布置给约翰循序渐进的作业；将教室收拾整洁，给他调换了座位；跟他的父母进行一次十分有意义的交流；然后逐渐增加其他方面的变化。几周之后，约翰的表现有了进步。事实上，学习环境越能满足他的需求，他就越能够控制自己。

任何时候，当你要面对一些棘手的问题行为时，一个好方法就是探索可能的诱发因素。你不一定要像帕迪利亚老师那样，把原因都列在纸上，你也可以在脑海中回想一下那些问题，然后根据你的回顾，做出相应的改变。与等问题行为发生了再去应对相比，预防未来破坏性行为所要付出的额外精力要少得多。当你在应对有挑衅性行为的孩子时，要一直记住这句格言：“未雨绸缪，事半功倍。”

资源的评估

排除故障的第三个重要方法，就是对可用的人力资源和物质资源进行评估。评估的准则是：如果一个环境有多种需求而资源有限，发生持续或间断的问题行为的风险就会增加。

有了资源评估、模式识别和前瞻性探索，再采取相应的战略性干预就能够起到预防挑衅性行为的作用。例如，在一个有 32 个孩子的二年级班级中，增加一位家长助手，无疑会比增强纪律检查要有效得多。类似的，对于教养院里的问题青少年来说，一台捐赠的空调对于改善问题少年的夏季行为，要比一个全新的治疗方案有效得多。关键是，永远不要低估人力和物力资源的重要性。

寻找人力资源

许多成人在和处于危险中的孩子打交道时，极具殉道精神。他们乐于奉献自己，会说“这一切都由我来搞定”，但是，他们没有看到，若是连自己都照顾不好的话，他们是没有能力照顾好孩子的。更理智和更有预防作用的方法是，找到可以帮助我们护理孩子的其他成人。

对于学校和寄宿机构来说，家长是最棒的、未被充分挖掘的资源。现在很多雇主都提供弹性的工作时间，让父母能够参与孩子的学校生活。经过适当的训练，并提供适当的支持，家长助手可以辅导孩子作业、监管午餐和课间休息，还能够协助老师教学。那些清楚教室纪律、教学过程、课堂期望和教师责任的家长，不仅是教师额外的帮手，还可为教学提供大量的智慧。

家长参与日常事务，也会让寄宿机构从中受益。越来越多的治疗师开始意识到，以家庭为中心的护理优点是能够超越一般疗程，扩展其效果的。许多寄宿中心正在邀请家长花更多的零散时间陪孩子——可以带他们去买衣服、辅导作业、开车带他们去见医护人员，或者哪怕只是简单地在住所周围转转。一些中心还鼓励家长跟其他的孩子互动，比如，让家长们做一道最拿手的菜，或者组织一个活动。这样的合作，给中心、家长，尤其是孩子带来了共赢的结果。

另一个未被充分利用的人力资源是导师。有很多研究表明，不仅一个“重要的”长辈能改变孩子的生活，而且一个身兼孩子的教练、伙伴和知己的大人，能影响到一个失足少年行为是变好还是变差。

在“大哥哥大姐姐计划”①的长长的候补名单上，那些处于危险中的、孤独的孩子，很少能分配到一个导师。一些公立学校则充分利用人力资源，请教师充当问题儿童的导师角色。那些具备导师能力的爱心志愿者，每周与孩子们见面，也使得孩子们的行为得到了明显的改进。

儿童保育机构也开始启动教导项目，新罕布什尔州纳舒厄市的一个康复中心，在知道当地的“大哥哥机构”里还有很多孩子需要导师，而又难以配对成功之后，为75%的孩子成功地找到了成人导师。工作人员负责管理面试、筛选和个人背景的调查，为犯罪记录的调查埋单，为孩子和导师配对，提供训练和持续的监管。某种程度上，那些中心是否能够成功吸引甘心奉献的导师，取决于是否有宽松的来访日程：允许导师们

① 美国大哥哥大姐姐计划。这是一个非营利性组织，其目标是通过与志愿者导师的一对一联系，给孩子提供专业的帮助，以帮助孩子挖掘出潜力。——译者注

隔一周来访一次，代替了每周一次的标准。工作人员的信念是尽可能为更多的孩子维持特殊的关系，而不是强调更频繁的来访。有意思的是，大部分两周来一次的导师，最后都会来得更勤快。

许多没办法加入“大哥哥大姐姐计划”的养父母，和一些已经加入该计划的人士，一起开发出了一个关注成人的网站，以帮助大人减少孩子在家的问题行为。朋友、亲戚和邻居会来帮忙照看一下午孩子，或是“男孩女孩俱乐部”这样的机构提供更有组织的活动。这些互助使得养父母们能抽空出去办点杂事，或是在需要休息的时候能休息一下。

相反的，有些养父母不愿意让别人来照看自己的孩子。他们可能会说：“我是这孩子唯一相信的人，我不可能把他/她交给任何人。”这种心态会导致难以忍受的压力、疲惫、叫喊或是过度关注。为什么这样行不通呢？因为一旦成为问题儿童的养父母，就如同开始了一场马拉松，在你感到非常口渴的时候，你其实已经脱水了，并且已经陷入了大麻烦，就像马拉松运动员一定要在跑步之前喝大量的水一样，养父母也要在需求出现之前就给自己补足能量。

如果你是养父母，不要让自己到达那种无法再多忍受一秒钟的地步。为什么？因为到了这个点，可能就太迟了。相反的，你要在漫漫长路的每一步寻求慰藉。你可以打电话给朋友，让他鼓励自己或给点意见，或是拜访一个能理解你内疚、羞愧或孤立无援的感觉的邻居或亲戚，那些情绪是每个人或多或少都会经历的。计划每周一次与好朋友共进晚餐，抛开家里的烦恼准时赴约。你也可以通过中介、当地的学校或附近的诊所寻求一个支援团体来帮助自己。总而言之，现在就着手建立能帮助你的关系网，给你的艰难旅途以持续的支持。想一想，问题行为可以预防的！

志愿者和实习生也是很棒的人力资源。他们一般都很愿意与儿童福利项目的管理员、教师和养父母等一起工作。你可以通过当地的报纸、宗教组织、口口相传、广播和电视，招募志愿者。其中可能会有木工、艺术家、音乐家、景观设计师和家庭教师，还有一些有特殊才能的人。对问题儿童来说，跟这样的成人接触，可以为他们打开创造力和胜任力之门。也许“照顾一个儿童，需要全村人都上”，但是几个“村民”志愿者，也能带来大不相同的局面。

越来越多的高中虽然不强求，但也会鼓励学生到社区做志愿者，所以实习生也是越来越多。大学和研究生院，也经常需要为学生安排实习场所。雇佣一个实习生，尽管要对他/她进行训练和监管，但花这点时间是小投资大回报。

除了固定的人力资源，能够创造性地重复利用手边已有的人力资源不失为一个好办法。如同之前描述的，一些公立学校会请教师志愿者，给学习或情感上有困难的学生，提供一对一的每天或每周的辅导。还有一些学校利用“教师助理基金”，去聘请临床行为学专家。这些专家不仅对问题学生提供帮助，还会为教师、家长和后勤人员开办培训课程。这种对身边人力资源有效的重复利用，可以防止学生滑向崩溃的边缘，并防止教师在绝望中放弃。

很多儿童福利机构也会重复利用他们的资源。有几家问题儿童寄宿中心正在培训他们的后勤人员，包括维修工、秘书、厨师和护士，以让他们更积极地面对问题儿童。还有的机构正在培训他们的儿童保育工作人员，让他们学习青少年个体和小组治疗，以便释放出更多的项目治疗师，去与家庭合作，执行并行治疗的任务，在有些案例中，是给孩子提供后续关怀。这些做法，是因为现在日益减少的资源形势所逼，所以，也需要我们重新审视每个工作人员的职责，将现有的资源的作用发挥到极致。

增加物质资源

排除故障一涉及物质资源领域的问题，常常是令人心力交瘁，但是它可以从根本上避免问题行为的爆发。要将一个即将耗尽的资源库重新填满，其方法就是寻求捐赠和礼品券。特别是在每年 11 月 1 日到 12 月 25 日之间，人们更愿意帮助贫困儿童。如果你在寄宿中心或孤儿院工作，你的机构或许需要一些玩偶，你可以向当地的保龄球馆、电影院或服装店要礼券。如果礼券量大，你可以全年使用，弥补预算的不足。

另一个减小资源压力的办法就是筹募基金。组织一场筹募资金的活动，可以简单地给 20 个公司发邀请函，或者打 10 来个邀请电话。

第三种增加物质资源的靠谱做法，就是向当地的企业寻求帮助。保龄球馆、迷你高尔夫球场、武术学院、音乐学校、健身俱乐部、理发店、快餐店、户外探险公司、音像店还有户外用品商店，即使不能免费或免单，他们也都会愿意提供优惠的服务、产品或是场所。另外，一些办公用品店会在教师购买教学用品的时候，给他们很大的折扣。

问题儿童会在暑假到来之前，变得更加焦虑，因为即将到来的是一段没有结构化的时间，因此，第四种方法就是利用暑期活动。夏令营常常会提供折扣或奖学金。还可以从游泳馆、乡村俱乐部、青年俱乐部、图书馆和市政公园等，得到免费或便宜的活动机会。在充满想象的冬春季节，就开始搜寻一些有趣的活动安排好日程，会有利于减少孩子们在五六月份的问题行为的爆发，并且让大家都有一个更愉快的暑假。

为孩子们提供可选择的交通方式也是可以缓解焦虑的。问题儿童往往不愿意去那些他们不知道怎么到达的地方。为了克服这一点，你要确保你照顾的孩子知道怎样乘坐公共交通工具，让他们办公交卡（或通过捐赠得到）、在旧货市场买二手自行车、找人拼车，或找到志愿者在约定的时间带他们出门。

那些与家庭合作的机构，如果在交通方面资源有限，可考虑提供自行车、公交车时间表或汽油钱。这些努力往往带来与家庭的关系改善，也带来了状态更好的孩子们。

托尼·布朗，一个著名的美国黑人作家和少数民族家庭的拥护者。一次他在自己的电视节目《托尼·布朗日记》中谈到，无论贫穷还是富有，所有家庭都应该拥有一台电脑，贫穷永远不可作为无法拥有一台电脑的理由。他叮嘱观众："找到一个办法。"他确信，一台电脑能帮助儿童学习，使他们在学校有一个更好的开始。除了电脑，孩子们还需要书本、自行车、书包、学习用品、娱乐设施和其他物质资源。同时，作为看护者，我们的工作就是“找到一个办法”，保证孩子们能得到这些。

为改变做好准备

故障排除，还需要我们构想好策略，以应对改变引发而来的困难。改变我们习以为常的生活，不仅会让孩子，还会让成人惴惴不安。

对成人来说，改变往往会导致自恋性创伤。他们可能会疑惑：“我以前做的难道不对吗？”或者“你是说那个老办法不好了吗？”我们这些想要帮助问题儿童的人们，则需要脱去自我界限的羁绊——认识到改变是反复出现的生活的一部分，才能完成这种改变自我的伟大壮举。

对孩子们来说，改变可能会更加可怕。经常犯错的孩子，可能已经习惯了某种关联模式。在某种意义上，他们开始依赖这种模式了，他们确信自己是坏小孩，会把大人的生气看成是对自我负面形象的佐证。当我们在开始实施针对问题行为的预防措施时，这些孩子会发现自己处于不熟悉的恐怖中，作为回应，他们会激烈地抵抗。

安德鲁是一个 11 岁的男孩，约翰逊老师是他住宿单元的主管。约翰逊老师制作了一个新的行为矫正的图表，并教给他一套自我管理的方法。两周后，安德鲁脑中是这样想的：“跟其他人交往感觉好极了，我喜欢他们谈论我的事。约翰逊老师确实是用尽全力帮我，但是，这不会持久的。大人总是对我发怒。有些时候，他们想要扔掉那张表，重新找我的茬。我为什么不结束这种等待，回到从前那样呢？”

第三周时，安德鲁变得非常焦虑，他可能在想：“讲礼貌，受到这么多关注真是别扭！真不习惯！还有，他们对我期望得更多了！走着瞧吧，他们会看到真实的我。不，还是以前的我感觉更舒服。哦，约翰逊老师，你是个傻瓜！”之后有一段时间，安德鲁又有点回到从前的举止，但是他发现约翰逊老师是个坚持到底的人，他很快停下了与变化之间的抗争，接受了一个更加积极的自我形象。

怎样才能在反反复复的阶段中坚持下来？一个好办法就是憧憬一下两三个月后的未来。告诉你自己：“在接下来的两个半月里，我能接受这个孩子可能对我做的所有事情。如果他能在十周后大有进步，并且很少复发，那这一切都是值得的。”换句话说，通过憧憬未来激励自己。

坚持下去，就像一段“前进两步，后退一步”的旅程，如下页图所示。事实上，很少会有孩子在没有“积极的退步”的情况下进步的。“积极的退步”是为了“测试”主管的成人是坚持那个新的计划，还是退回到原来的没有什么治疗效果的模式。

在“积极的退步”阶段，想维持长期的行为进步，我们就要能够抵抗住诱惑，避免过度反应或宣泄我们的失望。换句话说，你不应该讲：“鲍比，你前面做得很好。可为什么又像原来那样犯错了？我还以为你再不会那样了呢！”或是：“这个新的计划再也不起作用了。那些孩子每况愈下！”相反，明智的做法就是要预料到“积极的退步”，坚信通过你不懈的努力，孩子们终究会回到正途的。

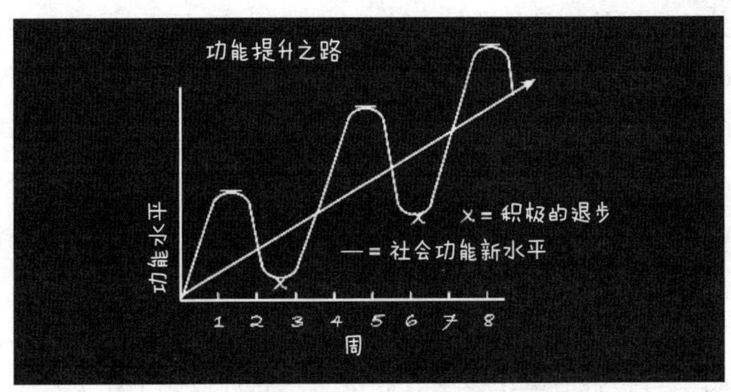

但是，保持这样的心态往往不是那么简单的。一个青少年感化院对暴力、侵犯、男女关系和获取特权做了新的规定。在遭遇一段严重到需要进行身体约束的不当行为的爆发期之后，我们得到了短暂的平静。有几次，孩子们近乎骚乱，我就开始怀疑我们到底有没有改善孩子的行为。但是，在那些骚乱中，直接管教的人员自始至终都没有对这些“积极的退步”，做出放弃或者有损新方案的过激举动。结果，我们的的确确创造出了真正的、可持续的改变。

我再次从这件事中学到了成为成功的行为改变促成者的第一个经验教训：如果你真的相信谁都不是坏孩子，如果你欣赏他们对改变所做出的反应，那么，你要竭尽全力永不放弃，要知道改变的进程中，反抗只是其中一个很正常的部分。

我学到的第二个经验教训，来自罗伯特·克林顿的《伪装大师》一书。这是一本生动的名人传记，讲述了弗雷德里克·德玛拉的故事。他是一个天才，盗用别人身份在世界各地游荡。他伪造监狱管理员的证件，随后改造了南部的一个监狱。在朝鲜战争时冒充为海军军医，为好几个朝鲜人做手术，还救了他们的性命。他在应对每一个毫无经验的局面时的心态是：带入最高的主动性和目的性。这是一个喜欢制造奇迹的人，不管他自己多么没有安全感，他都始终散发出自信与希望，使得人们信任他。

这就是我在应对有严重问题行为的孩子们时，努力要做到的。当我听说娱乐室中有些风波，并且那些工作人员需要帮助时，我会尽快冲过去，但是到房间门口时，我会做个深呼吸，放慢我的速度，装作漠不关心、放松的样子，好像在说："我一点都不担心。一切在掌控之中，所以不要惊慌。事情会变好的！"

不论是被一个短暂的风波，还是一个急需重建的计划所困扰，你同样可以成为行为改变的促进者。秘诀就是，用一个积极乐观的态度，散发自信，笑对心中的恐惧。换句话说，你要变成一个演员，别让他人看到你的痛苦！要记住，通过实践与成功的积累，你会越来越棒，哪怕是第一次的成功很小、转瞬即逝！

第八章

幽默的力量

幽默是儿童保育中一个被长期忽视的因素，在预防孩子的挑衅性行为方面需要高度重视幽默的运用问题。问题儿童是需要欢笑的，这种欢笑也会给照顾他们的大人带来快乐。的确，有关内啡肽的研究也表明：随着笑声的减少人会更痛苦，痛苦会导致行为爆发。很多老师和保育员在第一次听说幽默的治疗功能时会觉得："可是，我并不是个有幽默感的人。"事实上，任何人都可以变得有趣。尽管很多人天生就比别人缺少幽默细胞，但是许多幽默并不需要有很会搞笑的天赋。并不是要你在午饭后，非要像个真正的喜剧演员那样，去读一段笑话书上的俏皮话。试一试，你不仅能让孩子们捧腹大笑，而且等他们跟你混熟之后，你原先认为自己不具备幽默细胞的想法也就烟消云散了。关键是，不论你的幽默是自然的，还是刻意的，你都能帮助孩子们在谈笑中克服那些长期的问题行为。

快乐所带来的预防作用

在“一切都过于清醒”的儿童福利事务中，快乐对于儿童的问题行为具有一种独特的缓和作用。在其许多不为人知的效用方面，幽默具有如下几个作用：

一、幽默可以照亮孩子心中的黑暗

“我还以为你会像别人那样对我大喊大叫，但是你却让我笑了。”乔迪说这话的时间，是在她那次被我制服之后 6 个月，这在本书第二章谈到过。对她来说，短暂的快乐照亮了她几个月，也有可能会是几年，甚至将会是一生。

像乔迪那样的孩子，曾经有过苦难而不幸的生活。他们所看到的人生的前方，不是郁郁葱葱的山谷，而是荒凉危险的地带。对他们来说，幽默就像是阳光，能给他们带来温暖与活力、对未来的希望以及与他人爱的联系。总而言之，幽默的光芒所带来的鼓舞人心与令人振奋的力量，会照亮黑暗的灵魂。

我们这些常年与处于风险中的孩子打交道的大人，往往会过分关注问题行为，而忽视了他们阴暗的心灵。也正因如此，我们就更应给他们带来更多的阳光。

二、快乐会让孩子记住爱的行为

如果让我回顾我的少年时光，我会想起我的堂兄乔恩。一天下午，我们 5 个人一起玩了德州扑克，之后去了冰淇淋店，乔恩在那里点了一杯非常浓厚的巧克力奶——厚到他需要一直倾斜着杯子喝，结果奶昔全都泼在了他的脸上！我们笑得前仰后合，我永远忘不了他那被巧克力吞没的眼睛、鼻子和下巴。每当我回想这件已随时光流逝却令人捧腹大笑的事情时，我还能记起我们做过的其他许多疯狂的事情，还有一同度过青春期的令人陶醉的友谊。奶昔事件不仅仅是一个回忆，它打开了通向幸福时光存储器的通道，那些幸福的回忆支撑我度过许多艰难的日子。

但是，问题儿童很少有这样的通道。更为严重的是，在他们的记忆里没有欢乐。当孩子们回去参观曾被他们当作家的寄宿治疗中心时，他们会拉着工作人员回忆往事。“你还记得那次，你在操场上制服我的时候吗？”或者是：“还记得我打坏了小教堂的玻璃吗？”这些羞愧与反抗占满了他们的回忆。

当我们决定要让孩子们的记忆库里充满着欢笑而不是耻辱时，我们就该送给他们更为持久的礼物：长年累月的欢乐的火花、终生难忘的爱的感觉。同时，我们还传达了这样的信息——我们想要让孩子们开心，我们爱那些孩子；我们想让他们感觉愉快，以至于我们愿意在孩子们面前装傻；所有这些，都有利于孩子恢复对大人的信任，同时找回自己的自信。基于这种信任所培植出来的爱，能对问题行为有最好的遏制作用。

三、幽默可以把对抗的孩子融入集体

每周三，专家德里克和简都会进行集体治疗活动，对象是 8 个曾上过波士顿少年法庭的青少年。那年过半，14 岁的韦斯利加入了进来，时间一周一周地过去，可是所有让他开口的努力都付之东流，他像石头一样一直坐着，对我们一直是沉默不语。直到第七次疗程，他走进诊所时开口问了一句："楼顶的那些金属大门是干什么用的？"

其实，德里克也根本不知道原因，他也想不明白，为什么诊所所在的这座灰色的、15层大楼的楼顶，还要用金属大门？但是，他并不想放弃一次搞笑的机会。他回答："那是用来关那些在治疗中不开口的孩子的。"

简听到这个话，吓得脸色发白，差点被脆饼呛到，而德里克说完后，先笑了起来，然后，韦斯利也咧开了嘴，最后，他积极参与到集体中来了。

四、幽默可以使得权威人士不再神秘

由于他们不光荣的过去，许多问题儿童都害怕权威人士。其实，一个微笑，就能把此前的压抑氛围一扫而光，进而创造出一个更加平等的氛围，跟孩子幽默一下，会给孩子们这样的暗示："我不会跟你们过不去，我们是一伙的！"

当你要约见一批新面孔时，如果你一开始就很积极、幽默，沟通的障碍就土崩瓦解。笑话和魔术这样的破冰活动，会让孩子们将你看作一个很有爱心的大人而不是一个总指挥。记住，最初的印象为将来的交流奠定了基调。

五、幽默可以推进良好关系的建立

我上八年级时的数学老师伯恩斯，是我见过的最有品位的人。他穿着合体的三件套，操着一口略带有英国口音的标准英语，有点冷幽默，常会用一些名言来回答问题，比如“滚石不生苔”“省一文等于挣一分”“小洞不补大洞吃苦”，等等。一个星期五的下午，他让我回答一个带点圈套的问题时，我掉了进去，我上钩、扯上鱼线、沉入水底……“彻彻底底错了”，我原以为他会这么说。伯恩斯笑了，看着我的眼睛，“爱泼斯坦先生，每分钟都会有一个傻瓜诞生的”。

我回瞪了他一眼，像排练过的一样，回复道：“伯恩斯老师，是的是的，这肯定是先有一个傻瓜才会知道有另外一个傻瓜。”教室里爆发出了大笑，然后又突然静下来，大家都在好奇老师会怎样回应。

他调转身，一本正经地走到讲台前，用粉笔在黑板的右上角画了一条小小的垂直线。他用标准的英语说：“你的回答很聪明，可以得 1 分，爱泼斯坦先生。”

这是我永远都不会忘记的时刻，尽管伯恩斯老师没有在我身上花额外的时间，但是他教学中的与生俱来的幽默激励我学好数学，并且加深了我们之间的友谊。

六、幽默可以减少紧张感

问题儿童管教中心或机构，总是弥漫着紧张的气氛。教师在管理一个焦躁不安的班级时，会感受到这一点；养父母在面对他们可能失控的孩子时，也会感受到这一点；寄宿中心的顾问在试图让失控的组员恢复镇静时，所感受到的紧张，都能写出一本书来。

处于日益紧张的环境中，会让你的肾上腺素升高，甚至会蹿升到顶点。如果我们的行动效果没有体现我们付出的努力，这时我们就应该考虑采取点放松的方法了。

下面是 3 个可以让人欢笑、缓解压力的方法：

“你的目的达到了。”如果一个小组或一个孩子的行为惹恼你了，你可以这样回应：“你好像很想让我生气。你知道吗？你的目的达到了（开玩笑似的说）。现在，我真的很伤心。”这种减压法，是一种良好的情绪控制，可以使你在处理事件之前有几秒钟来恢复平静。

“你们是我的保镖。”如果两个孩子发生了口角，且你没办法帮他们解决这一冲突时，可以请他们做你的保镖。这是一个很不错的方法，替代了将他们分开“各个击破”的方法。特别是当你跟每个孩子关系都很好的时候，效果会更好。

假如，埃莉和朱迪相处不好，并且无法调和矛盾，你可以把她们带到一起，像这样说：“好吧，埃莉，我知道你和朱迪都拒绝和好。我还知道你平时很讨厌她，你甚至恨朱迪这个名字。事实上，你恨那些 J 开头的词。如果我们到外面，让你到‘攀爬架’[①]上面玩，那你就不会生气了。还有朱迪，我知道你一直以来都恨埃莉，每次下雨，你都会怪她，说就因为埃莉才会下大雨，每次你的指甲裂了，那也是埃莉的错！”

---

① Jungle gym：是指儿童游戏用的攀爬架，英文里是以J开头的单词，此时老师说话时故意去掉了J，说成了“ungle gym”。——译者注

这时，埃莉和朱迪可能会忍不住笑起来，然后欣然和解。如果那种紧张仍然存在，你可以告诉她们，她俩在和好之前必须像保镖一样守护在你身边。如果争吵是由于互相的不理解引起的，且你感觉这样干预不会使情况恶化的时候，是使用这一方法的最好时机。

鹦鹉学舌。路德是寄宿治疗中心的一个聪明又暴躁的 13 岁男孩。有天下午，他的情绪特别不好，我和路德还有其他 5 个孩子当时正在大客厅里。我尝试多种方式想帮他走出恐惧，也无济于事。所以，当他粗鲁地跟其他孩子讲话的时候，我让他出去进行 5 分钟计时隔离。

他嘲弄地说："我什么也没做！"

我回答道："我知道你心烦。请你接受这个计时隔离，那之后我们可以谈谈。"

他回击我："见鬼去吧！"

我很客气地告诉他："如果你不在 1 分钟之内开始，那你就要被处以 10 分钟的计时隔离。"

路德的挑衅不断升级，因此我给了他 10 分钟的计时隔离。但是他仍然不接受，所以我叫他到走廊上冷静一下。我跟着他走出了房间。

我站在离路德十步远的地方，都能感觉到他的怒气。他开始来回踱步，低声地咒骂。为了打破这紧张气氛，同时让自己看起来神色镇静，我叫了在走廊那头正在玩耍的 3 个孩子："约翰、查克还有乔伊，你们还有 20 分钟就该出去了。"

路德讽刺似的模仿我，他也大喊："约翰、查克还有乔伊，你们还有 20 分钟就该出去了。"

我没有理会他的话。几分钟后，我换了一种转换注意力的策略："嘿，伊桑，把你的火柴盒车模捡起来，你不能就这么把它扔在地上。"

路德又一次重复了我的话。

他开始让我生气了。我的"可观察的自我"使我大脑飞速运转，我强迫自己冷静下来。我拼命地想尝试第三种方法，接着喊道："浴室里的家伙，你们必须尽快离开那里。"我当然知道浴室里没有人。

路德在我说完这句话之前，就开始重复我的话了。

我几乎智穷才尽了，我知道自己应该试试新的办法。一般与一个反抗升级中的孩子对视，并不是一个好办法，但是必须行动起来。我转过来，走向路德，直视着他的眼睛，说道："好吧，我准备好接受我的计时隔离处罚了。"

路德眼都没眨就说："好吧，我准备好接受我的计时隔离处罚了。"

我露出了浅浅的微笑。"那么，快去吧。"我回应道。刚刚发生的一幕让他呆住了。接着，他钻进了客厅开始了他的计时隔离。

当我走过他的时候，我们相互微笑着。我在空中画了条虚拟的垂线，"你得到 1 分"，就像 20 年前伯恩斯老师在黑板上画的那样。从那之后，我和路德建立了一种特殊的亲密关系。

七、幽默可以培养孩子的身份认同

有挑衅性行为的孩子常会被身份认同问题所困扰，他们想知道：“我是谁？”“我是好还是坏？”欢乐的时光可以帮助他们明白他们是谁，还有，他们会变成什么样的人。

威尔·本德和阿蒂·本德是亲兄弟，但是完全看不出来，因为 8 岁的威尔对 5 岁的阿蒂完全不加理睬。在被送到寄宿治疗中心前，他们俩被抛弃在一辆汽车里，吃光了垃圾桶里的食物。威尔曾经尽力照顾过阿蒂，但是巨大的负担给他造成了伤害。当他们来到寄宿中心的时候，威尔对阿蒂以及整个世界都充满了愤怒。阿蒂也同样生气，尤其是威尔不搭理他的行为深深地伤害了他。

工作人员们给了他们所需要的大量的营养，想要修复他们之间的关系，但是，拥抱很快就会变为摔跤比赛。单元主管斯坦，每次与他们一起比试的时候，都让他们赢得比赛。有一天，他灵机一动：他只同意阿蒂在场的时候，才会跟威尔摔跤，但是这一次，他决定不让威尔赢。接下来，当威尔和斯坦摔跤比赛时，斯坦赢了他。威尔脸上的挫败感一览无余。几分钟后，斯坦说：“你弟弟不来帮你真是太好了。我可不想跟你们俩一起较量！”

好像得到暗示一样，阿蒂加入了进来，于是斯坦大喊：“噢，不！本德兄弟来了[①]。你们在一起，你们就能得到本德

① 2008年德国U19欧青冠军主力，也叫本德兄弟。此处是暗示。——译者注

能量！”

“本德能量！”他们大叫着，每个人都用了新招式。斯坦欣慰地看到他们合力对付自己，他让两个孩子打倒了自己。

后来，威尔和阿蒂搬到了同一间卧室。原先提到阿蒂时，威尔只愿意用阿蒂来称呼，现在，他开始用“我弟弟”了。修复兄弟身份之后，兄弟俩的关系亲密了。两年之后，他们一起去了一个充满温馨和关怀的收养家庭。

运用幽默的六条法则

下面是取得喜剧效果的六条基本原则。在你和问题儿童交往的过程中，如果遵守这些原则的话，可以确保让幽默变成不可或缺的工具。

一、要愿意迅速放弃

无论何时，如果一个孩子没有对你的幽默做出积极回应，那么放弃这种方式是明智的选择。若不放弃，可能只会让孩子以为你在取笑他，或者认为你不严肃。随着你对你所照管的孩子的逐步了解，你就会知道谁会对变化会有好的回应，谁又不会，以及谁更会被轻易地逗笑。

二、避免讽刺和外号的使用

不论一个讽刺多么有趣，还是会让孩子们感受到敌意，认为是在诋毁他们。大多数问题儿童都曾经历过大量的羞辱，再一次伤害自尊的打击，只能使他们原本就消极的自我形象再次沉沦。

外号，也是一种轻视。住在拘留中心的15岁的斯科特，就存在严重的认知和情感障碍，有人给他被起了外号——狗，几乎所里所有的孩子和工作人员都这么叫他。他们没有意识到，斯科特因此就认为自己有动物般的冲动，这进一步降低了他的自我价值感。直到人们不再叫他的外号之后，他对自己的感觉才好一些。这个真实的故事告诉我们：幽默最好是自嘲，不要嘲笑别人，当然更不能嘲笑孩子。

三、把建立亲密感作为指南

在高度紧张的情境里，在使用幽默之前，最好先与孩子们建立起相互信任的关系。为什么？因为问题儿童想要知道他们身边的大人是可以信任的。一旦孩子们确信你是在关心他们，且不会故意伤害他们时，你就可以开始插科打诨了。

四、把你的奇思妙想融入到日常的互动中

没必要在一些特殊的场合也要搞笑。相反的，让欢笑与纪律原则相互融合才是明智的。在不愉快的一天结束时，轻轻地摸摸孩子，有时也会是一个很有效的方法。

五、可以动用你的十八般武艺

今天的幽默，明天就不一定有效果了。为了博得一笑，你需要运用直觉来解决问题。

六、不要担心过度的刺激

儿童福利机构中，一种流行的看法是："别让孩子太兴奋了！如果你这么做，他们会变得轻浮而有破坏性。"幽默会让孩子们打破服从的模式，而我们的任务并不是要保证孩子们的服从，而是培养他们的人格。引发快乐旨在帮助孩子们恢复控制。换句话说，不要担心过度刺激的后果，而是要给混乱构建出秩序。

可以通过多种方式对搞笑的时刻进行构建。第一种方式，就是提前计划一个缓冲期。例如，预留一些时间让孩子进行一个放松的淋浴，或在进行下一项活动前减弱你的声音，调暗灯光。第二种方式，就是提前设定限制，让孩子们明白，如果他们"太过分了"会发生什么。第三种控制混乱的方法就是告诉孩子们，只要他们事后能平静下来，这样有趣的时刻还会不断、不断地到来。构建出秩序，可以使得幽默的刺激转换成一堂自我约束的课。

开发出自己的幽默曲目

为了能够随时创造出欢乐的气氛，你最好掌握一些技巧。将任何可以引发大笑的搞笑方法全都收入囊中：从一个双关语，到一种出人意料、不协调的打扮，等等。通往幽默的路径，有无限的可能。下面几类方法，修改后可适用于任何年龄层次以及不同的情境。

一、笑话和谜语

孩子们都喜欢笑话和谜语。你没必要每次都说一些新的，反而，你只需要记住几个俏皮话，在需要的时候讲出来。或者，把它们写在一些有编号的纸上，给每个孩子一到两张。请孩子们拍 5 次掌，首先请拿着一号笑话的孩子站起来大声地读出来。他读完之后，孩子们再拍掌 5 次，然后请拿着 2 号笑话的孩子读出来，依此类推。你还可以买几本通俗的笑话书，叫孩子们轮流大声地读出来。

琼 • 恩布里是个四年级的老师，她坚信自己没有搞笑细胞。而亚历克斯是个极具挑战性的学生，他来到了这个班级，老师知道是时候要放松一下了。在亚历克斯到来的第二天上课之前，她走到他的桌子前，让他快速地念 5 遍股票（STOCK）。

他很疑惑，然后念了起来："股票，股票，股票，股票，股票。"

琼突然问他："你看到绿灯要干吗？"

"停下来。（STOP）"亚历克斯回答道。

"所以，亚历克斯，你在绿灯前停下来了。那样开车可真滑稽！"所有人，包括亚历克斯全笑了。①

① 这个笑话是利用谐音，孩子读了5遍stock，这个词跟stop很接近。所以，老师突然问他遇到绿灯做何处理。谐音的定势，导致孩子顺着就说stop了；他混淆了红灯停还是绿灯行了。——译者注

二、幽默闹剧和身体幽默

滑稽剧和恶作剧都可以让人完全兴奋起来。下面 3 种方法一定能引起笑声不断。

戏装和哑剧。一个看上去很笨拙的戏装，能让人们一天都心情愉快。如果你是一名教师，讲历史的时候你身着那一时代的服装，或者纯粹为了搞笑，戴上一顶古怪的帽子或领带，或者戴一个塑料的假鼻子和黑色眼镜。年轻的孩子们，都喜欢装扮，看你也这么做，他们会兴奋起来的。

打水仗或泡泡战。无论在室内还是室外，打水仗能给孩子们带来数小时的快乐的放纵。当然，前提是他们要受到基本原则的约束，比如“只能瞄准大人”或者“要绕开电子设备”。泡泡战可能需要事后收拾战场，但这些付出是非常值得的。

小道具和小玩意儿。发条玩具能快速地引起大笑，当你跟孩子正在进行一个严肃的谈话时，在桌上放一个来回跑动的塑料松鼠，能立刻驱散沮丧的阴霾。卡片和魔术，也能增加与孩子们轻松接触的机会，带电动雨刷的塑料眼镜也有这种效果。大部分玩具店都能买到这些玩意儿。

三、好玩的游戏

越是有创新性的游戏，越能吸引孩子们的注意。为了吸引他们，你可以试着把他们最喜欢的旧游戏改编一下，或者让孩子们发挥观察能力，发明一些新的游戏。

疯狂的宾果 (Bingo) 游戏[①]。这个游戏至少有 3 种不同的玩法。第一个是果宾（Ognib）——是宾果的倒写，这对缺少自尊的孩子来说，是最适合的。当一个同伴大叫“宾果”的时候，需要以抱怨的口气回应“我从来没有赢”，一旦卡片填满了就把卡片翻过来，最后一个翻卡片的就是赢家。为了增加趣味性，参加比赛的人在翻卡片的时候，可以抱怨：“我得到宾果了。”第二种玩法，是游戏中途加入铃声，表示“ESP 时间”。这是游戏中的一个小插曲，让孩子猜一猜马上被叫到的号码，猜对的孩子能得到奖励。第三种玩法，是针对那些注意力不容易集中的孩子设计的，呼叫者用各种各样的腔调和音调宣布号码。

为了帮助害怕失败的孩子，你可以不仅仅奖励获胜的孩子。比如说，你可以告诉孩子们：“无论谁在‘上上下下’宾果游戏中获胜了，坐在获胜者左边的人，也同样得到奖励。”

① Bingo 是一种填写格子的游戏，在游戏中第一个成功者以喊“Bingo”表示取胜而得名。“Bingo”这个单词还有一层意思，是指“因出乎意料的成功而兴奋的叫声”。——译者注

改版的“西蒙说”[1]游戏。在西蒙说游戏中，你想怎样搞笑就能怎样搞笑。你说得越多，引发的笑声就越多。例如，你可以宣布：“西蒙说像巴黎圣母院的钟楼怪人一样走路。”或者“西蒙说像迈克尔·乔丹那样跳起来”。你还可以说：“西蒙说像乔丹那样跳起来然后荡在空中……好，继续……嘿，我可没说让你下来！”也可以用别人的人名代替“西蒙”比如：“沙克·奥尼尔说，像我一样吹牛吧。”

个性化的疯狂填词。疯狂填词就是对一个很搞笑的故事进行重编，让参与者进行填空。在大部分礼品店都可以买到填词书。然而许多问题儿童很快就会对设定好的故事没了兴趣，他们更喜欢私人定制的故事，想加入自己的和熟悉的大人的名字，以增加大家在一起的感觉。如果你是个老师，你可以设计一个以班级为素材的填词故事。如果你是养父母或是青少年辅导员，你可以设计一个疯狂填词的冒险游戏，在故事中你们团结在一起化险为夷。无论你决定写什么，确保空格包括了小组里的每一个孩子，那些滑稽的搞笑的角色就让大人们承担。别忘记在游戏结束后，需要为所有参与者打印一份完整的故事。

---

① Simon says是一个英国传统的儿童游戏。一般由3个或更多的人参加，其中一个人充当“Simon”，其他人必须根据情况对充当“Simon”的人宣布的命令做出不同反应。如果充当“Simon”的人以“Simon says”开头来宣布命令，则其他人必须按照命令做出相应动作。如：充当“Simon”的人说“Simon says jump(跳)”，其他人就必须马上跳起。而如果充当“Simon”的人没有说“Simon says”而直接宣布命令，如充当“Simon”的人说“jump”，则其他人不准有动作，如果有动作则做动作的人被淘汰出游戏。——译者注

一个虚构的疯狂填词游戏
洋基体育场的（形容词）________之行

（形容词）________（大人的名字）________决定带六个孩子去看纽约洋基棒球比赛。去之前，孩子们用已经放置（数字）________天的面包做了（形容词）________（熟食肉）________三明治。（小孩的名字）________想要（调味料）________和油炸的（昆虫）________放在他的三明治上，虽然有时（同一种昆虫）________会塞在他（她）的牙缝里。（小孩的名字）________喜欢用三明治蘸着（液体）________吃。（同一个的大人）________租了（形容词）________（颜色）________的（非同寻常的交通工具）________带他们。（小孩的名字）________想要驾驶，但（同一个大人）________提醒他（她），他（她）只有开（形容词）________（颜色）________（同一种交通工具）________的驾照。

在途中，一个（形容词）________（名词）________形状的东西突然从天空落在他们面前。（小孩的名字）________大叫："是个UFO！"接着一扇门就打开了，（5到50间的数字）________（形容词）________（颜色）________外星人出现在飞船中。不可思议的是，他们全都看起来像是（滑稽的卡通人物）________。

（小孩的名字）________对他们喊道："看起来像（相同的卡通人物）________的外星人们，你们是为了和平而来的吗？"

"我们是来看洋基队的比赛的。比赛在哪里举行？"

"跟我们来吧。"（小孩的名字）________叫道。

外星人和（寄养家庭的地址或机构的名字）________的孩子们一起看了一场很棒的比赛。外星人们用他们（形容词）________（名词）________抓住了所有界外球，他们把球给了孩子们，换取一口（第一个小孩的名字）________的三明治。

原来，外星人也喜欢油炸的（之前的那种昆虫）________！

记忆游戏。这个好笑的游戏，会让 5 到 13 岁的孩子非常开心。游戏原则如下：一个孩子坐在椅子上不动，另一个孩子观察他几分钟后离开那个房间。这时，坐着的孩子要改变身上 5 个地方，他可能会解开衬衫，交换左右的鞋子，解开一只或两只鞋的鞋带，卷起一边的袖子，交叉双腿，将头发梳到另一边，或拿下或戴上眼镜和手表，然后，离开房间的孩子回来，要找出 5 处不同。

当你在玩记忆游戏的时候，让孩子们轮流做换装和找不同的人。当然，你也要参与其中。

四、疯狂的曲调

音乐，作为一种通用的语言，是自我表现的无与伦比的媒介。事实上，当问题儿童聚拢在一个简单的“乐器”旁边，并且想要夸张地表演的时候，令人惊奇的情绪变化就会发生。下面是一些意想不到的方法。

卡祖笛时间。建立一个你自己的卡祖笛乐队吧。新英格兰地区的一个四年级班级，组成了一个 5 人卡祖笛乐队，他们在才艺汇演或生日聚会上表演。这些孩子每次穿戴整齐，把卡祖笛装在小提琴或吉他的盒子里带进房间。为了给人留下好印象，乐队队长每次邀请一位客人上来独奏，客人要做的就是站到前面演奏一个音符——通常是歌曲的最后一个音符。

锅碗瓢盆韵律乐队。当你用一个大的器皿，如木勺，来敲击挂在钉板钩上的锅碗瓢盆时，你会发现每一样器皿都能发出独特的声音。这些“金属鼓”，加上两个当作钹的盆，和当作邦戈鼓和康佳鼓的桶或锥形罐子，可以组成有趣的合奏乐器。《我爱红娘》的主题曲或爵士歌手曼恩的流行金曲，都非常适合锅碗瓢盆乐队。

五、异想天开的诗

当你在为孩子写诗的时候，一点点的自我贬低会带来令人愉悦的触动。更重要的是，要保证以欣赏孩子收尾。对于处于危险中的孩子，这种欣赏再多都不为过。

霍华德是一名临床治疗师，他被分配到一个大型的寄宿治疗中心的一个单元里。他从未错过任何一个孩子的生日晚餐，饭后，他会读一些向孩子表示敬意的有趣的诗。孩子们都迫不及待地等他读诗。也许，孩子们真正享受的，是霍华德花了很多时间为他们做特别的事。13 岁的麦克，因杂乱的房间和非凡的艺术能力而出名。下面是霍华德为麦克所作的生日诗。

送给麦克的生日诗

今天你听到了我的诗，这真是太好了。
明天我们会吃比萨，然后看《罗宾汉》(电影)。
星期日的时候，你当然需要时间休息。
但工作人员不会允许……
因为你的房间太乱了！

面对现实吧，麦克，你和我都不太整洁
但至少我们都很帅气、可爱。
我们都喜欢香辣鸡翅，我们都聪明无比
我们都喜欢在画画之后
到邓肯甜甜圈坐一会儿！

嘿，不要开玩笑了，我一想到你
就有巨大的自豪感！
你聪明、强壮、机智——
如果我们吃了太多比萨
就不会遗憾了！

生日快乐！

六、夸张的赞美

当挑衅性儿童做出一些值得注目的事情时，他们与世界隔离的大门就打开了。如果我们此时给予恰当的关注，这扇门就不会再关上了。能让这扇门永远地开着，让这种成功在孩子心中留下永不磨灭的一刻，就是夸张的赞美。下面是一些案例：

“萨拉，这幅画太棒了！我现在就要给美术馆打电话让他们把这幅画挂进去。毕加索、伦勃朗和萨拉，这些是并驾齐驱的大师！”

“伊思拉，我真的很喜欢你解决问题的方法。你是来抢我的饭碗吗？你难道不想再多做几年孩子吗？”

“山姆，你这次数学测试得了 90 分。我真想对着窗外大叫。

【打开窗户并大叫】山姆数学考了90分！”

“这个班级太棒了。我发自内心地感谢你们这帮杰出的孩子！”接着，一个接着一个指着孩子们：“谢谢你，谢谢你，谢谢你……”

七、一些备用技巧

如果缺少几个拿手的故事，你的幽默故事收集得再多也是不完整的。下面是两个最受欢迎的老生常谈的故事，情急时可以用。

逃跑的笑容。如果你的直觉告诉你该往前走一步，那么，可以试试引出“逃跑的笑容”。在很多情况下，这种干预都能使孩子的脸上，开始“多云转晴”。

12岁的艾比看起来很沮丧，而且拒绝讲话，她的养父拉里说：“在那儿，我看到了。微笑已经在你的嗓子里蓄势待发了！啊，它往你的嗓子眼儿爬了，它很慢，但是坚定地向上。噢，它跳到你的扁桃体上，来回摆动了。我现在看得更清楚了，那是个大大的微笑。嘿，它已经飞到你舌头上了，你不觉得有点痒吗？不管你想做什么，都不要咽下它或是打嗝。很好，因为它拿出了锤子和凿子敲打你的门牙了。太好了，它冲破了你的牙齿，开始推你的嘴唇了。嘴唇开始颤抖了，不是吗？你不能再忍着了。它来了，就是现在。多好的笑容啊！”

大猩猩的故事。这个故事可以讲5分钟，也可以讲25分钟，这完全取决于情况的需要，和你对故事润色的意愿。故事梗概如下：

> 一个备受压迫的看门人，用他的最后一块钱买了张彩票，他中了史无前例的大奖。他用奖金买了一栋大房子，住进去几天后，他觉得自己需要一个女仆，但他去的所有家政中介都有预约了。他来到了镇上最后一家中介，并恳求店主帮帮他。尽管这家店也都约满了，老板很不情愿地给他提供了一个“经验丰富”的女佣，结果那竟然是只800磅的大猩猩。
>
> 当看到大猩猩非凡的清洗能力时，看门人同意接受这个“女仆”了，于是老板严肃地叮嘱他千万不要碰猩猩。看门人承诺会听从这个建议，他把猩猩带回家，让它做了无数的困难的清洁工作。
>
> 3个月过去了，看门人忍不住想要碰他的新女佣，所以他轻轻拍了那个巨大生物的肩膀。结果，大猩猩立刻变得狂怒，然后穿着滑板鞋、开着跑车和私人飞机追赶着看门人，最后把他逼进了大峡谷国家公园里的一个洞穴中。看门人没法再逃跑了，他蹲在墙边，看着猩猩在出口来来回回走动的身影。从黑暗的洞穴向外看，大猩猩像是有1600磅！看门人吓坏了，他的心开始狂跳。
>
> 如果这还不够糟糕，接下来，大猩猩慢慢走向看门人，嘴中巨大而突出的尖牙滴着口水，它有力的上肢在空中挥舞。看门人太害怕了，瘫在了地上，他只能眼睁睁地看着猩猩的大胳膊越来越近，然后猛地向看门人的头皮拍去。在距离看门人的头1.5英寸的地方，猩猩的手停了下来。它露出了微笑，轻轻拍了拍门卫的头，说：“碰——到你啦。”

下篇

应对挑衅性行为

第九章
交流的本质

“理解”与“预防”挑衅性行为，是有效处理问题青少年的前两步，第三步则是如何“应对”这种行为了！最成功的应对方式取决于成年人，这些应对方式体现在与青少年的有意或者无意、激励他们变化的相互交往中。

为了有意识地改进我们所照顾的青少年的健康行为，需要我们特别注意交往的方式。这不仅仅包括我们的口语描述的信息，也包括话语背后隐含的意思。显然，我们说的什么是很重要，但是何时说、如何说，通常决定着这些话是否有正效应。换句话说，给我们的交互活动“着上色”，既是增强也是削弱我们用词给孩子带来冲击的关键。这些因素构成了我们与问题青少年沟通的本质。

我们最有益的应对方式是那些尊重青少年的情感需求与尊重需求的话了，当然，这些话要伴有感染性的语调、用词及体态语。所有这四种交流机制都在我们的可控范围内，而且不管青少年的年龄、来历、生理与性情如何，都会对他们产生显著的影响。

情 感

最可能激发“处于危险中的”青少年改变他们问题行为的，是那些带有情感的或情绪表达的“应对”方式，而这些方式与青少年对安全、支持、控制与尊重的需要相吻合。自然地，情感的表现会因环境不同而不同。例如，当一个孩子开始失控时，有看护责任的成年人必须向孩子表明他们在掌控中而且能够维持一个安全的氛围。此时的指导性原则是要在青少年的不同程度的激动水平与我们自己的表现之间建立一个“反比关系”。简单地说，孩子表现的声音越大、失控程度越高，那么，我们需要表现出的是越平静、越有控制力。

情感天平

估量情感变化的好办法是想象一个类似图 9–1 的天平。当孩子失去冷静，天平左侧就会升高，成年人就要给予抑制，相应地减弱他的情感。换句话说，孩子失控的程度，决定着成人表现出的需要掌控的程度，就如图 9–2 所示。正如我曾经的一位导师常说的，“在儿童保育机构中最受尊重的专家是那些不向孩子大喊大叫的人，是那些面对情绪爆发也一直保持冷静的人”。

图9-1

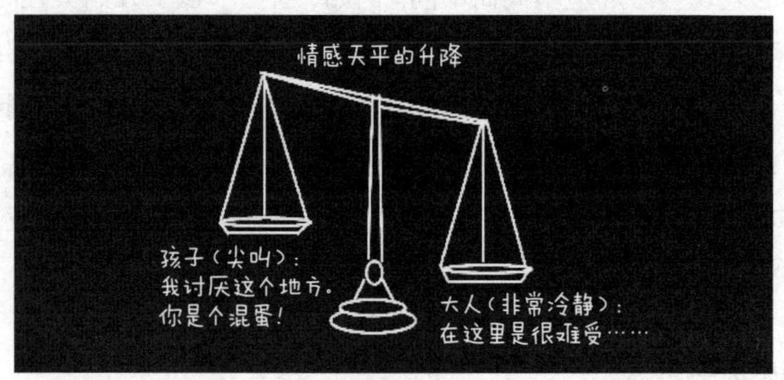

图9-2

假如天平的两侧同时上升，也就是说，如果孩子与大人都情绪失控了——交流将变得很艰难了，如果过于敏感以致错误运用自己的权威，孩子若不害怕的话一定会以愤怒予以反击。一天下午，这种令人遗憾的状况就发生在了乔治的身上，那时，他刚在寄宿制儿童看护中心开始这个新工作。他带 3 个孩子去体育馆练投篮，10 岁的男孩卢克忙不迭地就跑去捡远处角落里的球。当乔治要求他回来坐在看台里时，卢克置之不理还是拿起了球。乔治冲过去命令他放下球、坐到看台，但是卢克拒绝了！

“因为不听话，你要计时隔离 5 分钟。”乔治喊道。

“你混蛋！”卢克大叫道。

“现在，增加到 10 分钟。”乔治回击。

“滚蛋！”

“15 分钟。”

直到更有经验的同事戴夫过来干预，口水仗才被打断。此时此刻，计时隔离接近 40 分钟了，卢克已处于接近暴力行为的边缘了。情感天平的两侧都在危险地上升，上面的平衡杆快要被折断了！戴夫轻声地提醒乔治，处罚时间通常 10 分钟封顶的，乔治才叹了口气，意识到自己跟卢克一样已经失控了。

值得思考的是，自律需要保持冷静，当孩子的行为逐步走向极端时，要抑制对孩子大喊大叫或是说消极话的冲动。就如第二章所讨论过的，抑制这些自然冲动，并不像第一次出现时那么难。你力图维持的冷静风度，并不是来自把你的情感装进瓶子里，而是通过关注孩子的需求、培养耐性而形成的，需要明白的是，你的情感是可以在稍后合适的时间再表达出来的。

情感等级区

当横跨情感天平上部的秤杆相对平衡时，你和孩子就处于同一个情感等级区了，这种状况下，孩子易于接受情感性谦让。现在时机成熟了，是袒露你的感觉说出你的感受的时候了，比如，你可以这样说“杰布，你开始惹我生气了，咱们今天怎么做才能处理得更好？”或者这样说“莎拉，你刚刚的行为给我的感觉不太好，我们需要谈谈”。

当秤杆倾斜时，这个交流平衡区的机会、窗口就慢慢关闭了。下面这段发生在9岁的卡尔和他的老师之间的对话，就恰好发生了这样的事情，卡尔一开始就申明他已经超过情感等级区了，任何情感满载的反应都会引起更多的愤怒。

卡尔：我恨这个班，你从没有帮过我！

教师（冲动地）：卡尔，你这样说我很难过，我确确实实是花了很多时间在你身上的。

卡尔（更生气了）：我才不关心你是不是难过了，你跟其他人一样就是个蠢货！

对着像卡尔一样处于高度躁动中的孩子宣泄情绪，更易让他感觉更糟糕、形成更多的回击。因为此时，他更多的是处于自我保护模式中，只考虑到自己的需求与感受。等一会儿——等他冷静下来、秤杆趋平后——你才能表达你的感受，并和他一起共同解决刚才的事情。

脑子里要经常存有这个情感天平，在你与问题儿童工作交往中，你会发现这个天平是最有效的工具之一。

语　调

即便有时候说话只带了很少一点情绪，对于情感脆弱的孩子来说，也会给他们带来负面信息。为什么会这样呢？因为这些孩子早有心理戒备去削弱成人的权威，他们已经习惯于运用自己的力量、自己的控制方式来对抗成年人。因此，当你与问题儿童谈话时，控制好声音的语调是至关重要的。

语调的控制是必需的！因为你声音的高低，反映了你对想要表述的内容的理解，会把这些内容转换为所要表达的“信息”。比较一下这个描述“那个房子是粉色的”。这句话告诉听者的本意是有关房子的颜色的，但若是重音放在“颜色”这个词，“那个房子是粉色的”就传递了这样的信息：“你到底为什么要把房子涂成粉色的？”再比如，“你今天很棒！”这句话会提升听者的很好的感受，而若是说成“你今天……很棒！”，着重强调的是“今天”的话，意思就不一样了。

带着愤怒的情绪对一个处在危险中的孩子说话，比如“你别说了！”这句看似没有什么威胁的话，也可能被解读为有不太好的征兆。孩子可能得出的结论是：说话的人生气了，不再喜欢自己了，不会愿意再听自己对事情的解释，在用语言攻击自己，就像别的大人那样对待自己了。孩子最自然的反应，多数将可能是“争辩”、拒绝承担问题责任以及开始反击，等等。

非支持性的语调会导致一系列有问题的反应。假设你是老师，伊莱是你班上最难对付的学生，他刚刚把数学作业本撕了。他所获得的信息将取决于你说的话语里的语调，看下面的场景：

场景 1：“我真对你很生气，伊莱！”——带着愤怒的语调说的！

可能附带的信息是——老师生气了，我摊上大事了！

这很讨厌！她是哪里冒出来的鬼？她下一步要干吗？愤怒的信息常常唤醒愤怒的反应，特别是当你的愤怒趋向威胁时，更是如此。孩子最终能够控制住愤怒，随后能够释放愤怒，或许跟话语里的内容无关。

场景 2：“我真对你很生气，伊莱！”——传递的是急促的、几乎歇斯底里的语调。

可能附带的信息是——老师非常生气了，她似乎已经控制不住自己的情绪了。这很吓人，希望接下来的情况不要变得更糟糕！

你的任性的脱口而出的愤怒的言辞，会动摇孩子的自信，以致你无力掌控孩子。这种自信的丧失，会激起孩子的愤怒反应并驱使孩子付诸行动。

场景 3：“我真对你很生气，伊莱！”——传递的是大嚷大叫的、狂怒的语调，伴随着对关键词的负面的强调！

可能附带的信息是——老师气炸了，需要送她回家！

当你的话语开始高调、狂怒，很快就会提升问题儿童的心理防御等级，加大了孩子的过度反应，就有什么话也听不进去的可能了。如果你意识到你已经开始对孩子用大叫、发怒来回应的话，尽力让自己停下来，赶快彻底地换一种语调说话。

例如“我真有点生气……对你，伊莱”，语调的转变，可以根据情形加点幽默的成分，这会有助于降低孩子的心理防御。

场景 4：“我真对你很生气，伊莱！”——带着肯定的、但是很克制的方式说的。

可能附带的信息是——老师生气了，当然，是冷静的，仍然关心我的，这不是世界末日！

用一种肯定的、帮助性的语调表达情感，是与问题儿童交往的最有效的方式。为什么呢？在某种程度上可以说，是因为孩子会习惯于映射你的冷静的、克制的话语；还因为，你没有使用攻击性语言，你就不会刺激孩子的防御机制——所有的防护“盾牌”都是放下的，你的信息可以穿越防御，你可以影响孩子。

要确保你的信息内容被孩子正确获取，就需要用支持性的语调交流，说话的节奏要稳，不要着急，要避免使用太“过”的词语。坚持循此路径，你与孩子的关系将会越来越好——结果是，你将最终看到孩子行为的更多的变化。

用词的选择

有效的沟通还有赖于巧妙的用词选择。当给一个孩子以指导的时候，开始谈话就总是说“请”“谢谢”，这是必须的！例如，应该更多使用这样的话“请回到你的房间好吗？谢谢！”

而不是“回你房间去！”同样的，这样的用词“嘿，约翰，请把垃圾带出去好吗？谢谢！”要比“把垃圾扔掉！”这句话，更有可能达到预期的沟通效果。

除了要多说“请”和“谢谢”，要减少使用带有轻视意味的“你如何如何”这样的话，如“你最好少来这一套！”“你给我打住！”“你住嘴吧，你！”（说了两次“你”，双倍严重），或者是“你立刻给我过来，现在！”掩藏在这些话语下面的是直觉的敌对情绪，这种情绪会激起孩子的不良反应。然而，把“你如何如何”换成“我……”或者“我们……”会趋向于逐步增加双方关系的密切程度。在托马斯·戈登 1970 年出版《家长效能训练》（P.E.T）一书后，这种方法才得以普及。

下面的例子表明，只需要改几个词，所说的话就可以变为可以接受的信息：

不太有效的：“你不该那样说话，约翰！”
比较有效的：“约翰，我对那样的话感觉有点不太好。”

不太有效的：“你们不要在过道里跑来跑去的！”
比较有效的：“我们不希望有孩子被碰伤，所以我请求大家不要在过道里跑动，好吗？”

处于风险中的孩子不太容易忍受带有充满命令性质的语言，不太可能没有过激反应，因此，仔细地选择措辞是你首先要努力去做的，随之而来的，自然是支持性的话语，以及行为的改变。教师以及儿童保育中心的工作人员都有这样的反馈，说话的时候加上“请”“谢谢”，用第一人称“我”“我们”替代第二人称“你”的陈述方式等，会带来孩子行为的令人激动的转变。在与孩子交往中尊重他们还有另外的好处：孩子在与你的交往中也会很尊重你！

体态语

体态语同样很重要！因为问题儿童会对话语所传递的非言语信息很敏感，你会觉得需要对此额外关注，并有策略地使用体态语。

面部表情

要想使得交流行之有效，你的面部表情需要与孩子的情绪状态相一致。例如，你对一个孩子显现出的情绪状态感受得越多，你的表现力就会越稳定。当一个学生在班级讨论中很平静地提出了一个有趣的视角时，你要很自如地夸大你的热情。你或许可以带着满脸的微笑、用闪着亮光的眼神，面向全班表扬他，“多么了不起的贡献啊！”只要孩子没有感觉到你的表扬是虚伪的或是为了取笑他们，孩子都会很在意你的夸大的面部表情，因为这是对他们所取得的成绩的肯定！

相反，当孩子表现出心烦意乱时，你的表情就不能太生动了！这个时候，你最好用镇定的外表、坚定的语调说：“我有点灰心丧气，我也不能冲着你们大喊大叫，我到外面去冷静几分钟，然后，我们再谈。”这个个案中，就是通过抑制自己的表达，以避免孩子的情况进一步变糟，可以帮助你渡过此关。

手势

手势语使用不恰当的话，会导致焦虑加剧。例如，用手指着对方的话，通常传递的是负面信息，充盈其中的是权威、控制或是愤怒，会打消孩子改变自己行为的念头。不管怎样，手部信号的有效使用，可以把事情保持在合理水平上，可以促进信息传递，可以降低压力，有助建立自尊。下面是几个相关的例子：

掌心向上与腰部等齐。这个手势给人的印象是寻求帮助，而不是要求顺从。

“OK”手势。这是个比较通用的手势，手掌向外，食指和拇指组成一个“O”的形状，另外3个手指竖起来。说“太棒了”，意味着肯定某事；说“太棒了”且晃着OK手势，则意味着更胜一筹。

竖大拇指。竖大拇指与OK手势一样，可以强化言语信息的正面效应，有些情况下替代的是“完美”这个词。对一个孩子来说，若是此前处于困境并打算开始重归正轨的时候，会从类似竖大拇指这样的支持性信号里获益，尤其是当孩子还未准备好与你交谈的时候，更是如此。

很好的老传统——握手。握手是通过接触传递这样的信息"我很关心你！"对孩子来说，他们希望得到身体上的关怀，一次握手或许就是最好的联系孩子的方式。

我认识的德克萨斯州的一位小学教师，对此看法是，在学年中要与孩子的身体接触，每天至少要有一次。她确信，这种身体接触，不论是拍拍肩膀或是握握手，都会增强她与孩子的情感层面、智力层面的交流。需要明白的是，许多孩子可能会不愿意有未经他们同意的身体接触。这个老师采取的办法是，首先与孩子单独交流，获得他们同意后才会运用这个策略。

非言语的暗示。非言语的暗示，可以在不打断某个活动、不用呼吁大家关注某个孩子的情况下，有效传递信息。这方面例子很多，下面 3 个比较好用：

• 可视化的暗示。可以把图片或图表贴在墙上，以提醒孩子要有得体的行为。使用这种方式，你可以不用停顿下来去处理孩子的错误行为，只需要指着墙报或是根据需要瞥一眼上面的字即可。

我认识的一位三年级的教师，每学年都是从创建一个学生"手印墙"开始的。从那以后，只要学生未举手就说话，她就会指向手印墙，暗示他们要举手说话。此外，当班级开始吵吵嚷嚷时，她会关灯以恢复平静。在多数情况下，她的"安静"的信息都会被学生接受。

多数情况下，身体姿势也可以同样使用。奥黛丽是一位保育员，当她揪着自己的耳垂的时候，无论她面对的是谁，对方都会明白，此时应该“停下来、想一想、再行动”。

• 手语。许多成年人与问题儿童在一起时，会使用手语传递一些信息，如“请安静！”“那很棒！”“我们是个团队”“不，别那样做！”“回到你的座位上去！”“请注意”“离下一个活动还有 5 分钟”“我不高兴了”，以及“谢谢”等。常用的恢复安静的手势是，把手举向空中、掌心向外。

• 听觉信号。当一群人开始散乱、不能聚焦、大声喧哗时，声音是抓住众人注意力的极好的方式。小学教师和儿童保育员最常用的声音信号是有节奏地拍手，或者是用一定顺序大声拍手——如，慢拍三次、停顿一下；快拍两次，再停顿一下；快拍四次——孩子随之重复。跟大声嚷着“注意了！注意了！……”相比，这种方法对孩子的干预不多，却富有成效。其他可能的听觉信号还包括，摇一个小铃铛或是播放音乐。非言语的暗示是一种艺术的表现形式，你可以按照自己的想法发挥创造性。

水平与垂直定位

身体接近有时会影响到与问题儿童交互的效果。一开始，处于激动中的孩子就需要有自己的身体空间，以使自己镇定下来。除非他已经处于爆发的边缘，否则最好不要靠他太近，直到他已经安定下来才可以靠近。盯着他看，或者是试图与他眼神交流，都会适得其反。因为孩子没有准备好身体空间将被“入侵”，而且将会用自己的防御来保卫自己的身体空间。你需要做的是，尊重孩子的这种防御，直到这种防御降低了才可以靠近他。

从垂直位置来看，与视线平行高度的接触效果更好一些，特别是当孩子处于压力之下的时候。孩子若是坐着的话，而你矗立在他面前，很可能会给孩子以无能为力、受到胁迫的感觉；蹲下来就不会这样了，你就会与孩子的眼睛平视了。若孩子处于非常激动之中，你把位置放得更低一些或许更有帮助。我曾经有过一些很好的交谈，姿势是伸展四肢躺在地板上说话的。

身体定位也包括在孩子中间移动，而不是一直站在前面或是坐在一张大桌子后面不动。教师会注意到他们需要回应不同的接近孩子的方式，既包括水平方向的也包括垂直方向的，这样的话，学生注意的范围就会被拓展，坐在后面的孩子也会被拉入到当天的课程学习里来。如果一个学生正在敲铅笔，只需要走向他，就可以中断他的捣乱行为。

身体外观

因为孩子观察成人的时候很敏锐，所以教师、儿童看护者的体态可能会唤起孩子的强烈反应。对个人卫生、打扮、穿着不太注意的话，释放的信息是“我对自己不太在乎”，这句话总是会被理解为：“他对自己都不关心，当然也不会关心我！”

工作中得体的服装，依据不同工作的性质而定。很多情况下，西装、领带或是连衣裙，意味着你对自己的工作及儿童很认真，而换到另外一些场合，则可能意味着过于正式了。例如，穿着三件套和花哨的鞋子，就打不了球。

一条最重要的穿衣准则是，永远不要穿带有挑逗性的煽情的衣服。带有酒或者香烟标志的、有性暗示的衣服，都可能超出限度地刺激到问题儿童。例如，一个曾经被酒鬼叔叔辱骂过的年轻人，当他看到一个成年人穿着百威的衬衫时，就会担心“这个家伙安全吗？！”不管怎么说，那件衬衫可能就意味着“我喜欢百威，我喜欢喝酒，我或许会像你叔叔一样伤害你”。在儿童保育机构这个背景下，可能意味着“该机构开始雇佣那些不安全的人了！”

情感表现

当你与问题儿童交流的时候，情感上的诚实会有助于你培养与孩子的相互信任关系。当你处于情绪不佳的状况，说“你知道吗，孩子，我今天心情真是糟透了”。孩子也许会让你休息一下。但是，建议你谨慎一些，孩子哭闹可能是为了表达自己的看法，也可能是担心你的情绪会给他们这一天带来负面影响。

任何时间，当一个人的安全无法保障时，毫无疑问，诚实并非最好的策略。实际上，这种状况下需要一流的演技。你的“舞台导演”在危境时刻需要的是：有人能够负责任，事情能够在掌控中！！如果一个孩子问“你害怕吗？”你最好的回答是：“我有点担心，但我知道我们会没事的。”承认害怕或是表现出惊慌，只会加剧紧张、行为失控。

一天晚上，在新罕布什尔州（美国）的一个看守所里，几个 10 多岁的年轻人似有暴动的打算。我们那时正缺人手，而且紧张气氛明显加剧了。几个当地的居民，由于有暴力行为，被限制人身自由，对于当时 20 岁的我来说，第一次感到担心自己的安全。当我控制住一个人的时候，其他人走过来嘶叫着“今晚这里会是动物园！”“这个地方充满疯狂！”“这房子要被拆掉！”为了掩饰我的极度焦虑，我每次回答都是用简单的话安慰他们，“声音是有点大，但没事的，我们一些人快到了，我们会好起来的”。通过假装来表明镇定、控制，最终，我和同事设法平息了近在咫尺的反抗。

注意：要避免不和谐的信号。尽管有时候会有必要掩盖你的真实感受，这就需要确保你的言语或者非言语的信息是一致的。如果不协调的话，信息的不一致会使得困境进一步加剧。

12 岁的乔恩就经历过这样的信息不一致，他对班级同学用了粗鲁的言辞，老师的应对没有喊叫，而是说，“乔恩，跟别的同学说话时，请友好一些”。

“你从我面前消失！”他尖叫着回答。这里的问题是，虽然老师的声调、用词基本上是尊重孩子的，但是她走到他桌子前的速度太快了，已经是俯视着他了，说话的时候手都快挥到他脸上了。老师的支持性语言，已经与她的位置、姿势所传递的信息不一致了。

交流是一门艺术。巧妙运用的话，可以给你与问题儿童的交往抹上浓郁的色彩。错误地使用，则易危害相互间的关系，即便是最强的依附也会受损。

第十章
基本的口头干预

许多做儿童工作的人，有一种天生的与儿童进行口头交流的能力。但是，在与有较多复杂性的问题儿童交流的时候，仅凭天赋是远远不够的。儿童工作的性质，要求有复杂的沟通技巧。

第一条最基本的沟通技巧——做好谈话前的例行准备工作，远在你跟儿童说第一个字之前，你就要进入状态了。尽管这种例行准备看不见摸不着，但是，在你之后与问题儿童的严肃谈话中，这些例行准备将会产生巨大的作用。

谈话前的例行准备

正如一个职业高尔夫选手一样，他们比赛前都要做例行击球练习，目的是提高击球成功的概率，以使球被击得又直又远。你也可以做个谈话前的例行准备工作，以最大限度地挖掘你作为一个有效沟通者的潜质。下文列出的几个关键问题是对一个闹情绪的孩子的应对反思，每一条下面都包含有自我指导的建议，在你与“观察性自我”交谈中可以更个性化，如第二章所谈到的。所涉及的 8 条谈话前所应该考虑到的问题，不仅针对儿童个体，也适用于儿童群体。

一、我如何吸引住孩子?

事情的第一步是要与孩子建立关联，否则，你的话根本没人听得进去。你连接与孩子之间的感情，移情之桥的担当越多，孩子越易于接受你的观点。

自我指导的建议：“不管他说什么，都要支持他的感受，要让他看到你对他的困境感同身受，要让他觉得你可以处理好他的发怒问题，且不至于招致他的回击。跟他一起坐一会儿，不要急着去解决问题。”

二、我脑子里在想什么?

你并不希望带进与孩子交互中的内容，或许会破坏你对孩子的干预活动，特别是你的个人问题或者是职业压力等。你事先对这些内容校验得越多，你与孩子成功交流的机会就越多。

自我指导的建议：“的确，你早晨都快疯了，因为你的汽车出故障了，修这个车还要花一笔钱，当然，你更担心错过时间了，你的主管会冲你发脾气。但是，要记住，这些杂事与你跟孩子建立良好关系相比，都是不足为道的！一旦开始与孩子谈话，就要抛开这些压力，你可以在以后找时间处理这些杂事。”

三、我怎样才能摸清楚这个孩子？

当孩子发怒时，相比你喜欢的孩子，你可能更容易对你不喜欢的孩子严厉地说话。公平起见，你可以先分析一下自己对这个孩子的个人感受，如果结论是否定性的，你就需要尽可能地保持客观性！

自我指导的建议：“好吧，你不喜欢这个孩子，但你还是要像对其他孩子一样对待他，如果你做得对头，最终你可能会喜欢这个孩子。”

四、孩子有什么故事？

即便是一个孩子已经把事情搞得一团糟了，听听他的看法也是至关重要的。如果你与孩子交谈前，没有听他解释过，你很有可能已经把他拒之门外了。

自我指导的建议：“你看到孩子把课桌打翻了（或是点着个纸团扔到教室里，或是把窗帘剪出个洞），你气坏了，想马上去处理这个坏家伙。但你没有这么做，而是耐心地倾听，试探出孩子的真实想法，然后才去处理打翻课桌（纸团或是窗帘）的事情。”

五、我要传送什么非言语信息？

要计划好你传递非言语信息的方法。使用你的手和胳膊、展示你的面部表情，这些朝向儿童的方式都会比你对孩子说的话多出更多的含义。

自我指导的建议：“慢一些走近孩子，到孩子面前后，要蹲下一些，身体不要罩住孩子。要看起来冷静，千万不要指着孩子说话。”

六、我将如何应对防御反应？

防御性机制通常是一个孩子自我保护的最好方法，而打开话匣子则可能意味着只会增加自己脆弱的感觉与对被拒的担心。因而，要接近一个孩子，需要通过预测看有什么阻力，或许只需要用一两个词试探一下就知道了。贯穿始终的是，需要运用第二章描述过的“原力”，以免受限于“黑暗面”的阻力。要计划好，谈话要从敞开心扉的方式开始，随着孩子的心理抵抗减弱，逐步转移到严肃话题的讨论上来。

自我指导的建议：“他可能会否认做错了事情，或是想归咎于别人，他甚至会冲着你大喊大叫，或是拉着你数落谁该对事件负责。虽然他的指控会伤到其他人，但是不要去对号入座。等他发泄完后，再慢慢去解决这个事件。”

七、事情都需要下个结论吗？

如果当时的情境要求有个结论，需要提前做一些区分。这样的话，等你们开始讨论的时候，就可以让孩子们帮助决定哪一个结论最合适。

自我指导的建议：“以前从未有过孩子做出这样的事情，因而，或许你们可以放他一马。还是先看看他怎么说吧，你们也需要让他知道再犯此类错误的话后果将更严重。”

八、我该为此事件负责吗？如此，我本该做什么才能阻止该事件的发生？

当孩子寻求帮助，却不被理睬；当孩子被置于风雨飘摇的情境或是充满威胁之时，他们才会做出出格的事情。例如，你负责的某小学里的问题学生出了事——众所周知，这多是发生在课间休息的时候，但这也该是处于你监管之下的时间啊。你的任务是在孩子自己无法控制的时候，防止他们掉下来摔得过重，因而，你需要接受自己业已承担的责任，坦率地承认自己的过失，制订好计划以避免该事件再次发生。

自我指导的建议：“假如你已被卷入其中，或许你已经阻止该事件的发生了。结果是，虽然孩子需要为他的行为承担责任，他仍然需要听到你让他有些失望了这样的话，大家需要同心协力向前看。”

孩子是有风险的，工作在第一线的成年人常常是忙得抽不开身。结果是，很好的交流练习是不断地打了折扣，他们多半是认为花了时间、精心考虑的谈话前的常规准备工作，似乎是不可能实现的！但事实是，这种练习是一种很好的预警训练，花一点额外的时间在谈话前的准备，可以显著减少对行为问题的应对时间。

言语干预技巧

你是否曾经观察过一个熟练的专业人员对问题儿童进行干预？你是否想知道，他们如何知道该说什么话，为何似乎能够预见到孩子的每句回复？虽然这种专长来自经验的积累，但是，每个人都可以从下文所描述的12个技巧中开启成功的言语干预之门，这12个技巧都是与那些有挑衅性行为的儿童需求相吻合的。把这些技巧加进你的实用工具箱，每周重点关注一两个，一有机会就练习这些技巧，直至烂熟于心。

从介绍这些技巧的角度说，下面三点需要铭记于心。首先，与问题儿童的一次有意义的交谈，包括开始、中间、结束三个阶段。开始阶段需要做到，先不要引发对话话题，目的是让孩子容易融入到交流中来。当你确定孩子已经融入交流情境时，此时该着手进入第二个阶段了，这个阶段包括温和地介绍有点较严肃的话题。结尾阶段，是总结讨论、展望未来、友好道别。请看183页表10–1的概述，第一个阶段包括前4个干预技巧；中间阶段，有7个技巧；最后阶段，是1个最终干预技巧。

其次，接下来的干预，并不需要按照表中的顺序来使用，在实践中，前两个阶段的干预活动序列，需要根据不同对话的需要来安排。

第三，为了说清楚每个技巧，将通过例子来说明。下面内容中有一段连续的对话，对话发生在12岁的名叫内德的问题儿童和他的六年级老师尼尔先生之间。内德比较欢快、爱喧闹、易生气；他妈妈单身、工作辛苦，她很爱他但却没有多少空闲时间；他爸爸也很少来看他。内德放学后被留了下来，因为他把铅笔摔在老师身上。随着对话的展开，尼尔先生循序渐进地开始了与孩子的谈话。内德此时坐在办公室的一张长凳子上。

运用的技巧如下：

一、支持性评论

支持性评论是非评判的、将心比心的阐述，在孩子忐忑不安的时候给予安慰。目的是通过支持孩子的立场，以跟孩子拉上关系。

案例：

孩子：我痛恨这个地方！
成人：看得出来，你是真的心情不太好。

孩子：你出去！我不想说话。
成人：伙计，你好像生气了。

孩子：我妈就是个蠢货。
成人：听起来，你是真生她气了。那太糟糕了。

孩子：约翰揭发我们了！
成人：难怪你这么生气。

孩子：我不在乎。
成人：看得出来你很沮丧。

教师：孩子，你心情不好我也不责备你，天气一不好你们就不能出去，这太可怕了，要是我，也会疯掉的。

尼尔先生与内德

内德不安地坐在办公室里，尼尔先生慢慢走近他，尼尔先生坐到了内德的同一张板凳上，距离内德有三英尺远，俯下身子直至与他的视线高度相应的位置。

尼尔先生：你还好吗，内德?
（没有回答）
尼尔先生：看起来，你还很生气。谁能责怪你呢？这一天挺不容易的（支持性评论）。

尼尔先生试图与内德拉上关系。他让内德明白老师并没有生他的气，老师也理解内德发火的感受，这样，就为后面进一步交流创设了一个通道。

因为处于激动与愤怒中的孩子，一定会说出连他们自己都不知所云的事情，姑且不谈他们的感受，更重要的是你不要对他们的话字斟句酌。在教室里或是其他的群体活动场合遇到这种事情时，你对孩子这种宣泄的回应方式是该找个私密点的地方，如办公室或是“反省角”，这样的话，孩子既可以充分表达自己所受到的挫折，也可以不危及其他人的安全与稳定。

二、重复性叙述

几乎逐字逐句地复述刚才孩子说过的话，会让孩子觉得你在认真地听他说。但在使用这个技巧时，要小心谨慎，否则的话，你若过多说“心理学”如何如何，或是过多地鹦鹉学舌，会惹怒孩子、招致反击。

案例：

孩子：我很反感这么早上床！
成人：所以，你在说你很反感这么早上床。

孩子：你离开这里——我不想说话。
成人：我听到你在说，你不想说话，那我等一会儿再来。

孩子：我想逃离这里。
成人：你想逃离……噢，你现在就想多一些阅历，这不公平。

内德：你从不让我发言。我知道答案，可你总是忽视我。

尼尔先生：内德，你是说我老不让你发言（重复性陈述）？难怪你这么难过，没人喜欢被忽视（支持性评论）。

尼尔先生熟悉内德的家庭变故，知道他对被成人忽视高度敏感——特别是对于男孩子来说尤其如此，原因在于其与父亲之间的既往历史。尼尔先生在小心翼翼地帮助内德，以触及孩子的内心情感。

三、情感的及时更新

定期询问孩子的感受，同时分享你的感受，可以找到识别情感及恰当表达情感的模式路径。但是，需要注意的是不要频繁反映负面感受，尤其是在涉及你正力图改变的孩子及其相关的工作时，更要小心，因为过多的负面反应，会加剧孩子的自尊降低。

情感的及时更新，需要找个其他理由一起实施：问题儿童通常不愿意敞开心扉，不让别人知道他的感受，因为这样做，会增加他们的脆弱感。因而，重要的是要帮助你正在交谈的孩子理解这一点，每一种感受的本身是没问题的，而把感受都表达出来才是造成麻烦的原因。

案例：

孩子：萨拉老是取笑我，她每天都这样做！

成人：那太糟糕了（支持性评论）。当她取笑你的时候你是什么感受（情感的及时更新）？

孩子：我真是很生气。

成人：当然会这样！我也会很生气（支持性评论）。谢谢你让我知道，我们一起来谈谈这件事吧。

教师：孩子们，我今天有些挫败感，因为你们不够努力，怎样才能激励加把劲呢？

尼尔先生：被人忽视的话，给你什么感觉（情感的及时更新）？

内德：我感觉很可怕，我会很愤怒。

尼尔先生：我不怪你。如果我被忽视的话，我也会很愤怒（支持性评论）。谢谢你跟我分享这个感受。顺便说一下，内德，发火也没什么错，你只需要搞清楚如何发火及用什么方式，才能获得你所想要的帮助。

尼尔先生正在帮助内德表达他的真实情感。尼尔先生通过快速支持与表扬，以使内德能够敞开心扉，他的方法提高了内德继续表达的可能性。除了表示发火是正常情绪之外，他也提出需要有恰当的渠道才能发火的观点。

四、生动的赞美

生动的赞美有两种方式，运用这两种方式可以促进孩子的参与。第一种是基本性赞美，恰当地说，是一种精神激励法。

基础性表扬的案例：

孩子：我历史成绩得了个A。
成人：太神奇了，艾莉！我太为你骄傲了。

孩子：我让弗兰克先走了。
成人：你做了一件多么美好的事情啊！能够让别人先走可是不容易的。

教师：这是全世界最伟大的班级！你们小朋友多聪明啊，我希望你们能够很快就教教我。

第二种是平衡性赞美，其关注的是孩子做对了什么，而不是做错了什么。只听到孩子的错误会加大孩子的抵御心理，而在开始交谈后一遇到积极的语句就可以插话，这可以降低孩子的抵御心理。

平衡性赞美的案例：

成人：约翰，你跑掉是犯了个大错误，但你一小时后回来了，则是做了个伟大的决定！

成人：卡拉，你不该拽玛丽的头发！当我让你停下来的时候，尽管我很喜欢你的专注，但是你不该拽的。

内德：我老是被叫去办公室。你们老师就喜欢折磨我们，你是不是还要叫家长？是不是要对我作停课处理？

尼尔先生：内德，你拿铅笔砸我是犯了个严重错误，我可能会受伤的！你没让事情恶化，而是很冷静地从教室出来，这绝对是个正确的决定。你也很绅士地坐在那里，今天你比平时表现得更有自控力（平衡性赞美），我真为你这一点感到骄傲（基础性赞美）。

尼尔先生通过赞扬内德的自控，使得内德能够处理好随后的谈话，包括事件结果的讨论在内，顺利完成谈话的可能性大大增加了。除此之外，表扬内德，在提升他的已经每况愈下的自尊心方面起到了至关重要的作用，而且还进一步改善了他与老师之间的关系。

五、道歉

道歉可以有助于消解孩子所面临的权力争斗。通常来说，道歉在促进关系形成方面的作用是难以计算的，此外还可以由此发现孩子的诚实性、谦卑性及脆弱性等方面的特点。

案例：

孩子：你没有必要对着我吼。
成人：你说得对——我道歉！我不该用那样的方式跟你说话。

孩子：你说了今晚要带我去看电影的。
成人：我忘了我妈妈今天要来，我真的很抱歉。我知道你很想去，我们明天晚上再去看电影，好吗？

儿童保育员：我很抱歉，伙计们！我忘记把火鸡从冰箱取出来除冰了，晚餐要迟一会儿了。我这会儿真是有点乱糟糟的。

当你被孩子对抗，或是被孩子指责某些事情没有做，你可以尝试非责任性的道歉。

孩子：你没必要对着我吼的。

成人：我很遗憾你觉得我对你吼叫了，我知道你不喜欢别人对你抬高声音。我以后会注意的，谢谢！

内德：你为什么不点我名字?

尼尔先生：当你知道答案却没有被点名回答问题，是会觉得如此令人沮丧，我很理解你（支持性评论）。我为没有及时发现你希望回答问题，为没有点到你名字，表示歉意（道歉）。我该因势利导地处理好的。

尽管尼尔先生最初也认为，自己有很好的理由不叫内德回答问题，等他在头脑中回放一下上课的情境后，他开始意识到上课时本可以表现得更敏感一些的。他的道歉是很诚恳的，这有助于帮助他搞好跟内德的关系。

六、幽默

切合时宜的幽默是一剂特效药。

案例：

孩子：你这个大肥猪，滚出去！

成人：是的，我主要是冰淇淋吃多了！但是，伙计，我可不愿做酸奶冰淇淋啊，别逗了！

内德：但是你为什么不点我的名字？

尼尔先生：因为啊，尽管看起来你有兴趣回答问题，但你只顾着叫唤了，也没有举手。或许你当时这样说也可以：“尼尔先生，我的胳膊不能工作了——离不开桌子了。”我会酌情处理的（幽默）。

（内德笑了）

尼尔先生：你想回答问题，我真的很高兴（平衡性赞美），而且这种想法难以阻挡（支持性赞美），但是我们早就谈过，需要安静地在位置上坐好。

尼尔先生对内德足够熟悉，他决定在谈话里加点轻松愉快的成分。把内德逗笑了，就降低了他的紧张度，增大了讨论中达成共识的机会。

七、推理性回应

推理性回应应用于将做决定前的解释，以此给孩子建构一个更安全的、可预测的世界。理性可以增强关系的建立，而诸如“我告诉过你”这样权威性的表述会增加孩子的压力，在推理性回应中，其关键词是“假如……将会怎么怎么样”。

案例：

孩子：晚上8点后，我为什么就不能出去了？

成人：因为外面已经黑了、看不见了。假如所有的父母都让自己7岁大的孩子天黑后还在外面玩，会怎么样？我想，可能有很多孩子会受伤，不是吗?

孩子：为什么我被限制出行?

成人：凯蒂，你未经同意私自开车出去，犯了个大错！假如你爸爸或者我有一个很重要的会见要去参加，要用车怎么办？我们会同意你开车外出——只是你需要事先提出要求。

尼尔先生：假如所有学生都不举手就大声说话，会怎么样?

内德：会相当地喧闹。

尼尔先生：我不认为这种情况下，我能够跟平常一样教得好。

通过把事件放大到“全局”的视野，尼尔先生让内德看到了冲动地大声喧哗是如何地不合适。若非如此，尼尔先生的回应变成是：“因为大声喧哗是不正确的”或是“我们班级有纪律，要有秩序地发言”。内德会把老师的行为看作是滥用职权，或是老师不太喜欢加入到有意义的讨论里。

八、连接性陈述

当成人与孩子针对问题的观点对立时，连接性陈述的技巧可架起两个观点之间的桥梁。除了支持性评论技巧之外，连接性陈述的技巧是言语性干预，更多是用于消解权力争斗的场合。这种连接性陈述技巧，也常与推理性回应的技巧结合起来使用。

案例：

孩子：为什么我不能出去？

成人：嘿，并不是把你留在家里，我就会觉得很爽！我不是要跟你对着干（连接性陈述），但是，如果父母都纵容孩子让他们一直玩，而从不鼓励他们做家庭作业，你觉得结果会是什么？（推理性回应）

孩子：你总喜欢给我计时隔离！

成人：我很抱歉你会那么看（支持性评论），因为我不会跟你作对。我们是一伙的（连接性陈述），事实上，我是你们球迷俱乐部主席，我们今晚就有个聚会，我会戴上主席徽章的（幽默）。

教师：孩子们，我不喜欢今天的过法，我感觉像个小气鬼，我不是你们的敌人，我是跟你们在一起的（连接性陈述）。我爱这个班级，我们要来个华丽转身！

内德：这是你不点我名的理由吗——因为我没有举手？

尼尔先生：是的，但是我搞错了。我应该先向你解释一下的（道歉）。你知道答案后很兴奋，我想你是忘记正确的表达方式了，我很不满意自己，没有及时提醒你，这不是我跟你过不去，我是站在你这边的（连接性陈述）。

尼尔先生意识到，他本可以给内德有益的反馈的，承认了他对事件该负的部分责任。他随后向内德道歉，并与他联手处理事件。尼尔先生向内德付出了，就会在内德身上有收获。

九、授权信息

这种干预是通过询问孩子的观点、让他们在与自己的生计相关方面做出自己的选择等，把权力交回给了孩子。在某种意义上，授权信息，可以柔和地推动那些乳臭未干的孩子，逐步对自己的生活承担起责任来。与此同时，授权信息也委任孩子自己做决定，相信孩子有能力做好——一条启示是：对于一个缺乏自信的孩子，为了让他相信，需要让他多听几遍授权的信息。

案例：

孩子：我将会发生什么事？
成人：你觉得会发生什么事？

孩子：我该穿什么衣服？
成人：你为什么不自己决定，你知道穿什么好看！

孩子：布鲁斯在干扰我！
成人：你能做什么，让他停下来呢？

孩子：我的最终结果是什么？
成人：你觉得应该是什么呢？

教师：这些是我们今天要学习的科目。每一项都要完成的话，孩子们，你们能够跟上进度吗？

儿童保育员：如果你们都能够做家务让房间显得整洁，我们今天晚上就去看电影！该轮到你们了，孩子！这可不会是我的决定。

尼尔先生：虽然此后我也会提醒你们，但是，你们能想出办法来，记住举手、控制好自己的脾气吗（授权信息）？

内德：我可以经常看看悬挂在墙上的手的图片，我还可以在发脾气前先数到五，你曾经告诉过我们这些的。或许我也可以站起来，走到教室后面冷静一下。

尼尔先生：这些都是好主意（基本性赞美），你为什么不去试试呢……

尼尔先生授权给内德，让他自己去思考如何处理自己受挫的问题。这样做，他显示了对内德的信心，相信内德可以用自己的能力处理好自己的事情。

十、表面澄清的技巧

这种干预有助于收集丢失的片段信息，这些信息会在需要详细分析导致棘手的事情时用到。在认定问题产生的直接原因时，这种干预还可以避免产生混淆。当然，正如第一章所述，在深层问题被引发后，孩子们会变得狂怒起来。其他时间，我们所看到的表面上是什么就是什么。

案例：

孩子：约翰取笑我，所以我打了他。
成人：他具体说了什么？他以前取笑过你吗？

成人：那么，让我们直说了吧：让你最难过的事情，是鲍勃拿到的爆米花比你多，而且他还抢到了你最喜欢的椅子。
孩子：是的，他是什么呀？难道是一个国王或是别的什么？

尼尔先生：内德，你是说你摔铅笔，是因为我没有点名让你回答问题，你才发怒的，是吗？

内德：是的。

尼尔先生：所以，教室里没有别的事情惹你（表面澄清的技巧）？

内德：好吧，你每次叫雷回答问题时，他都盯着我而且揭我的短，他真把我惹火了。

尼尔先生：谢谢你让我知道这个事情。对于雷的这种行为，你觉得你该怎么做（授权信息）？

内德：我该找他谈谈……让他知道我的感受。

尼尔先生：太好了（基础性赞美）！这正是我们上周在班级里谈论过的。

内德：那，铅笔的事情咋办？我会因此被送回家吗？

你是不是要把我妈叫来?

尼尔先生:你觉得该怎么办(授权信息)?

内德:这是我第一次摔东西。我不认为我因此就要被开除,我也不认为需要叫家长来。

尼尔先生:对着人摔东西是很严重的事情,我可能会受伤的。假如我们不考虑行为后果,允许每个孩子都可以摔铅笔或是别的物件,结果会怎么样(推理性回应)?他们可能会觉得摔东西不是个主要的安全问题,而事实上这是个安全问题!我真是很难过(情感的及时更新)!

内德:所以你要开除我?

尼尔先生:你能想出其他的不同结果吗(授权信息)?

内德:留校察看,怎么样?

尼尔先生:我觉得这还算公平。正如你所说的,毕竟这是你第一次冲人摔东西,你最近也做了许多好事(平衡性赞美)。但是,我还是需要叫你妈妈来一趟,我想让她了解故事的全过程,包括有关雷的事情以及我是如何让你抓狂的。当危及安全问题时,需要叫家长来的。

尼尔先生成功地获取了重要信息,了解了事情的来龙去脉。因为尼尔先生采用了授权信息的策略,内德才敢于表明心迹,进而耐心倾听、参与处理结果的讨论;与此同时,尼尔先生插话说出自己被扔铅笔的感受,指出了内德可能造成的并不希望看到的后果。

十一、探究性回应

探究性回应的技巧，最好被应用于谈话的中、后阶段，这种技巧的运用，会有助于帮助孩子打开话匣，讨论掩藏在下面的问题，这些问题也包括已有定论的每一种“愤怒”。重新界定表现为，原本的小问题转化成了大事件，这跟最初挑出的“愤怒”一样，因为它们跟周围环境明显不和谐。尽管探究性回应的技巧有助于澄清这些问题的重新定位，但是，使用该技巧的时候还是需要小心谨慎。当你鼓励一个孩子谈及敏感话题的时候，信任关系必不可少，孩子的心理防御及谈话边界需要得到尊重，咄咄逼人的责问需要避免！

案例：

成人：海瑟，看起来，你为个小事真就生起气来了！你平常不这样的呀，是不是有什么别的事情困扰你？

成人：海克特，看起来你今天一天都不开心，你心里有什么事情想要谈谈吗？

当孩子的心理防御降低的时候，针对他的不满柔和一点提出可能的原因，或者引导他，总结一下自己，有时，这些都是好的方法。例如，11 岁的马特，他为每星期五怎么与爸爸共进晚餐越来越焦虑，但是他并不明白焦虑的源头在哪里，或是也不愿意谈论这个问题。我们或许可以从探究性回应的技巧里找到方法，比如可以这样问："马特，明天是星期五，明天是有什么事情，让你感觉有点小紧张吗？"

内德：如果你叫我妈来，她会骂我的。她最近情绪不太好！

尼尔先生：家里没事吧（探究性回应）？你这些天看起来有些心神不定的。

内德：我外公病了，她花很多时间在那边照顾。她也试过让我爸爸过来陪我，但是他说他每年这个时候都很忙。我看得出，妈妈是真累了，她累了的时候，情绪很坏、爱叫嚷。

尼尔先生：孩子，听起来，你和你妈妈正在经历一段艰难时期，这太糟糕了。没有哪个孩子必须得面对这样的事情（支持性评论）。我欣赏你妈妈，她是一个好女人。听出来，她压力重重（支持性评论）。

尼尔先生已经打开了与内德真诚交流的渠道，就此机会，他也敏感地探讨了掩藏在内德心底里的问题。等内德打开话匣后，尼尔先生及时地给予情感支持。接下来，他表达了对内德妈妈的同情，让他明白为什么有时候有爱心的父母可能会做出缺少爱心的事情。

十二、计划制订

这个干预技巧，标志着严肃的谈话进入尾声，该技巧的使用，能够帮助孩子更好地把握自己的生活。这个计划的制订是协作完成的，这是一个分出步骤的行动计划，孩子依此执行的话，可以防止错误行为重复发生。计划制订的技巧也被当作一种积极性干预来使用，以增加行为的预测性、环境的结构化。第七章对此已有相关描述。

案例：

成人：好的，鲍勃，我为你谈及该问题的方式感到骄傲。我知道这很不容易，你是否觉得我们可以起草一个计划？这可以帮助你下次遇到同样问题的时候，避免犯同样的错误！

教师：这次课并不像我预期的那样流畅，我们能不能花几分钟时间给下次课提出个计划？

内德：等我外公不再生病了，家里的事情就会变好了。

尼尔先生：我希望你是对的，我再次谢谢你能够告诉我这么多事情（基础性赞美），你现在真是过得挺苦（支持性评论），你是否觉得我们可以制订个计划，可以帮你顺利度过后面几周（计划制订）？

内德：那很好啊。

尼尔先生：在班里遇到事情，你能想出更好的办法吗（授权信息）？

内德：我可以讨论这个问题，或是像我前面所说的那样，当我开始心情不好的时候，可以走开。

尼尔先生：这是两个好办法（基础性赞扬），你介意我把我们的计划写下来吗？

内德：不介意。

尼尔先生：因此，你会采用试着说出来和独自冷静的方式（表面澄清、重复性叙述），还有其他的吗（授权信息）？你前面提到过其他的方法。

内德：当我要发火的时候，我可以尝试数到5，或者思考一下，如果我做错了会发生什么事。

尼尔先生：你能记得那两条你自己的建议吗？你是不是需要照着墙上念才会想起来？（幽默）

内德：【笑了】我只能念。

尼尔先生：好吧，那我们把它们写下来，因为这些是好建议，我们已经讨论多次了。

内德：嗨，我还可以在房前屋后多干点家务活！我知道妈妈没有多少时间。

尼尔先生：这是个绝妙的好主意（基础性赞美）！你是否觉得你的外公或许会很喜欢我们班上刚学的“国

家地理”里的问题？或许你下次去看他时，带着这些问题去。我想让你知道的是，除了要与你妈妈谈谈外，我也要看看学校是否有什么办法帮助你们——我们确实是有一些课后的计划。你看，我和你每天上课前来个10秒钟碰头，怎么样？这样，我们就可以知道事情的进展了。这可以作为我们计划的一部分吗（授权信息）？

内德：没问题！

尼尔先生：我还有最后一个主意。

内德：什么主意？

尼尔先生：为了帮助你顺利完成下个月的学习生活，如果你表现出进步了，我每周买一本漫画书送给你。

内德：真的？

尼尔先生：是真的。但是只限4周——我知道这4周会很艰难。

内德：谢谢，尼尔先生。

尼尔先生：哦，差点忘了——【尼尔先生重做了计划，把复印件递给内德，并且在自己那一份上做个记录】我的计划里包含有若你在班上叫喊，我就提醒你！

内德：如果你那么做，我就送你一本我的漫画书。

尼尔先生：嘿，那句话怎么说来着，“孩子的话别当真！”（幽默）

尼尔先生和内德以制订计划帮助内德把握好自己的生活，结束了他们的讨论。尼尔先生鼓励内德的参与并写下计划，复制一份给内德以作提醒，保留一份以备将来参考，就是为了避免内德重犯错误。写下计划并存档，虽非必需的步骤，但不失为好的生活技能范式——也就是说，重要的信息要记录下来，这可以让误解大人的孩子看到白纸黑字写下的他们自己的承诺。

虽然尼尔先生教过学生们自我管理的技巧，他看得出需要给内德一些个人辅导，他也知道教室里的人力资源是有限的，别人也帮不上他太多忙。考虑到这些情况，他提供漫画书——尽管是短期的积极强化计划——代表了最好的回应。此外，除了要与内德妈妈沟通外，尼尔先生还打算去问问学校所能提供的支持服务，准备安排学校的指导顾问会见内德。

有趣的一点是，尼尔先生对“社会工作”的职责感觉到矛盾，这个责任似乎被加到他的班级里来了。一方面，他很痛恨这个工作占用了他真情投入的教学时间；另一方面，他也从帮助内德这件事上得到更多的满足。现在，在一如既往的日常教学中，他不断反思自己的思想与情感，进一步意识到这些都已影响到了自己的行动。

表10-1 言语性干预技巧汇总

阶段	技巧	概念	例子	关键原则
开始阶段	支持性评论	支持孩子感受的叙述	你已经很难过了，我就不批评你了	多用于促进与孩子有更多接触的可能的场合
	重复性陈述	概要回述孩子此前的评论	所以，你是说没有人关心？	用简洁的方式，让孩子感到你在听
	情感的及时更新	情感感受的征询或言语表达	那件事给你什么感觉？	运用敏感性促进情感的表达
	基础性赞扬	用生动的方式进行有力的表扬	你所说的可真是个大好事！	让生动的表扬滚滚而来
	平衡性赞扬	有力的表扬配以适当的批评	你逃离那里是犯了个大错，但你能回去却是个伟大的决定	使用中要有策略，以有效抵消孩子的防御
中间阶段	道歉	公开承认错误	对不起，我冲着你喊了，我道歉	有规律地使用，以塑造孩子的诚实性、谦卑性及脆弱性兼有的特点
	非责任性道歉	接受对错误的指控，而不接受批评	对不起，让你感觉我冲着你喊了；我下次一定注意	当你并无错误时，用于培养孩子的敏感性
	幽默	带来微笑的艺术	如果你不想要更多的家庭作业，那你还是对着这个笑话傻笑吧	计划好时间，严肃对待
	推理性回应	用“假如……会如何”这样的句式，说明将要做的决定	假如我们让每个孩子都……会如何？	用适当的方式，提高预测性、消解权威性
	连接性陈述	让孩子放心你仍然站在孩子这边	嗨，这不是我跟你过不去！我们是同一战壕的，我只是不喜欢非要……	在强调关心及弥合对立观点的时候使用
	授权信息	要求孩子提出自己想法，以润物无声地培养其自信、自主	你怎么想……	传递宽容、分享权力
	表面澄清	被要求阐明表面情况所提出的问题	恰好发生了什么事？	持开明心态无成见地倾听孩子对事情的叙述，避免先入为主得出结论
	探究性回应	柔和地发现孩子掩藏在内心的问题的一种邀请	还有别的事情困扰你吗？	敏感地叙述，以发现孩子产生错位的源头
结束阶段	计划制订	谋划策略，目的是为了避免孩子重犯错误	所以，我们要用一个新的信号——“停止、思考、行动”！这是个好方案	实施时注意协作，鼓励发挥适当作用

综合运用的案例片段

下述片段阐明了基础性的言语干预技巧，是如何被艺术化地织入到一个严肃话题的对话里的。第一个场景发生在一个寄宿治疗中心，第二个场景发生在一个寄养家庭里。

场景1

在一个寄宿中心里，9 岁的斯图因为扔掉食物被责令离开餐桌。当管理员杰里米走近他时，斯图正满脸不高兴地坐在门厅里。

杰里米：嘿，怎么样了（支持性评论）？

斯图：离我远点！

杰里米：伙计，你似乎很不开心（支持性评论）。

斯图：这地方真讨厌！

杰里米：生活在这里可能很艰苦，孩子在这里是很不容易（支持性评论）。

斯图：你们这些家伙都是一个样！

杰里米：所以，你认为我们都是一个样（重复性陈述）。

斯图：你为什么罚我计时隔离，而不是鲍比？他也干了那样的蠢事。

杰里米：我没有看见他这样啊，若是我漏掉了，我很抱歉（道歉）。我知道如果我们没有了解事情的全部，这会受到孩子的谴责（支持性评论）。以后我会看得仔细一些。

斯图：那我还需要执行这个离开餐桌的处罚吗?

杰里米：嗨，这不是我跟你过不去。我就不喜欢把某个人罚计时隔离（连接性评论）。但是你把食物从桌子上拂掉，你做了蠢事。假如我们允许每个孩子把食物丢得四处都是，你觉得会怎么样（推理性回应）？肯定会把这里搞得乱七八糟的！

斯图：我无所谓。

杰里米：是的，但我有所谓！你们的安全与幸福对我来说至关重要。

斯图：我要被处罚多长时间?

杰里米：好吧，你抛食物犯了错误，我问过了，你离开桌子后没有再犯什么错（平衡性赞扬）。所以，你自己觉得多长时间比较合适（授权信息）？

斯图：15分钟。

杰里米：在我来看，这还算公平。

斯图：好吧，我按照15分钟执行。

杰里米：嘿，你平时不是这么傻，不做这样的事情的。是不是有什么别的事情困扰你了（探究性回应）？

斯图：没有啊。

杰里米：今天是星期二……明天是星期三，明天是不是有什么特别的事情来着（探究性回应）？

斯图：团队活动。

杰里米：哦，对了，上周的团队活动，有些孩子为难你了（支持性评论）。你是不是还有点紧张（情感的及时更新）？

斯图：有一点。

杰里米：有一点，当然了（重复性陈述）。你是因为有些紧张，谁还好意思再批评你呢（支持性评论）？你那天不容易的。你是否认为晚餐事件要跟对团队活动的焦虑联系起来呢（探究性回应）？

斯图：也许吧。

杰里米：谢谢你能够跟我分享你的事情，我仍然为你骄傲（基础性赞扬）。针对你的紧张，你可否准备点不同的应对方法（授权信息）？

斯图：我不知道！

杰里米：好的，考虑一会儿吧……

（20秒停顿）

斯图：我觉得，方法是跟辅导员交谈一下，或是自己冷静一下。

杰里米：这是两个绝妙的主意（基础性赞扬），我知道你能想出好多主意。或许我们可以计划一下，以帮助你应对团体活动中有些紧张的问题（计划制订），你觉得怎么样（授权信息）？

斯图：好的。但是，你要保证看好鲍比，他也丢食物的。

场景2

16 岁的简，最近已经是进第 3 个寄养家庭了，她有被性虐史，已有 8 个月未见她的生母了。因为简有过 3 年的性活动，所以她有假装成熟的癖好，她喜欢跟 20 多岁的男人出去，负责她的社工很担心她的安全问题。露丝是简的新养母，对给有简这样经历的孩子提供家庭生活方面，露丝有多年的经验。考虑到简超过宵禁时间一小时才回来，而且脖子上还带有一个吻痕，露丝让简在厨房餐桌旁坐下来谈一谈。

露丝：今天过得怎么样？

简：挺好的！

露丝：睡得好吗？

简：睡得不错，只是枕头有点硬。

露丝：哦，你早该告诉我的。我不希望你们还睡硬枕头的（支持性评论），我找个好一点的给你。

简：谢谢，我现在可以走了吗？

露丝：干吗那么急呀？

简：等一会儿我要去见几个同学，我要去冲个澡。

露丝：好啊，来这时间不长你都交到朋友啦，这太棒了（基础性赞扬）。

简：我能走了吗？

露丝：我想，我们该一起说说昨天晚上的事情。

简：有关我回来迟了的事情？我说过了，不会再发生的。

露丝：我是真的很担心你（情感的及时更新），我很在意你。

简：那也是我以前的养母老说的话。狗屎，就是我亲妈也是这么说。可看看我现在被扔哪儿了，我不觉得你是真关心我，那就是胡说八道！

露丝：所以你觉得我不是真的关心你（重复性陈述），为什么非要那么想？你还没有很多运气与成人相处（支持性评论），你当然不会很了解我呀。

简：别跟我说这些废话。

露丝：简，当只有我们俩说话时，你可以说脏话——虽然我不喜欢，但是不要在有别人在场的情况下也说脏话，可以吗？

简：好的吧，只是不要再说这些治疗一样的废话，我已经听过无数次了。

露丝：呵，我想我用这种治疗的废话可是炉火纯青哟（幽默）！

简：【先是微笑，马上拉紧脸】那你打算怎么办？因为迟回来一小时就打算不让我外出？你想要这么做吗？

露丝：你晚回来一小时，那是个失误，但你也道歉了，而且保证过不会再发生。这对我意味着很多，道歉可从来都不是件容易的事情（平衡性赞美）。

简：那你打算怎么办？

露丝：事实上，我对你回来迟了，并不太在意，我更在意的是你跟谁在一起，以及你是不是做出了好的决定。毕竟，你也说了不会再发生这样的事情了（授权信息）。

简：嘿，我能照顾好自己的。

露丝：我确信你能。跟你这个年龄的大多数孩子相比，你此前也不得不自己照顾好自己（支持性评论）。但是我对你的安全是有责任的，我绝对是真的关心你。假如每个养父母都同意让孩子想跟谁出去就跟谁出去，那会发生什么事情（推理性回应）？如果遇到一帮坏人，我们就无法保证你的安全。

简：你不用规定我该跟谁出去玩，你们这些人就喜欢把孩子呼来唤去的。我们没必要老听你们说什么。

露丝：嗨，我们又不是敌人——我是站在你这边的。我希望你来和我们一起住（连接性陈述）——你是个好孩子。我只是需要知道你在哪里、跟谁在一起。为了处理好这个事情，我们需要订个计划（计划制订）。

简：去你的吧，想让我订计划，没门！你见鬼去吧。

（简气冲冲地回了房间）

并非每一次谈话都能够善始善终，我们所能做的最多的是：尊重交流的过程，相信每次有意义的讨论都有助于迈向下一步。

在这段描述中，露丝用真诚的支持与关心、直接的关注与期待，开始与简建立关系。作为一个有经验的抚养人，露丝推测，在简的艰难的外表下面藏着的是恐惧与不安全感，她拼命地渴望露丝能爱她、给她适当的限制。露丝知道要接近简这样的孩子，如果他们能接近的话，需要的是时间、耐心、坚持不懈与爱心。

第十一章
策略性言语干预

与问题儿童的有效交流，所需的下一套工具是策略性的言语干预。这种干预要比第十章介绍的基础性言语干预高级一些，这反映在儿童表现自我的有效性上，即便是这些表现被认为是不合适的，他们也认为是行之有效的。因为认为其有效的年轻人，他们对自己的感觉会开始变好，其结果是，他们更愿意接受治疗的视角，用以审视自己行为的由来。

本章将介绍 5 种策略性干预，与前一章所介绍的相对简单的方法相比，这 5 种策略都有一些临床的复杂性。对于大多数与处于险境的青少年工作的人员而言，多关注实践、注意提高使用中的警觉性，离成功运用这 5 种干预就越来越近了。运用这 5 种干预的挑战是，如何能把这些干预与特定儿童的需求及其所处的环境匹配好。你的直觉、创造及经验，会引导你的选择过程。

重 构

重构是指用一个有积极性的词汇描绘一种消极行为。重构的行动具有两面性：一方面，重构的策略可以通过表扬孩子的应对方式，来反话正说——要知道，消极评价会伤害孩子的自尊，同时也会降低孩子转变的动机；另一方面，重构的策略，还可以帮助孩子理解自己为何如此行事。一个行为被重构的年轻人，常常会发现自己此前的错误行为，其实是出于自我保护的需要。

詹妮弗是一所初中的学业指导顾问，最近就对14岁的朱丽叶使用了重构策略——朱丽叶经常产生令人厌恶的行为。“朱丽叶，看起来你很善于把别人拒之门外！”她说，“当你指责你的老师时，抱怨或是恶评他们，他们就不会愿意接近你了——多丢人啊。因为你是个大师级的孩子，你当然会懂得如何与成人保持合适的距离的！”

朱丽叶已经被4个寄养家庭拒收了，她有很多令人厌恶的行为，别人对她都是敬而远之。由于她是个多次被性虐的受害人，所以对她来说，性行为就等同于痛苦。联系到她的既往历史，可以看出，朱丽叶其实已经是尽其所能了，她现在最需要的是理解与帮助。詹妮弗在“重构”朱丽叶的这些令人厌恶的行为时，希望能够解开朱丽叶的心理抗拒之索，使她俩之间能够开启有意义的接触之门，进而向朱丽叶展示：成年人的确是可以信赖的！詹妮弗的长期目标是，通过柔和推进的方式，帮助朱丽叶逐步认识到，她的“交往抗拒”行为是与其童年被人抛弃的经历及其所受到的痛苦相关联的。

虽然“重构”策略在实施中强调积极的一面，但这并不意味着可以纵容孩子的错误行为。孩子在听到对他的行为进行重构的话语时，应该明白他的行为本身是不合适的，但是，更要让他感到被老师的表扬所支撑、被新的希望所鼓励。

这种事情也发生在 12 岁的西蒙身上！他是个精力旺盛的人，有着令人震惊的个性，他似有特异功能，总爱激怒他人，他不喜欢家庭生活，对此已经完全失调。尽管他怀揣怒火、经常粗鲁，但是他有时也会和蔼可亲。一天放学后回到教养院，他宣布：“猜猜看，发生什么了！学校秘书告诉我说，我是 25 年里第一个成为她的眼中钉的学生！”

职员卡米拉正巧听到了他的话，就说道：“那太不可思议了！那是一个多么不容易的成就啊！只需要想想那些孩子，他们日复一日、年复一年地坐在那里，谁都想触动她，你是唯一成功的人，你有了不起的影响别人的能力！”西蒙洋洋得意。

“西蒙啊，现在……”卡米拉继续说道，“问题是，你的这种天才，伤害了别人的感情，使你陷入很大的麻烦中了。我们得想出个什么办法来，使这个事情于你有益而非不利于你！”

通过这件事，卡米拉与西蒙建立了牢固的关系，一个月后，卡米拉觉得可以要求西蒙开始“重构”其粗鲁表现了。通过对西蒙的温和的询问，她得出的结论是西蒙优秀的深度影响别人的能力是与其过去的历史息息相关的。

西蒙想了一会儿，回答说：“妈妈没有给我多少关心。”

“或许这就是原因——你总想被别人注意到！”卡米拉启发道。

西蒙眼睛里闪出了赞许的目光。

重构的策略也可以有效地运用在不同的场合，如表11-1所示，为典型的问题行为重构方法。

表11-1 重构

行为	策略性地干预
可恶行为	你跟别人保持一定的距离，这很好，谁也不能指责你，但是，我们怎样才能慢慢地相互亲近起来呢？
躁动行为	你们今天看起来有些精力旺盛！等我们做完作业，然后再带大家去外面奔跑、玩耍，好吗？
粗鲁行为	你的观点得以通过，这很好，而且大家对此反应强烈。但是，我们得想出个办法来，让大家不要骂你
偷盗行为	你很会照顾自己，当你觉得需要什么东西时，你总会想方设法得到它。但是，我们能否想出办法，既能够得到你想要的东西又不用偷盗的方式
咒骂行为	你很擅长于让别人明确知道你的感受，我们可否一起想出办法，在让别人知道你的感受的同时，做到不伤害到别人
打小报告	你能够很细心地关注到别人做的好事，但是，让我们想想看，是否可以做到关注的同时，又能够与别的孩子和睦相处

液压式挤压

然而，重构策略常被认为是一种有问题的处理方式，液压式挤压方式，则使之转向一种无害境地。液压式挤压的干预策略是儿童心理学家伯纳・德莱文（Bernard Levine）博士提出的，其含义是把困难行为挤压在一个更小的、清楚定义的舞台，使之转为良性并依然存在，利于调研。相比让愤怒行为失控或是试图去熄灭怒火，液压式挤压的策略这种选择更好，这只不过会引起一点麻烦行为而已。总之，品行不良是一个或是几个需要应答的讯息，不容忽视，也无法摧毁。

重构一个孩子的偏差行为，让他知道他是有价值的，人们都想帮助他——这个讯息的意义与干预本身同样重要。运用液压式挤压，有助于帮助他排解烦恼情绪，要让他明白他的行为是有意义的，或许是展现了一种特殊能力，只是需要用一种有用的方式表述出来而已。

液压式挤压策略有许多创新运用，下文将介绍两种，同时也将分析一种该方法的典型误用。液压式挤压策略的更多的应用方式列在第 196 页的表 11–2 里。

发泄愤怒

12 岁的马科斯和 13 岁的兰德尔，幼年时都有被性虐待的经历，由于他们满嘴脏话，常常给他们带来麻烦。骂人，给外界的一种信号是：他们是愤怒的孩子，其背后隐含着诸多问题。

但是，两人经过两年的治疗，没有一个能够敞开心扉。

当文斯第一次见到他们，开始二人小组治疗时，就跟他们定下规则。他们建立的最有趣的一条规则是“只要你觉得需要，你就可以骂人，前提是，只能是在我们单独在一起的时候才可以。若是在别的场合骂人的话，你将被罚‘计时隔离’，取消你骂人的特权。”

这条规则制定后不久，马科斯就宣称：“这真他妈的是条好规则，我喜欢！”

兰德尔立马接话说：“狗屎，我只能说是狗屎一堆，没有什么用的！”

在一个学年中，他们三个人定期面谈。前期的一次讨论是在体育馆里进行的，要求两位孩子查阅所有字母，找出每个字母开头的一个骂人的词，轮到文斯说的时候，他都先恭维一下两个男孩的创造性（重构策略）！不久之后，两个孩子在治疗之外的骂人渐渐减少，说明文斯的策略性干预已经成功了。他确实把孩子的愤怒情绪挤压到每周一小时的角落里了。

比较有趣的是，在文斯的细心帮助下，两个孩子开始把他们的骂人问题，跟他们曾经遭遇到的性虐联系起来了，这尤其表现在对他们的性话语咒骂的分析上。让不受欢迎的行为存在一段时间，不仅可以激发孩子谈及他们的创伤，而且可以启动所需的心理治疗工作，以治愈创伤所遗留的伤疤。

制造放屁声

7 岁的弗雷迪跟许多别的问题儿童一样，喜欢在众人面前放屁，而且很快就因为能够准确地定时放屁出名了。作为他的治疗师，伯尼告诉弗雷迪，他们在一起时弗雷迪就可以随其意愿地放屁，在其他场合则需要控制住。“在其他人面前制造出这样的声音，会给你带来麻烦的！”伯尼温和地补充道，“这使我也感到困扰，因为我是你的朋友。”使用这种液压式挤压法几周后，伯尼在对弗雷迪制造的声音进行重构的时候，提出这个声音是一种疯狂音乐，建议弗雷迪找磁带把每次放屁声录制下来，并且给每次放屁声标出个名称，例如“绝妙颤动”。

表11-2 液压式挤压

行为	策略性干预
争论不休	组织一系列的辩论活动，要求孩子每次都要参与，而且多半是要求这个孩子要赢得辩论
废话唠叨	定期提供机会，让孩子获得额外说话的机会，花时间跟孩子一对一交流；让孩子把每天的日程安排大声读出来；叫孩子读一本书给你或是给一群孩子听
身体攻击	把孩子的攻击性精力转移到体育运动或是其他的体力活动中去，如参加武术班
性示行为	让孩子觉得性感受是正常的，但需要建构方法管理好自己的性感受。比如，若一个孩子在公共场合手淫，就要教给他有关知识，并且运用液压式挤压的方法把手淫行为挤压到私人场所，如床上或是浴室里
偷盗行为	提议玩一种棋盘游戏，其中内容要含有间谍或是欺骗行为的，或是闭上眼睛，让孩子从房间里拿走什么东西，然后去猜丢了什么东西
发泄愤怒：叫喊、尖叫、咒骂	让孩子明白，关起门来，发泄是可以接受的！因为吵闹声不会影响其他人

在伯尼的专业指导下，弗雷迪的放屁声终于停下来了，这个时候，弗雷迪能够看出，他的放屁与“拉屎”非常有关系。拉屎是弗雷迪另外一件着迷的事情，他的便便是混乱的。在探究自己过去的“混乱”，并且分析其背后隐藏的冲突时，弗雷迪发现他对放屁的着迷，是想让别人知道他的生活一直一团糟，这是严重的权力与控制问题所造成的结果。

身体攻击：“挤压”法的一个典型错用

11 岁的戈尔曼生活在一个寄宿治疗中心里，对自己的冲动控制乏力，动不动就表现出攻击性。一天，他把灯摔了，当他处于发怒边界时，被罚离开房间进行计时隔离，直至他冷静下来。我把他请到我办公室，让他坐下来。他身体紧张、满脸通红、汗如雨下、目光呆滞、眼露野性。“我要打穿它，我不能坐这。”他尖叫道。

“我知道你很沮丧，但是你也没必要打穿什么东西。”我很平静地跟他说， 完全不顾此时我的心脏怦怦地激烈跳动！

“我要打穿它……”他重复道。

我向他解释道，我不会让他产生攻击性行为的，如果他想试一试的话，我将不得不控住他，尽管我并不想这么做！在他冷静下来前，长达几分钟的时间里，事情一触即发。

在此后遇到戈尔曼再发生类似事情的时候，我总是会提醒他，他那天显示了巨大的自我控制能力，并且建议他把他的攻击性的精力转移到体育活动或是其他的体力活动中去，例如空手道。他加入了社区篮球联赛，并渐渐发现他可以控制好自己的情绪，不至于使之发展为体力攻击。

比较遗憾的是，很多有攻击性的孩子被鼓励去打沙袋或者枕头来宣泄，这些都不是对液压式挤压方法的恰当使用。给一个困扰中的年轻人提供咨询，让他去击打另外的对象，或是给他提供沙袋或枕头来发泄，只可能会进一步强化他的认识：离开体力攻击的话，他就无法控制自己。经过进一步强化之后，他的信念中会进一步助长他的攻击性行为，因为在发怒的瞬间，年轻人手边不可能有沙袋或枕头供他使用。

三分钱交换

三分钱交换策略是一种沟通邀约，这种策略可以深度影响那些犯有精神创伤，却时不时用错误行为来纾解的孩子。这种停滞状态，多是有着根深蒂固的信念：敞开心扉将会带来更多的痛苦；暴露家庭的秘密，被视为脆弱的符号等。要暂时消解这种停滞状态，需要温和的、幽默的干预，这样的干预能够把权力转给孩子，并传递这样的信息，“我真心的关心你！”——这是三分钱交换策略的核心。

三分钱交换策略对于朱安莉塔最合适了，她是个极度谨慎的 11 岁的孩子，是从一个缺少治疗设施的地方转到我们寄宿中心来的。在她跟我们在一起的第一年里，对于所有试图引发她的问题的谈论都很抗拒，包括对她妈妈的感情，朱安莉塔也不愿意说，从她一出生起，她的妈妈就在其生活里来来去去，是个不稳定的家长。在朱安莉塔到我们这里的第二年，一个星期六下午我接到了她的监护员电话，告诉我朱安莉塔正在房子里跺脚发怒，并且没有停下来的意思。考虑到她第二天有个与妈妈见面的日程安排，我去她的房间把她叫了出来，让她跟我回办公室。

在我们办公室坐下后，我们讨论了刚刚发生的事情。大约5分钟后，我决定采取一个新方法，以帮助她把潜在愿望表达出来。我从办公桌上层抽屉里找出3枚硬币，说："看着，朱安莉塔，我的本职工作是帮助孩子解决问题，如果我做得不好，我就不能如数拿到报酬。我想请你拿着这3枚硬币，并且由你决定我今天该得到多少，这跟我干活拿报酬是一个道理。现在，我正好想到一件事，我觉得你今天的烦乱或许跟明天的访问有关系，那么谈谈明天的访问或许会让你感觉好些。当然，或许是我猜错了，我们这样来交易如何：如果我百分之百正确的话，你需要把3枚硬币都付给我；如果我大部分是对的，你付我2枚硬币；如果我只有一小部分正确，你就付我1枚硬币。"

我让朱安莉塔走回自己房间，完成刚才因为尖叫所受到的"计时隔离"处罚。两个小时后，我正在处理我的书面工作，我听到门外有沙沙的声音，接着一张黄色的便利贴从门缝下面塞了进来，贴在便利贴上的是1枚硬币，便利贴最上面写的字是"你得到1枚"。硬币下面有行字："妈妈的生日（'birthday'不会写，只写了'b–day'）"。便条下面也签了名，"来自朱安莉塔。"

她妈妈即将到来的生日，被证明是激起她的不快的原因，与之相伴而来的是，大量的矛盾的情感。经朱安莉塔同意，我把这个情况报告给了她的治疗师贝丝女士，我也描述了她在三分钱交换游戏里的反应，贝丝在后续的疗程中继续使用了该策略，并也取得了很大成功。

毫米确认策略

毫米确认策略是一种软接触方法。该方法针对的是担心放大自己软弱的一面、不愿意暴露信息的孩子，可以在其防护盾牌上温和地打开一个小的缺口。其含义是把你的食指放到离拇指 1 毫米的距离（不要超过 1/20 英寸），问："你是否觉得有轻微的可能你会……"始终期望孩子对他们自己的行为与感受能够承担 1 毫米的责任。

在你真实地准备对孩子的自我防御进行估算时，若是一个与你对话的年轻人不愿意承认自己的行为，毫米确认策略可以帮助你消解你所感受到的挫折感。这种态度易于使孩子缓和一下，使之愿意接受针对自己的行为所应该承担的责任，在逐步开放、坦率的交流方面取得些许进步。这种干预策略，在第二章针对泰迪所使用的"有那么一点不太对"方法里出现过；下文杰拉德的故事中，也将描述到；本书第 204 页表 11–3 中，也会列出。

8 岁的杰拉德是一个公立学校的问题学生，出生于一个混乱的家庭。他缺少自尊、缺乏情感融合，对自己的攻击性行为不愿承担责任，不愿意谈论严肃话题。一天下午，学校顾问布鲁斯听到从远处的厅堂里传来尖叫声，赶快过去看个究竟。他发现杰拉德站在门厅过道里，边上是校长和一名穿着蓝色制服的女生，两个人都在居高临下地威胁杰拉德。他在大喊大叫，“我没有打班长，我从来没有打过她。”

“但是，杰拉德，我就是班长，你绝对是打了我的！”那个穿蓝色制服的女生说。

布鲁斯走过去，平静地问校长，他是否可以跟杰拉德单独谈谈，校长同意了。他就把孩子带到边上，问，“杰拉德，发生什么事了？”

“我跟安迪打了一架，他骂我妈妈是个混蛋！”

“班长是要阻止你们打架吗？”

“是的。”

布鲁斯弯下腰平视着杰拉德。“杰拉德，你现在是否觉得有那么一点可能……”他用毫米确认的方法，提出自己的观点：“当班长试图把你们俩分开的时候，你或许很不巧地打到了班长呢？”

“是的。”他回答。

“那好吧，谢谢你告诉我这件事，我确信这对你是不容易的。”

他示意杰拉德跟他一起回到两位女士那边，“杰拉德承认不小心打到了你！”布鲁斯对班长说，“他对此感到很抱歉”。

“我接受你的道歉，”班长对杰拉德说，“但是，明天午饭时，我希望你能够离我近一些。”

“好的。”杰拉德回答。

4个人分手时，布鲁斯再次表扬杰拉德能够承认错误。杰拉德带着自豪与释然，面露喜色，然后转身跟布鲁斯一起回办公室去，处理与安迪打架的问题。

表11-3 毫米确认策略

情形	策略性干预
老师跟一个产生错误行为的学生谈话	你们是不是有些微地觉得，今天出现的问题是与工作比较难有那么一点关系？好多孩子面对这些材料，很挣扎
一个寄养家庭的家长跟孩子谈话，孩子可能偷钱了	你是否觉得有那么一点可能，你误拿了钱，或许现在你想放回去？
一个青年社工走近一个孩子，孩子对他父母要来看他，感到有些紧张	你是不是觉得你的行为与你爸妈将要来访之间，关系不那么大？
一位辅导员在与一位新营员商讨他不愿意参加开营式的事情	你会是对参加仪式有那么一点紧张吗？其实，所有的孩子对刚开始的营地生活都会紧张

魔法隐喻

隐喻的运用可以创造奇迹，尤其是魔法隐喻——这种修辞手法，可以用无生命的对象代替人际状况。为何能够如此呢？因为这种修辞手法的运用，能够消除困难情境中的个人因素的干扰，给身陷绝境的孩子缓解压力、注满希望。

如果孩子做错了事情，你充满激情地向他演讲，想要告诉他该如何做、何处该停止，这些，都不太可能改变其行为，很少能够进入其意识之中。同样的，你跟他讲太多的有关孩子克服困难的故事，也不会有效果，反而会产生出乎我们意料的事情。若是改变一个问题儿童的行为能够如此简单的话，也许只需要播放一下劳拉·因格尔斯·维尔德的电影《大草原上的小屋》，我们几个小时内就可以大功告成了。这一壮举，在我的认知上，还从未完成过。

不同于不加掩饰的直白演讲和大团圆式的浪漫故事，魔法隐喻所传达的是在过程中的影像，这会给孩子以长期的支持与指导。与下文所介绍的 3 种隐喻一样，当把它们运用到与孩子个人或者群体谈话时，隐喻能够编织出令人惊奇的法术。

出轨的火车

当你把问题行为描绘为一辆已经脱轨的火车时，这个行为立马就很具体化了。你会想象到轮子还在打转、油已泄漏、蒸汽从烟囱里滚滚而出， 你会觉得火车需要重新回到轨道上去。这是一个比较理想的隐喻，可以把它介绍给：一个焦躁不安的班级、矛盾斗争中的寄养儿童、处于压力中的家庭，或是寄宿中心中一群难以控制的年轻人。

8 个有明显行为问题的初中生组成一个小组，我在跟他们一起工作前，一个一个单独找他们谈话，向他们阐释我的看法。我认为年轻人就像是一列火车，从轨道上掉下来了！“车轮还在转动，蒸汽仍在冒，但是火车却哪儿也去不了，”我说，“我们团队的目的是要把 8 列火车都弄回到铁轨上去。”孩子们似乎被我描绘的情境逗笑了。

我们在一起的时候，他们工作很努力，勇敢面对自己身上的恶魔。后来，在我们最后一次会上，其中有个叫萨拉的学生，令我吃惊地提出了一个问题。她很疑惑地问："我是哪一种火车？"

我快速地整理着自己的思路，回答说："萨拉，你是一列有同情心的火车，有着强大的引擎。尽管你总是停车，让需要搭车的人上来，但你总是保持比较好的速度。"

"那我呢？"道格叫了起来，"我是哪一种火车？"

"你是一列乐观向上、时髦别致的火车。你用狂野的色彩给你的引擎穿上了外衣，你在旅客车厢里摆放着高调的饶舌音乐；你是一列充满精神的火车，蜿蜒前行、咔嚓咔嚓地驶向美好的地方。"

一个接一个，每个孩子都想知道他们属于哪一种列车；一个接一个，我如诗如画地给他们描绘。他们统统都彻底地回到了正轨。

融化的雪球

紧张也被称作焦虑，通常很难驱散。但是，若视之为雪球，则终将消融。融化的雪球这一图形隐喻，有助于把焦虑重新定位为很快将至的变化或是事件。

7 岁的楚卡曾经被其母亲抛弃，对成人缺乏信任。近日，他将被安排离开寄宿中心去寄养家庭了，此时，他的舍监汤姆接到了一个电话，楚卡逃出教室了。找到他时，他正坐在外面的楼梯间里，汤姆慢慢走近他，问发生什么事情了。楚卡直接走出来说，他害怕离开寄宿中心。

汤姆表示赞同楚卡的感受，并且建议："楚卡，我建议你把离开的焦虑假设为一个大雪球，这个雪球位于你胸口正中间……这个雪球有多大呢？"

楚卡伸展开手臂比画说："有这么大！"

"好吧，楚卡，当你跟新的家庭一起生活后，雪球将会变得小一点，几年后，雪球就将变得只有这么大。"汤姆用手比画出一个只有 1 分钱大的圆圈，"楚卡，那个雪球会一直存在，不会离开。但是通过努力，加上运气，雪球就会变得小到不至于困扰你。"

一年后，楚卡的寄养家庭带他来寄宿中心回访。当见到汤姆时，楚卡脱口而出"它只有这么大了"，他的手比画出的是一个 1 分钱大小的圆圈！

十字路口

对于纠结于如何做决定的青少年来说，十字路口的图景是个无价的隐喻。这个隐喻会激发孩子们向前看，仔细思考找到正确的道路。

16 岁的肖恩被监禁在一个青少年拘留中心里，他有较长的轻度犯罪史。一天下午，他引发了与另外一个同监人员的激烈打斗，值班的监管人员克雷格，不得不把他押送回房间。发泄了一会儿之后，他流下了眼泪，说起自己的生活觉得已是毫无希望了。

克雷格富有同情心地听着，然后说：“肖恩，你曾经有过艰难的生活，没人会因为你发怒而指责你。但你现在正处于一个十字路口，你需要决定你将要走哪条路。向左的路更容易一些，向左的孩子可以继续表达出愤怒来，但是回到类似这里的地方就要停下来；充斥监狱里的犯人，他们都有过艰难的童年。你要选择正确的道路，你会发现这是一个艰苦的旅程——这取决于你对自己的攻击性冲动的控制——但是，这条路会引领你走进一个美好境地。肖恩，你必须要做出决定向何处去了！你将要选择哪条路？”

无论你使用重构策略还是魔法隐喻策略，都需要锻炼你的耐心与创造力。只要投入时间有意识培养，每一条干预策略都有潜力激发出完全成功的交互。为了最大程度达到预期的效果，最好是把每一条策略都研究一下。你的策略性言语技巧的范围越广，越能够更好地帮助你做好准备，把复杂情境转化为你的学习经验。

第十二章
界限设置

大部分老师、寄养家庭的父母和从事儿童青少年保育的工作者发现，在处理孩子们的适应不良的问题时，仅仅依靠谈话是不够的。他们发现青少年的很多发飙行为所反映出的需求，光靠我们华丽辞藻给他们带来的承诺感是不够的，还需要我们对其提供“界限设置”的保障。事实上，因为问题儿童经常缺乏内在的自控力，他们非常需要大人给予他们外在的控制，帮助他们步入正途。如果没有这些外部的限制，他们的生活可能会变得恐怖而混乱。

“界限设置”，指通过定义边界问题，对超过该边界的行为进行有意义的处理的方式，目的是重塑问题行为，重新整合走向新生的教育活动。对于缺乏自控能力的青少年而言，公平的限制措施会为他们提供一个安全而又充满关爱的氛围。这种氛围将会增强成人与孩子之间的关系，提高孩子的社会适应能力。

“界限设置”的进程，包括五个不同阶段：支持性干预、合理的处罚、身体管理、事件处理和重新整合。这五个阶段是一体的、连续的过程，它们可以被应用于一个群体，也可以运用于一个单独的个体；这五个阶段，可被应用于任何不当行为，不管这些不当行为的严重程度如何，或者是发生在何种情境下，都是可以应用的。五个连续阶段运用的基本顺序，如下面的步骤所示：

→当一个问题儿童控制不住自己开始行为爆发时，可以运用警告以及其他的支持性干预等策略，鼓励孩子去控制自己的行为。这样做的目的是增强他的能力，使他自己做出决策。

→如果问题行为还在继续——不管这是否已经激发了一系列严重的事情——一次"计时隔离（一种温和的处罚方式，类似面壁思过）"，使其丢失某些特权，或者给予其他合理的处罚，也常常是必需的。一旦给予了一个合理的处罚，那必须要让这个处罚没有回转的余地，不能出尔反尔，此时处罚的监管执行居于其他事情之上。若是对孩子反抗处罚的抗议屈服的话，将可能引发其他更多的问题。

→如果孩子不能够接受这些后果，如果他自己或者是其他人的安全得不到保障，此时，就有必要对他进行身体干预了。

→在给予了合理的处罚以及进行了身体干预（如果需要的话）之后，就可以与问题儿童一起进行事件处理了。这个讨论，内容应该包括：回顾一下事件的实际情况，分析一下导致该事件发展的环境，以及提出未来避免发生类似问题的良好的应对策略等。

→最后的任务是帮助孩子重新整合，融入他所处的环境。

这种整合的途径是：帮助孩子规划如何重返原先的生活空间，做好准备以符合大人的期望，承担自己个人的责任，并且不断前进。

界限设置的每个连续阶段（详见图 12-2），都在下面给予了详细的介绍。为了达到最佳的效果，请在任何时候都保持专注，明确你对事件处理所处的阶段，并且，要专注于你的阶段目标——也就是帮助你的孩子，让他们感受到充分的安全感，然后再转入到一个更适合他的行为模式上去。

支持性干预

当一个问题儿童开始做一些我们不能接受的行为时，他们最需要的就是我们能够给予他们支持性的回应，以使他们有能力控制住自己的行为。支持性干预能够帮助孩子开始意识到他们的行为，知道可接受的界限是什么，控制自己的行为，逐渐减少不可接受的行为，学会选择更积极的自我表达方式，并且能够感受到给予他们帮助的成年人的关心。

下面选择的是一些经过时间检验的支持性干预方式。通过尝试错误法，你将很快会发现哪一种方式对那种孩子最有效。你也可能会发现，在不同的情况下，哪种方式会比其他方式更有效些。请多多实践，让自己更加习惯于应用支持性干预。

核心规则

规则，往往是由大人和孩子共同制定的，需要告知孩子们，大人对他们期望很高，激励孩子们要遵守规则。如果对孩子的这种期望描述得不像规则一样明确的话，那么就可能会导致一些问题。例如，一个孩子在一个集体大家庭里骂人了，但是他并不知道工作人员不允许孩子骂人的。当要他承担责任时，他可能会感觉到自己不被支持、受到了不公平的待遇。“我不知道骂人是不可以的。”他可能会吼叫，同时他会深信自己被别人视为一个失败者——这种情感很可能会妨碍他的进步。

为了处理问题儿童间各种难以应付的行为，跟他们打交道的大人们常常采取过度补偿的补救策略：在墙上贴满了一个又一个的规则，或是为保持好师生关系而营造一种妥协的氛围。事实上，教室里的这种装饰意味着，大人们对规则的关注要远大于对孩子的关注。更糟糕的是，即使我们很努力，我们也不能为所有的突发事件都制定出规则。因为与我们未表达出来的期望之间产生冲突而形成的行为，会随着时间的变化而变化的。

那么我们究竟怎样才能维持理智去采取正确的方式呢？这要求我们建立孩子的安全与行为方面的核心规则！与此同时，告诫自己要持续地控制好自己，要意识到跟问题儿童打交道，需要我们对不良情绪拥有比平时更多的忍耐性。我们的努力，将会使孩子更关注于生活本身，而不是简单服从。

当我在一个寄宿制护理机构刚开始工作时，我就被我所需要学习的规则吓到了。有一个职员告诉我，设置儿童导向的约束，其终极目标是为了没有规则。他解释说，当一个孩子有了足够的安全感，并且与他的护理人建立了良好的关系，那就不太需要这些正式的规则了。任何时候，当孩子的行为没有达到期望时，成人可以对其进行裁量处理，而孩子会相信成人给予的处理是公平的。“在这个机构中，也许我们永远也不会达到这个境界，”他说，“但我们会一直努力！”

这个职员和我们许多人一样，知道在我们的约束方式中，孩子是难以完全信任大人的，提前制定出核心规则，可以给孩子创造一个安全而又可预见的环境。这些规则，可以帮助孩子驱散不安全而导致的焦虑，同样真实的是，规则创立之后，就意味着这些约束机制能够支持、缓解紧张局势。

例子：

“你生气了，因为我要求你不要用消极的方式说‘差劲’这个词。或许我应该更清楚什么是不能够让人接受的语言。一起来谈谈吧，我们或许能够达成共识。”

“你这个孩子，看起来好像对谁使用电脑，以及使用多久感到不开心。我们可以一起来讨论一下，看能否制定些如何使用电脑的规定么？”

言语暗示，提醒和警告

当孩子的行为开始转向你所不希望的领域时，“言语暗示，提醒，警告”这些支持性干预，可以帮助孩子回归到正途。为了让这些支持性干预达到最佳效果，我们在表达自己的观点时，必须用一种镇静、支持性的语调。

例子：

“埃尔顿，在商场里跑步可不是一个好主意哦。”

“克拉斯，你的声音变得有点太大了。让我们看看，能不能用轻一点的声音说话。谢谢你啦。”

“豪伊，记住我们刚刚聊过的话，你要努力学会与其他孩子分享哟。”

“凯丽，我们曾谈到过使用过多的化妆品的话，就去不了学校的，好像你在化妆方面投入的精力有些多啊。对此，你怎么想？”

“记住，在去公园前，我们需要整理好房间哦。”

“在离开教室前，我们通常需要做什么呢？对，我们需要排好队，然后等待大家都安静下来。”

转移关注点

当孩子开始失去对自己行为的控制时，可以转移他们的注意力，我们可以给予他们一个新的聚焦点，或者给他们一个控制他们行为的机会。根据不同的情况，你或许可以给他们一个挑战，尝试改变当前的主题，或者询问他们对相类似话题的意见。

例子：

两个孩子在汽车的后座上争吵起来了。司机冷静地问：“孩子们，在接下来的 20 分钟里，你们可能看到多少辆切罗基吉普车呢？我敢打赌不会超过 17 辆。”

一个班级里的学生变得越来越焦躁。老师转移话题说，

“星期五下午开派对，你们希望我带一些什么食物来呢？”

教养院在吃晚餐的时候场面变得很混乱。值班人员为转移孩子们的注意力，开始讨论最近的体育比赛结果，计划下一次郊游。

自觉分开

当两个或者更多的孩子开始争吵时，暂时的分离——“分而治之”的方法——很可能会缓解紧张的气氛。可以想象，这种分离是有支持性干预效果的，这种方法给孩子留下机会，让他们自己做决定。尽管比较理想的策略是帮助孩子在冲突中解决问题，但是当时机不允许、来不及介入时，让孩子自觉分开，常常是最好的应对方法。

例子：

“鲍勃和普里莫，你们现在看起来好像相处得不太好。或者你们可以考虑分开活动一段时间。”

“西璐，晚餐结束前，你可否换一个位置？你和马克似乎都需要更多的空间。”

“胡安，最近你和大卫待在一个房间，好像很容易发生不愉快的事情。你是否觉得换个房间睡几个星期，或许会帮助改善这种情况呢？”

幽默

幽默作为一种支持性干预方式，可以通过逗笑当事者，来

有效缓解紧张的局面。（关于幽默的深入讨论，见第八章）

例子：

两个一年级的学生，隔着桌子互相扔蜡笔。他们的老师给一个鸵鸟玩具上紧发条，让它从桌子的一端昂首阔步走到另一端；搞笑的玩具，打断了孩子的互掷蜡笔行为。

“杰克，如果你可以把你的衣服收好，我将会感到非常非常高兴，我甚至会高兴得泪流满面。为什么？泪如雨下啊，这里会变得如此潮湿，我们可能需要一艘船和浆才能划出门呢。”

非言语暗示

非言语暗示，可以起到扭转局面的作用。这种暗示，可以吸引孩子的注意力，常常可以让孩子停止在他正在进行的活动，无声地提醒他们控制他们的不恰当行为。正如第九章所述，非言语暗示的应用方式很多，包括：身体接近，需要时你可以拿手指着墙上贴的提示语，给学生发出“停止，思考和行动”信号，有创意的面部表情，摇铃或是敲钟，有节奏的拍手，调暗灯光，或者发明一些手势等。

例子：

一群三年级的学生开始吵闹了。他们的老师在他们之间走动，有时候他会在特别吵的学生旁边停留一会儿。

一个六年级的学生在课堂上吃开心果，教师将警告卡放到他的桌上。

14 岁的劳拉开始嘟囔着要骂人，她的养母轻拍她的额头，这个信号提醒劳拉“停止，思考和行动”。

感化院班主任乔治，正在向孩子们详细阐述周末的活动，孩子们开始窃窃私语，乔治停顿了下来。

基础性言语干预

第十章所介绍的十二种言语干预方式，都起到与支持性技巧一样的好效果。推理性回应、连接性陈述和授权信息等策略，在这个阶段的“界限设置”中，起到特别的作用。

例子：

支持性评论——“你心烦意乱，我不怪你。如果我是你的话，我也会有同样的感觉。让我们一起来看看，可否一起想想办法，帮你找到更好的处理方式。”

重复性陈述——“所以你认为我是不公平的。那让我们一起来看看这个。”

情感的及时更新——“今天我们一起处理了很多行为问题。你还那么生气么？”

生动的赞美——“凯西，你今天似乎和昨天一样，解决了相同的问题。你还记得你做了什么，让你的一整天都好起来的？这真是一个不同凡响的举动。”

道歉——“这节课可能没法像之前说的一样愉快了。我确实说过，今天我们将在室外上课，但是现在地面太潮湿了。我感到非常抱歉，我向你们传递了错误的信息。”

幽默——[假装很生气地对一个9岁的孩子说]“你知道吗，你的行为就像一个9岁的人。”

推理性回应——“嘿，格里，我不能让你用那种方式说话。如果我们让所有的孩子都这样说话了，结果会怎样？这儿可不是一个闲逛游荡的地方，不是吗？”

连接性陈述——“杰德，我不想给你额外的家庭作业。反对你的人不是我，我们可是站在同一边的。但是，如果你现在不开始认真做事，你将永远学不到这些东西，这对你接下来的人生有帮助的。”

授权信息——“布鲁诺，你是否觉得，其实你可以想出更好的方式来问这个问题？”

表面澄清——“卡尔，让我知道你为什么这么生气。瑞克做了什么，让你这么激动？”

探究性回应——“事情显得越来越愚蠢了，是有什么东西打扰你们这些家伙了么？”

计划制订——“绍娜，我并不想非要把你和泰勒分开。我们可不可以一起提出个方案，让我们不被打断地上完这节数学课，好吗？”

来自其他孩子的替代性强化

处理孩子的问题行为，可能会引起对他的不必要的关注，增加他的焦虑。然而，称赞其他孩子，夸奖他值得表扬的行为，也能够让孩子为了获得同样的表扬而控制自己的行为。这一原则，同样适用于集体或是个人。

例子：

萨拉还在慢腾腾地整理她的书，而朱莉早就开始忙着老师交代的任务了。他们的老师评价说："朱莉，谢谢你，这么快就摆放好了你的书。你将会排第一名。"

教养院的几个孩子，情绪冲动地在向工作人员提要求。他们的保育顾问大声喊，"皮特，我很欣赏你如此有礼貌地向我询问、让我看你的散点图。我会帮你拿到它。"

在营地食堂，保罗跳到他的椅子上，咯咯笑着。与此同时，凯尔安静地坐在他身边。他们的老师说，"凯尔，你做得真棒。我从你的行为中看出来，你已经做好去外面玩的准备了。你真棒。"

同伴支持

孩子通常可以被要求去帮助处境不佳、很挣扎的同伴。然而，使用这种干预策略的时候，必须小心。因为如果孩子不搭茬，这可能会让其他的孩子把所受到的挫折发泄到他身上。

例子：

"已经完成作业的孩子们，你们愿意去帮助那些还在做作业的孩子们么？"

"嘿，伙计们，约翰尼很生气，因为他兄弟取消了今天的来访。今晚他可能需要你们的帮助，你们愿意带他一起去看电影么？"

"我们需要弄清楚如何完成这些工作。有没有人可以想到一个办法，帮助马特移动桌子？还有谁需要帮忙？”

一次班级、小组或者家庭会议

当班级、小组或者家庭中出现紧张的局面时，紧急召开一次运行良好的家庭会议，将会有效缓和紧张的局势，让孩子们回归正轨。在大人的带领下，参与者分享他们的感受越多，他们就越能解决他们之间的冲突，而不是继续进行发泄。

另外，每天或者每周定期举行的例会，也将会非常有帮助。定期例会能让孩子产生一种熟悉感，让他们渐渐卸去内心的防御。除此之外，定期例会还能让孩子学会如何控制所处的环境。

例子：

教师在变得越来越混乱的课堂上说，“请把你的书收起来，跟我一起来开一个班会。我们需要谈谈时间是怎样流逝的。”

住院顾问对一群情绪激动的青少年说：“你们今天显得有点坐卧不安。让我们一起去客厅，开一个短暂的小组会议，我们必须解决这个问题。”

三个寄养儿童上周回到家就喋喋不休地相互争吵，养母对他们说，“接下来，你们每天放学后，我们都要开一个家庭例会，直到我们可以更好地相处。我们需要多一些沟通，少一些争吵。”

如果支持性干预不是非常富有成效，那么，何时停止使用呢？这个时机可能要比你想象的要早，因为过度使用这种干预，可能会增加孩子的焦虑，刺激孩子不停地去测试你是否能给予他们安全感。若这些方式不能快速激发孩子的自我控制力，可能会使氛围变得紧张，新的麻烦很可能又会再次出现。这预示着我们可能需要采用更严格的“界限设置”策略了。良好的指导方针是，如果两次支持性干预都没有产生作用，我们就需要迅速改变，开始采取承担合理的处罚的干预方式了。

转向合理的处罚的干预方式，若是时机被耽搁了的话，将会带来怎样的后果？这里有一个难忘的例子，在电影《克莱默夫妇》[①]中演过。在电影里，一个已经离婚的父亲和他的年轻儿子坐在厨房里，当他的孩子去冰箱拿出一加仑冰淇淋开始吃的时候，父亲让他把冰淇淋放回去，但孩子并没有理睬父亲，仍然一勺接一勺地吃着冰淇淋。愤怒的父亲这时说了许多警告的话，最后，他非常生气，强行将冰淇淋从儿子手里拿走了。

这件事情本可以有更好的结果的。在父亲给出两次支持性警告后，父亲应该采取下一个阶段的“界限设置”。他应该跟孩子说，“好吧，儿子，我刚刚已经说了，请不要再吃冰淇

---

①片名：Kramer Vs. Kramer，第五十二届奥斯卡最佳影片（1980）；中文：克莱默夫妇；出品：美国哥伦比亚影片公司，1979年出品。影片描述了泰迪和琼安这对夫妇，他们育有一子比利。泰迪是一个事业心强的人，常因工作放弃与妻儿的团聚，琼安终于提出与他离婚，儿子留给他抚养。泰迪对父兼母职一事手忙脚乱，后来不得不放弃工作，选择家庭，与儿子相依为命的亲情确实感人。本片反映出当时七十年代令人瞩目的新生事物的单亲家庭的种种问题。——译者注

淋了。我不想让你影响了自己的胃口，所以请把冰淇淋放起来，或者——”在此空白处补充一些需要承担的后果。接着，两个人可以进一步处理这件事情。此时，父亲可能会知道儿子为什么会这样做：他不希望自己的父母离婚。转向承担后果的干预方式，可以避免父亲发火，同时也会为父子的交流创设一个更有意义的情境。

合理的处罚

孩子持续产生错误行为，并且对支持性干预也没有回应的话，对此，我们需要严肃对待，因为这往往反映出孩子需要进一步的外部控制。事实上，孩子表现出失控行为越多，我们需要提供的适当的控制就越多，这样才能帮助他恢复安全感和幸福感。

合理的处罚策略，可以为我们提供所需要的控制。其途径是，通过各种各样的纪律，来规定孩子为自己的行为负责。支持性干预，主要让孩子自己去改变自己的问题行为；合理的处罚则与之不同，该策略给予孩子一个反思自己行为的机会，力图从外部因素来改变孩子的问题行为。

这样的转变，显得更公平一些。该策略需要将不被接受的行为，与需要承担的后果合乎逻辑地关联起来，以此表明对孩子所采取的应对措施是有原因的。

孩子：为什么你周末的时候要拿走我的录音机？

成人：因为我曾告诉过你，录音机的声音调得太大，导致我们不能好好睡觉。我警告过你两次，但你还是没有将声音关小。

虽然这个孩子可能会为自己失去了录音机而感到不开心，但他得到的是合乎逻辑的行为后果。因此，他将会感受到自己受到的处理是公平的，在以后使用录音机的时候他也会调低声音。

如果行为后果不是由一些不可接受的行为导致的，孩子就会觉得自己遭受了虐待，这将会惹怒孩子，并引发他的不信任。另外，应用合理的处罚，需要合理的限度，促使行为变化。虐待导致的情绪或者精神创伤，很少被视为是公平的，而且虐待容易引发报复。

实施合理的处罚的策略，要求实施者具备长远的目光，以及足够的决心。首先，你必须做好将你规定的结果进行到底的准备。为什么？因为孩子需要知道，你是不是会一直照顾他们；孩子也明白，你说“不”就是不，抗议只会使情况恶化。他们必须学会尊重权威，尊重所实施的行为规则。

当一个孩子试图说服你放宽你设置的限制时，站稳立场可能对你来说会有一点艰难。你的第一反应，很可能是避免冲突。正如下面例子中的选项 1。然而，在下面的几种情况中，选项 2 都更有可能促使行为转变。

成人：杰克，我曾再三警告过你，不要跳台阶。我想你可能需要再走一次楼梯。

孩子：不，戈登先生，我保证再也不跳台阶了。

成人：（选项1）好吧，但是下次——

（选项2）杰克，不管怎样，请回到原点，重新走上楼梯。

成人：艾德蒙，你可以停下来进行短暂的计时隔离吗？我已经两次告诉你，不要用那种语言说话了。

孩子：我什么都没说，那不是我说的。

成人：（选项1）好吧，这声音听起来像是你。不过还是请你注意一下自己的措辞。

（选项2）你磨蹭的时间越长，你需要坐在椅子上“计时隔离”的时间就越长。快点去吧。

其次，为了将你制定的处罚方案执行下去，你要做好面对孩子的反抗的准备。他们可能会这样说，“但是我没有做任何不对的事情啊，我有权利发火，我不应该被处以‘计时隔离’。”虽然在感觉出成人滥用职权时，孩子应该有权抗议此事，但他们必须学会在受冤枉的时候，也要以正确的方式对抗。为此目的，你可以在两人关系和睦的时候，跟孩子谈及你的一些轶事，例如：

试想一下，假如我只是以55公里每小时的时速，在高速公路上开车，此时，一个交警拦下了我，给了我一张超速的罚单。很显然，我真是要疯了，因为我根本没有超速。但是我知道，如果我咒骂交警，他可以以行为不当的理由逮捕我。即使我没有违反交通法规，我也没有权利去表现出不尊重。所以我告诉交警，我刚刚的时速是多少，然后有礼貌地接受罚单，心里盘算着准备在法庭上拒绝这张罚单。

> 你看，成年人就像孩子一样，常常会受到不公平的指控。但即使是这样，对抗指控的方式仍然分正确的与错误的。我们都需要在这种令人不愉快的情况下，做出正确的选择。

在对孩子设置了一条比较困难的限制后，为了坚持自己的立场，你需要提醒自己，行为回报的黄金法则：要么现在马上就做到，否则未来将会花更多的精力才能做到。换句话说，与其担心孩子现在会做出回应，还不如想想明天、后天，甚至下个月，孩子会做出什么行为反应。在知道了你一直都很坚决地限制他，他以及见证你行动的其他孩子，都会选择信任你，那么此后，你就都能顺利实施你的策略了。

第三个先决条件是从循序渐进的角度考虑问题，以有效实施承担后果责任的策略，要反问自己，“孩子的这种特殊行为，过去多久发生一次？”渐进性处罚的经验法则是：不当行为发生越频繁，所应承担的后果责任就应变得更重。

虽然面对更严厉的行为后果的处罚时，孩子容易产生不满、生气等情绪，但假如他们提早知道处罚是渐趋严厉的，他们心中的不满就会很快消散。这个信息可以用这种方式传递：

> “约翰，你把安迪推倒是不正确的。我们刚刚已经沟通过了，我也已经感受到了你的歉意。我们刚刚商量了一下，决定惩罚你停课一天。我不想让你停课，但是你试想，如果我们允许所有的孩子把其他人推倒，后果会是怎样？甚至在他们这样做以后，他们还认为自己有生气的理由。这样的话，这里就不再是一个安全的地方

了。约翰，这是你第一次犯这种错误。但如果你再次犯类似错误，你将会被停课更久。”

“吉尔，我之前不得不给你 3 个 5 分钟的计时隔离，让你反思一下自己的行为。因为在过去的一小时里，你在不停地打扰别人。我试图跟你交谈，看看你在想什么，但看起来，你好像并不愿意。如果在接下来的半个小时里，你因为同样原因再得到一次计时隔离处罚的话，我们将需要一起谈个 10 分钟，我想这或许可以给你更多的时间，让你把事情考虑清楚。”

第四点，也是最后一点，就是要避免给孩子过重的界限设置的处理。虽然当孩子不停地出现相同的行为后果时，需要增加相应的处罚强度。但同样的，提前控制好增量也非常重要。如果没有给后果处罚设定一个上限，你可能会进入一个纪律执行的僵局，就像在第九章谈到过的孩子保育员乔治一样，在处理卢克的漫骂行为时，从一开始的处罚 5 分钟，到最后，竟然要 40 分钟了。

如果乔治设置了行为后果的惩罚时间，上限是 10 分钟，等到卢克安静下来的时候，再让他开始计时隔离。那么，事情可能会有不一样的发展：卢克会逐渐感到老这样骂挺没意思的，渐渐也就失去了骂人的动机。其实有时候，事情就是这样的：在应对更为严厉的惩戒措施时，正在犯错误的孩子不会停止他错误的行为。然而，我们若将行为上限控制在一定的参数内，并且加深孩子对我们的信任感，经过一段时间后，可能可以转变孩子的行为。

给予过于严重的后果处罚，不仅容易激怒孩子，还很可能限制自己对惩罚的选择。对一个有严重不当行为的青年，你已经给他禁止外出一周时间的处理了——难道你想延长禁止他外出的时间？对于一个已经被拘留 6 次的人，你将给予怎样的后果处罚——再一次拘留？

你决定对“界限设置”设定一个限度的时候，应该像你决定使用循序渐进的惩戒时一样，与孩子分享这个信息。告知他们，处罚会渐进执行，并且会达到一个峰值。这时候，你可以给他们两个授权信息：一个是，再次犯错时他将会得到更为严厉的处罚；另一个则是，犯错的人会得到公平的处理。

处置方法已经根据严重程度，按照从低到高的顺序，详细写在下面了。但你在使用它们的时候要记得，更为严重的行为后果需要更严厉的回应。同样你要记住，在处理某些事件的时候，好的处理方式是可以同时使用不止一个合理的处罚策略。例如，当一个孩子打了他的同伴，你可能会要求他计时隔离、禁止外出几天，或者让他写道歉信。

重做

当一个孩子在完成一项任务时，远没有达到你的要求，就得要求他重做了。要求孩子重做，并且让他知道你相信他可以做到。这种情况下，你最好让他知道，在他完成这件事情之前，他不能够做其他的任何事情。如果他拒绝这样做，或者问题行为反复出现，那么就必须给予更为严重的行为后果处罚——类似于一次计时隔离或者行为限制。

表12-1 “重做”的处理方式

问题行为	回应
排队时干傻事	要求孩子重新排队，并且保持安静
对成人或者同伴出言不逊	要求孩子用正确的方式表达自己的想法
家务活完成得不好	要求孩子再次做家务直到做得令人满意
在过道里奔跑	要求孩子回到原点，走路穿过走廊
不认真完成作业	要求孩子重新做
插队	要求孩子去队尾重新排队
横穿马路	要求孩子回到原点，并且在人行道上走
在某个场合衣着不当	要求孩子回到房间，换上合适的衣服。如果他需要帮助的话，可以给予适当的支持

行为弥补

当孩子的行为对别人的身体或者精神造成伤害，或者造成了经济损失时，需要采取相应的弥补行为。但要记得，孩子很大可能也同样伤害了自己。毕竟这些错误行为，可能会让他对自己产生消极的看法，“我是谁？——一个表现得很差的孩子！”这时候，弥补行为是最有用的，它不仅可以修补被破坏的关系，还能缓和孩子心灵所受到的创伤。采取这个措施的目的是双重的，一方面可以帮助孩子明白，他的行为将会造成什么影响；另一方面则是教会他，当他的行为对别人造成损伤时，正确的做法是弥补相关损坏、承担行为责任。

表12-2 “行为弥补”的处理方式

问题行为	回应
欺负同学	要求孩子跟他的同学道歉，并且让他花几天时间帮助处境不利的同学
在吃饭的时候不断地乱扔食物	在接下来的几周里，要求孩子在吃完饭后花 15 分钟的时间帮助整理餐厅
虐待动物	要求孩子去当地的动物收容所当志愿者，或者写一份关于虐待动物或者濒危物种的报告
在墙上写漫骂的文字	要求孩子擦掉自己写的话并且重新刷墙。同时让孩子发起一次减少在公共场所的墙上乱涂乱画的活动
破坏了一件贵重物品	要求孩子做零工来偿还

限制优先权

当孩子表现得好时，可以获得一些特权。比如，自己去逛商店、看电视、使用手机，无监督地在公园玩，骑自行车，使用家里的汽车，或者在周末的时候晚归。但是，若是孩子滥用这些优先权的话，理所当然的后果是要对相关的权利进行限制。在与渐进性惩处策略一起使用时，违规行为重复出现的话，限制优先权的期限就可以延长。当然，需要提前告知孩子这次限制的上限。

可能的误区。虽然一开始，使用限制优先权的策略很吸引你，但许多限制措施可能会对孩子的发展不利，因而需要避免。

其中一个误区就是，限制孩子与朋友相处的时间。虽然你这样说，似乎是合乎情理的："如果你自己一个人的时候，都不能够让自己表现得好的话，那我怎么期望你跟你的朋友在一起的时候，能够表现得好呢？"但其实这样做的后果是适得其反的，因为友情的力量可以促进问题儿童做出行为改变。切断他们与同伴联系的机会的同时，我们可能在不知不觉中也失去了让他根治不良行为的机会。事实上，问题儿童常常因为难以形成持久的友情，导致自尊受到伤害，正如第三章所说，我们有责任帮助他获得友情。

表12-3 "限制"的处理方式

问题行为	回应
不恰当地使用电脑	在规定的一段时间里，不允许孩子使用电脑，或者只能在你的监督下使用电脑
打电话时间太久	在规定的一段时间里不允许青少年使用手机，或者限制通话的频率和时长
骑自行车的时候没戴头盔	在规定的一段时间里不允许孩子骑自行车
从商店偷东西	在规定的一段时间里不允许孩子在无人监督的情况下去商店（同时要求他向商店店主道歉并归还所偷的东西）
在轮滑场、电影院、游泳池等地方行为不当	在规定的一段时间里不允许孩子去公共场所
不愿意做家庭作业或者家务活	收回孩子空闲时间的一些权利，例如看电视、到户外玩耍等，直到他们完成家庭作业或者家务活

例如，如果你是一个老师，试想你让有破坏性的学生临时坐在一起，假如一开始的时候事情进行得不顺利，你可以给他们一个二次选择的机会。你可能会这样说："只要你们表现得好，我就会让你们坐在一起，因为我知道你们是好朋友。但是如果你们做傻事、制造麻烦的话，我必须让你们分开，但是我也会给你们另外一个机会，下周我会再让你们坐在一起。"短时间内，你可能不得不忍受孩子们做出的不当行为，但是，孩子们给你的回报，会让你觉得这一切都是值得的。

第二个需要小心的误区是限制孩子进食。许多州的寄宿、寄养许可项目中都规定，禁止克扣孩子的食物。这种规定，是有充分的理由的：限制进食的行为会削弱孩子对家长的信任，并且在对孩子身体上造成伤害的同时，引起孩子强烈而持久的愤怒。不管孩子表现得有多糟糕，大人也不应该剥夺他的食物。如果他在吃饭期间都表现得很差，那就告诉他，只要他安静下来，我们就会给他食物，并且他不用担心自己吃到的食物分量会比别人少。如果吃饭的时候他来迟了，你可以给他一些其他的食物，或者让他自己做一些吃的，并且在吃完以后收拾好餐桌。如果晚餐总是迟到，你可以临时取消他独自外出的机会，原因是他不能很好地安排自己的时间。

就像在第三章所描述的那样，很多住在寄养家庭的孩子，会在住处储藏食物。储藏的地点可能是在床底下、壁橱里、吊顶上——在任何可以放得下一袋夹馅面包的角落和缝隙里。大部分住在寄养家庭的青少年，都有曾经被剥夺食物的经历，他们很害怕这种事情还会再次发生。

第三个需要规避的误区是限制娱乐时间。陷入困境的孩子，迫切需要休闲的时间，去释放被压抑的情感，自由移动自己的身体，自由自在地玩。儿童心理学家布鲁诺·贝特尔海姆博士打了个比方，认为取消情绪障碍儿童的娱乐时间，就等同于把咳嗽糖浆从咽喉痛的人身边拿走。

如果你是一名教师，在回应孩子的不当行为而限制他的休息时间时，一定要三思而后行。一方面是因为这样的处理是不合理的，除非孩子的行为已经足够恶劣，或者不当行为发生在休息时间，遇到这种情况，较好的选择就是增加监督，就像在第 235 页中讲到的一样。另一方面，一个孩子一旦被告知他的休息时间被取消了，他很可能会继续他的错误行为，因为他会觉得失去了希望。

如果你是寄养家庭的家长，尽量不要阻止你的孩子参加运动或者其他形式的集体娱乐活动，因为这些活动将会提升孩子的自信心，并且让不合群的孩子融入到集体中。有趣的是，一些缺乏自尊心的问题儿童会故意表现得差，而让自己丢失这些娱乐的权利，因为他们害怕运动中失败的尴尬。“不完成家庭作业，就不能够去运动”，虽然这种说法看起来很合逻辑，但通常可能是一个弄巧成拙的应对方式。最好换成，“不完成家庭作业，就不能看电视，直到你完成家庭作业——并且如果问题仍在继续，我们可能要在周末的时候，多花一些时间在学校的学习任务上了。”

移除带来麻烦的东西

当某一物体在孩子的问题行为中扮演一定角色时，在某些特定的时间里，将物体与孩子分离开是个不错的选择。11岁的贾斯汀在他养母说“贾斯汀，我曾告诉过你，不要在房子里打篮球，但是你今天好像很难遵守这条指令。请把篮球上交给我，好吗？——明天我再把它还给你”时，完全意识到了自己所犯的错误，心甘情愿地把篮球交给了养母。

为了运用好渐进性处罚，可以重复使用移除东西的处理方式，但需要不断拉大每次让孩子放弃东西的周期。要保证你的处理方式是开放性的：最初设定的没收物品的时间要短一些，没收的时间上限不能是不合理的。切记当你从孩子那里没收物品的时候，是需要你对他们行使权威的——这是一种动力，但它也可能过度引发那些高度敏感的人错误使用权威。

表12-4 “移除”的处理方式

问题行为	回应
在不被允许的情况下骑自行车	在一段特定的时间段里拿走自行车
不做作业听随身听	拿走随身听，直到完成家庭作业
在被指出衣服不适合某个场合后，仍然坚持穿那身衣服	在事先定好的时间段里拿走衣服
不听劝一直用直尺拍打桌子	在一段特定的时间里没收直尺

“移除”的误区。拿走东西这个策略常常被错误使用，其中一个容易出现的错误使用方式是任意剥夺个人财产。一个孩子因为粗鲁，被拿走他心爱的娃娃，一天不让见到；一个孩子因为在该睡觉的时间四处乱转，被夺去了睡前要看的漫画书，一周内不让取回。成人企图用这种方式唤起孩子的不适感，由此来引发他的一定程度的悲伤。然而用这种方法作为“界限设置”，既不合逻辑性，也不合教育性。这只是一种滥用职权的表现，像这样很可能会激怒孩子，并加剧他们的不当行为。唯一可以没收的东西，就是跟孩子当前的不当行为紧密相关的东西。

第二个需要避免的误区是没收零用钱。根据孩子的行为表现，来决定给予多少零花钱，是武断而又主观的行为，这对于大部分犯错误的孩子而言是不公平的。每周给孩子的零用钱对孩子的成长是至关重要的，他将会给孩子一个锻炼资金管理能力的机会，同时对孩子其他行为的成熟具有一定的帮助。

当一个孩子破坏或者弄丢了一件物品，请不要以扣除零用钱的方式，让他为这件物品或者物品的修理费埋单（赔偿处理）。我们可以通过中间人似的安排，让他慢慢地还清因他造成的损失，这样会更有指导性。一个寄养家庭的母亲这样和他的孩子商量：“杰夫，你打破了玻璃，该赔偿的。你每周有 5 美元的零用钱，你愿意每周拿出其中的 3 美元，同时再做一些家务活赚取额外的收入，来归还你造成的损失么？你是否认为这是处理这件事情的一个好方法呢？”

近距离监管

犯了错的孩子，总是向我们发出这样的信息："我不能很好地控制我自己的行为，让我离你近一些。"因此，要求这样的孩子贴近你是符合逻辑的。你可能会这样说："唐，今天你与别人的相处一直有些艰难，我来帮你排解一下，所以从现在开始，请你在今天接下来的时间跟我一起待着好吗？"孩子的问题行为越多，我们与他们的距离就要越近。孩子可以通过自己良好的行为表现，来赢得我们的信任，形成自主管理。

当孩子的问题行为引起我们的严重关注时，我们可以要求他接受我们在表 12-5 中提到的相应程度的监管。当他让我们知道，他可以控制好自己的行为时，我们可以降低对他的监管程度。不过，不管是任何程度的干预，在做决定的时候最好都让孩子本人也参与进来。

下面是针对问题儿童的 3 个常用监督水平，它们根据监管程度由低到高排列。

密切监管：孩子所有的行踪都应该跟你汇报。

一对一监管：孩子在任何时候都应该跟你保持很近的距离。

视线内监管：孩子必须待在你的视线范围内。这种监督，最适合有自虐行为，或者其他不安全行为的孩子。

当逐步实施这种近距离监管策略时，我们需要定期评估孩子的行为，并且告知他怎样做才能使自己进入低度监督。自主管理能否回归，取决于他能否用良好的表现来赢得我们的信任。遗憾的是，很多行为问题非常严重的孩子，比如那些对别人有过性犯罪历史的孩子，可能需要在几个月，或者几年里都给予昼夜不停的高度监管。

表12-5 “近距离监管”的处理方式

问题行为	回应
当你在厨房烧晚饭的时候，在客厅里取笑兄弟姐妹	让孩子跟你一起去厨房准备晚餐，直到晚饭结束
在学校食堂乱扔东西	让学生坐在午餐纪律管理员身边
在去学校浴室洗澡的路上，四处闲逛	告诉孩子，在接下来规定的几天里，都会有人监督他去洗澡
列队行走时，行为不当	要求孩子跟你一起走在队尾
在休息、自修课或者空闲时间，表现不好	将孩子限制在某个易于监视他的空间里
在娱乐场所吵闹	让孩子待在自己身边，并且在接下来的旅行中监督他们，直到他们重新获得你的信任

早睡

孩子在睡觉的时候表现得好，可以赢得比平时睡得稍晚一些的特权；在该睡觉的时候四处乱走，可以限定他第二天晚上要早点上床。类似这种情况，孩子表现不好的时候，我们需要给予他支持性警告："杰克，如果你再继续敲墙，那么，我要限定你明天晚上要比平时早半个小时上床。现在你赶紧睡你的。"

让孩子早睡作为惩罚容易出现的误区。当孩子在睡前表现得很糟糕时，我们让他早睡，以此作为惩罚是顺理成章的。然而，若对于发生在下午的问题行为，我们也以让他们早睡作为惩罚，那可能就不合乎逻辑了。如果在下午四点半的时候，你告诉一个正在生气的 12 岁的孩子，因为他不当的行为表现，他需要早早上床睡觉，那么直到睡觉，他都会因为不满做出什么呢？如果他继续表现得很糟糕，那接下来你该怎么办？若把限定早睡时间，作为对孩子所有消极行为的惩罚措施，可能就用坏了这个策略了！这很可能会进一步加剧孩子的负面情绪，迫使孩子做出一些更为不当的行为，也会使得你对他的行为感到不明就里。

若孩子在睡前 30 分钟内胡闹，让孩子早点上床睡觉将会很有帮助。但如果孩子的问题行为发生的时间比这早得多，他们就需要接受其他的合理的处罚，比如"一次计时隔离"。在第十三章，我们将会进一步考察其他的让孩子在睡前安静下来的方法。

直接攀谈

当问题尚在酝酿中时，一次一对一的有意义的谈话，可以使问题不至趋于严重，导致不可收拾；也可以使得成人增多对孩子所需要的关注，帮助孩子回到正轨。这种情况的转变，具有双重目的：帮助孩子避免情绪干扰，同时避免因为有其他人在场而让孩子感觉到尴尬，帮助孩子挽回了面子。

表12-6 “直接攀谈”的处理方式

问题行为	回应
在课堂上玩闹	比利，请你跟我到教室外面谈一分钟好么？
晚饭期间行为不当	加思，请跟我一起去走廊谈一会儿，好么？谢谢！
对养父母不尊敬	拉里，让我们一起去客厅聊一聊刚刚发生的事情，好吗？谢谢！
合伙打扰他人	你们三个，请跟我一起去那个房间谈一谈，好吗？谢谢！

计时隔离

计时隔离的处理方式，能够给正在犯错的孩子一次冷静下来、反思自己行为的机会。该处理方式，同样也可以缓和孩子干扰集体的行为。

对于一个正在犯错，并且对支持性干预不予理睬的孩子来说，让他到一个指定的地方——椅子、桌子、沙发、走廊的座椅、楼梯的台阶上或者卧室里——并且安静而又舒适地在那里，计时隔离一段时间。时间长短，可以是动态的，也可以是事先定好的时段。完成计时隔离之后，成人就可以和孩子一起来处理刚才发生的事件了，进而帮助孩子重新融入到原先的环境中去。

为什么采取计时隔离的方式? 与本章所述的其他很有亮点的处理方式相比，计时隔离的使用有好多优点。最重要的优点表现为如下三点：

（1）计时隔离是一种即时后果

学习理论认为，对于低水平的错误——例如，粗鲁、固执、轻微的侵略性行为、行为不合理等——处理得越快，就越可能减少未来的错误行为的重复发生；相反，若对问题行为的处理拖得越久，那么其效用就会越低。计时隔离是一种快速而又严格的回应方式，它通过让孩子明白他们的行为是不可接受的，来减少他们的问题行为。另一方面，若是你对此不予关注、让孩子问题行为继续发展下去的话，就可能会给孩子带去一些残缺信息，类似于“你现在的行为是不太严重的”，或者“你或许只是不能帮助自己”，这两种方式都不易于改变孩子的错误行为。

有趣的是，大量的学校和保育机构在处理孩子的轻度问题行为时，总是采取延迟处理的方式，例如，某方面的限制、禁止外出、关禁闭、停课等。这些类型的回应，相对来说对抗性少一些，比较易于管理，并且被证明对情绪较为平静的人群是有效的。但是在对抗问题儿童的侵略性行为、不尊敬行为时，常常是没有什么效果的，尤其是在团队的团结受到威胁的时候，作用甚微。此时，就需要用计时隔离来即时处理，提升孩子的安全感、幸福感，同时也向孩子传递一种信息，成人世界对他们是抱以很高的期待的。

这种即时处理能够获得成功的另一个原因是，若孩子还在继续他的不当行为，短时间的计时隔离可以被重复使用。相比之下，延迟的处理则只能使孩子的错误行为升级，因为孩子会认为，自己什么损失也没有。“为什么我要那样做，我已经失去了我的休息时间，”他可能会这样说，或者“就算我熬夜我也做不好，我总是遇到麻烦”。与延迟处理不同，计时隔离可以使孩子直面问题、把包袱抛在身后，从新的起点继续前进。

（2）计时隔离是在给予“事不过三”的警告后，才会合理使用的

事不过三常常被用来告诉孩子，如果他们的不恰当行为超过了三次，并且三次后带来了过多的后果的话，将会受到处罚。例如在一些小学，一个学生第一次出现错误时，教师会将他的名字写在黑板上，告诉他这是对他的第一次警告；如果他再犯两次错误，他将失去他的休息时间。

尽管该策略常常能成功应对适应该方式的学生，但在应用于问题儿童时，可能常常会伴随着一些隐患。为什么呢？可能有如下原因：将名字写在黑板上，对于抑制孩子带有侵略性及不尊敬的行为，常常是无效的，这也会把社会交互的标准，限制在一个较低程度，会使得那些名字常常出现在黑板上的学生感到耻辱。没能立刻让孩子对其行为负责，可能会对一个群体的安全与保障带来负面影响。

思考一下杰克的例子：杰克是一个正在上小学的问题儿

童，他在早上 9 点发生了不尊敬他人的行为，10 点 30 分又发生了一次。这两次，他的教师都将他的名字写在了黑板上，并且警告他，如果他的名字被第三次写在黑板上，那么他放学后就必须留下来。在 11 点 30 分的时候，也就是吃午饭前 20 分钟，杰克又说了不尊敬的话。然而，他的老师不太想对他执行处罚，因为杰克一大早的时候表现得相对较好，并且对于教师给予的支持性干预回应较好。虽然他的言语是不恰当的，应当被改正，但是教师突然想到惩罚或许有点过于极端，一旦执行，很可能会引起杰克情绪的爆发。教师陷入了为难的局面：他要么忽略杰克粗鲁的言谈，要么在不将杰克的名字记在黑板上的情况下，让杰克停止自己的错误行为——这两个选择，都将会影响到她作为界限设置者的威信。

许多教师，寄养家庭的父母或者其他专业人员都会发现，若是问题行为比较严重的话，还是用“事不过三”的处理方式，会使他们陷入同样的进退维谷的境地。但他们总是不愿去执行之前说好的处理方式，因为即使真的第三次犯了这样的错误，也未必会有极端的后果。“你再说一句下流的话，你就立刻去睡觉，”一个寄养家庭的父亲言之凿凿地说。然而 10 分钟后，孩子第三次说了这样不恰当的言论，这个养父也没有立刻让孩子去睡觉，因为他认为孩子的行为并没有严重到需要立刻让他上床睡觉。“你再调皮，你就留下来。”一个初中教师在资料室里对孩子这样说。然而 2 分钟后，当学生开始吹口哨时，老师却不愿意执行他说的行为后果处理，因为他认为这样的行为，并没有严重到需要将学生扣留在教室里的程度。

对于孩子表现出的具有挑衅性的行为，“事不过三”原则存在一定潜在的极端性，有点类似于“第二十二条军规”[①]。坚持你自己定下来的惩罚，你可能会显得过于严厉；如果不执行你制定好的惩罚，又可能会导致你失去威信，被认为不能够很好地保证孩子的安全。要避免这个悖论，最好的方式就是确保“事不过三”原则所处理的行为后果是合理的，而那也正是之所以产生计时隔离策略的原因。这样的处理方式，不仅容易管理，还可以在帮助孩子高效地更正错误的同时保持一个相对愉快的心情。

（3）计时隔离创造了一个安全又充满关爱的氛围

孩子犯的轻度错误若没有得到有意义的限制的话，其程度存在逐步升高的风险。为什么这么说呢？因为这些青少年，会渴望知道对错误行为所划的底线在哪里，并会通过对所处环境的不断测试，来帮助自己找到答案。计时隔离将这个底线定在了公平而又可预测的范围里，同样地，这也会让孩子冷静下来，还会建构出一个安全而又充满关爱的氛围。

---

① 源出美国作家约瑟夫•赫勒（Joseph•Heller）根据自己在第二次世界大战中的亲身经历创作的黑色幽默小说《第二十二条军规》（1961）。这部小说影响很大，以至于在当代美语中，Catch-22已作为一个独立的单词，使用频率极高，用来形容任何自相矛盾、不合逻辑的规定，使得人们处于左右为难的境地。

据司令部规定，完成25次战斗飞行的人就有权申请回国，但必须得到长官批准。当小说主人公尤萨林完成32次任务时，联队长卡思卡特上校已经把指标提高到40次了。等他飞完44次，上校又改成50次。当他飞完51次，满以为马上就能回国了，定额又提高到60次。因为第二十二条军规规定，军人必须服从命令。即使上校违反了司令部的规定，在他飞完规定次数后还叫他飞，那他也得去，否则他就犯下违抗命令的罪行。所以无论他飞满多少次，上校总可以继续增加定额，而他却不得违抗命令。——译者注在一个团队中，安全是不计一切成本都应得到保障的事情，而计时隔离则是提供这种保障的非常有效的干预方法。这句话所传达的意思是，“这是一个有着高标准的、安全的地方，不管有何种理由，我们都不允许任何不恰当行为的发生。我们想知道为什么这件事会发生，但我们的工作是帮助你用无伤害的方式，表达自己的情感。”

计时隔离的使用，在带来很多优点的同时，也会引发越来越多的问题。例如，“如果我让孩子做一次计时隔离，但是他大发脾气该怎么办？”或者“如果我让孩子做一次计时隔离，但是他拒绝执行怎么办？”事实是，这种干预具有控制性，可能会引起潜在的对抗性，有时就需要进行身体管理方面的干预了。身体管理的相关内容，会在第 264 ~ 277 页中详细阐述。身体管理是“界限设置”中一个严肃而又复杂的阶段，但避免对抗的过程往往带有危险性。因为限制别人的身体，往往会滋生出混乱的、失控的环境。总体而言，与工作人员基本上是依赖滞后的延迟处理方式相比，问题儿童在定期使用计时隔离的环境下，常常表现出经历了情感上的成长与发展——在必要时使用身体管理的环境里，也是如此。

在实施计时隔离后，可能需要过一段时间，孩子才会感受到舒服。当然，跟一个延迟处理、或是未曾“划出底线”的重复性警告相比，计时隔离会产生出更多的焦虑。但是，请放心，通过练习，在使用这种精妙、力量强大的方法时，你会感觉到越来越驾轻就熟。你所照料的孩子也会有同样的感觉，因为他们会渐渐明白，一个值得尊敬的成人对他们是尽心尽责、发自内心地关爱他们的。

关于计时隔离的一些思考。下面是一些常常被问到的、关于计时隔离的问题，以及可以参考的答案。

（1）哪种类型的行为需要计时隔离?

针对粗鲁、不正经、戏弄他人、对人不尊重及轻度的侵略性等行为，用支持性提醒不能约束得住的话，可以采取计时隔离。此外，不遵从他人的要求也常常可以用计时隔离的方式，如下面的情节所示：

“约翰，请你停止制造噪声，好么？”

（约翰继续制造噪声）

“约翰，请你执行一次短时间的计时隔离，思考一下如何去倾听他人的需求，以及如何更好地控制你自己，谢谢！”

若是因为过于专注于一个活动，而忽略了别人的要求的话，我们可以再次对他提出请求，在教育中，需要使用更多的支持性应对方式。然而，就像约翰那样，若是这个孩子忽略他人的行为模式已经开始成形，为了不至于影响你的威信及集体的凝聚力，此时你可以下达更多的指令。

（2）什么时间，一次计时隔离会不够用?

遇到严重的错误行为，比如威胁、偷东西、语言暴力，或者毁坏财物，常常需要同时给予即时的计时隔离与延时的处罚。例如：

“路德，我想让你冷静半个小时（计时隔离）。你在威胁别人的时候，我感到非常难过。同时我想你今晚可能得待在家里了（延时限制优先权）。你说话的方式，无法让我相信，你已经做好今晚出现在公共场合的足够准备。”

严重的侵略性行为需要更极端的处理方式，例如延长的分离。本书第 255 ~ 260 页所讨论的延长的分离，本质上就是一次持续时间长于一小时的计时隔离。

（3）一次计时隔离需要持续多长时间？

依据情况的不同，一次有效的计时隔离持续的时间范围，可从持续几秒到一小时不等。计时隔离的实施，要根据已经定好的时间执行。比如“朱迪，请你进行 5 分钟的计时隔离，来思考一下刚刚你自己说了什么，好吗？——谢谢！”类似这样的比较多。其他的计时隔离的时间则是开放式的，取决于成人或者孩子自己的判断，如“朱迪，你可以坐到椅子上进行一次计时隔离么？直到你认为自己已经准备好表现得有礼貌时，你再回来”。

时间开放的计时隔离，能让孩子针对问题情况自己掌握时间长短。然而，它们的缺点也非常值得注意。因为开放式的计时隔离，根植于孩子的主观性，并且比普通的计时隔离更不易于坚持。在管理不信任成人的孩子，或者在群体中的孩子时，使用开放式计时隔离通常会感觉更难一些。当孩子和大人对解决问题的方式，或者孩子在回来前计时隔离的时间是否够长，不能够达成一致意见时，很可能会引发更严重的争吵。在可预见结果、结构化管理的群体环境里，孩子自己通常都会监控他们所受到的处理是否公平，他们会对他们感受到的偏心行为产生激烈反应。

在轻松的环境中，在一对一的情况下，与非常正常的孩子相处时，开放性的计时隔离常常会更有用。在符合统一性、可预测性和公平性的环境中，普通的计时隔离可能更为有效一些。要想知道在一个给定的情况下，哪种方式会起作用，最好的方法是实验：首先，可以先尝试开放式的计时隔离，如果有必要的话，可以切换到普通的计时隔离中。

一些保育专家建议，行为不端的孩子多少岁就给他多少分钟的计时隔离——令人悲伤的成长的代价。同时，当工作同伴是年龄不等的群体时，这将是非常难以遵循的笨办法。从一个更实际的角度来看，根据孩子错误的严重性来决定后果处理的持续时间，或者当你跟孩子都认为他已经准备好时就停止惩罚，使用这种开放式的计时隔离是个好主意。在对轻度的行为不端者采取普通的计时隔离时，可以计划好一个初步的后果处理预案，对小于 10 岁的孩子进行 1 ~ 5 分钟的惩罚，对大一点的孩子采取 2 ~ 15 分钟的惩罚。

在群体环境中，普通的计时隔离常常被使用。针对咒骂、恐吓、偷窃，或者攻击性行为，设定一个就坐隔离的最短时长，常常会比较有用。后果处理的持续时间，可以从 10 分钟到 1 个小时不等，可以根据孩子所犯错误的严重程度、未成年人的年纪、事情发生的环境而定（对于暴力行为更多的处理方式会在“延长分离”里阐述，见本书第 255 ~ 257 页）。除了对咒骂等行为标明一系列时间——（例如，咒骂 =10 分钟的计时隔离）——明智的做法是基于每个事件灵活处理。为行为后果建立一个最低标准，可以告诉孩子，他们的行为越严重，那么他们要接受的惩罚也越严厉。

行为后果的处理，就像规则一样，需要根据所处的群体的情况适当浮动。例如，要在一个教养院里建立一个安全的环境，面对一群发生过数次暴力事件的青春期孩子，那么对于恐吓这种错误行为的计时隔离时长，可能需要暂时增加到30分钟到一个小时。大人是为了保护他们而对惩罚“加码”的，孩子们会立即从中获益。（备注：在这种情况下，明智的做法是增加积极主动的干预措施，比如针对骚动的根源给出劝告，增加奖励以鼓舞斗志、激发动机等）

（4）计时隔离应该在哪里执行？

计时隔离的实施应该放在远离喧嚣、避免过多刺激，并且易于管理的环境中。理想的选择是孩子所处整体环境中的一处——比如沙发、桌子、舒服的椅子，或者楼梯——而不是一个专门用来进行计时隔离的地方，这样将会导致孩子觉得十分丢人。

计时隔离地点的选择，需要创造性和灵活性。如果一间教室里没有足够的空间，那么可以选择隔壁教室或是走廊。虽然很难对走廊里的孩子进行监管，但教师可以多去检查几次。

在家庭环境中，计时隔离的地点可以在楼梯的台阶上、走廊的长椅上，或者卧室。虽然很多专业人士认为，孩子在他们的卧室里进行计时隔离，可能会让孩子消极地将自己的房间视为避难所，但这也证明或许是一个最好的选择，尤其是在过激家庭或问题家庭中。

（5）计时隔离应该怎样执行？

为了真正能够让孩子稳定下来，改变自己错误的行为方式，孩子执行计时隔离的环境需要相对安静、舒适。在孩子进行计时隔离时，要拉他进行对话。命令他罚站，或者要求他面壁，都容易引起适得其反的效果。如果他跟大部分问题儿童一样，存在信任与分离的问题，当他面对一个角落的时候，不能够看到自己背后的情况，他很可能会感受到屈辱和焦虑。另一方面，通过观察他人的行动，可能会让他更积极地参与到计时隔离中。如果他在一个群体的环境中，开始激怒他的同伴，那么最好让他去一个少一些环境刺激的地方，或者让他转过他的椅子，这样，他就不会直视着他的同伴。

孩子计时隔离 5 分钟或者更久，可以让他选择做随堂作业、阅读或者填写进程表等。但是听音乐或者玩游戏是被禁止的，毕竟计时隔离是用于反思的而不是娱乐的。

综上所述，孩子需要被告知：计时隔离的目的是帮助他们冷静下来，思考将来如何能够做出更好的决策。在某个学期刚开始的时候，当把这个支持性信息传达给一个四年级班级时，一个学生回复说，“哦！去年的时候，要是被处以计时隔离，就意味着我们是坏人！”

渐进地实施计时隔离。在群体环境中，或者在多个看护人照顾一个孩子的情况下，可以为计时隔离预先制订类似于图 12-1 所示的进程大纲。这样做，有三个方面的功能：首先，这样的进程可以让孩子知道，对于他们的错误行为，我们将会用一种可预测，并且公平的方式解决。其次，这保证了成人监护者可以给孩子连续的回应。第三，这为应对孩子的对抗，提供了一个框架。因而可以减少家长因为被激怒而混淆情况，说出“如果你再不去指定的地点进行计时隔离，你就要被禁止外出一周”这样的话语的可能性。

图 12-1

一个典型的“计时隔离”进程

产生了问题行为→
两次支持性干预

问题行为继续→
第一次合理的处罚：一次 5 分钟的计时隔离

拒绝→
两次警告

问题行为继续→
第二次合理的处罚：一次 10 分钟的计时隔离

继续拒绝→
结合实际情况决定下一步怎么做

约翰的例子。下面将结合约翰的例子，说明如何将上面的计时隔离进程运用到实践。约翰是个五年级的孩子，正在房间里乱扔纸条。

第一次支持性干预：

“约翰，请把你刚刚扔的纸捡起，好吗？谢谢！“
“不可能，我没有扔。”

第二次支持性干预：

“我很抱歉，约翰。可是刚刚我看到你扔了。如果你不把纸捡起来，你可能需要进行5分钟的计时隔离。我们不要把事情闹大了。“

“我没有扔纸，我可不要进行计时隔离。”

第一次合理的处罚：

“约翰，请执行5分钟的计时隔离吧！谢谢。”

“我不愿意去，我没有做错什么事。”

第一次警告：

“约翰，如果你几秒钟内不坐到计时隔离的椅子里，那么你计时隔离的时间将会延长至10分钟。”

（约翰拒绝移动）

第二次警告：

“我数到三。如果你还没有坐到计时隔离的椅子上，你就需要进行10分钟的计时隔离。1，2……3。”（数到三是一个非常好的策略，因为他在数数前给孩子提供了一定的时间去调整自己的情绪）

“我不去的。”

第二次合理的处罚：

“约翰，你现在必须进行10分钟的计时隔离了，请你去计时隔离的地方。”

“没门。”

“如果你不赶紧去进行计时隔离，你就需要——”

约翰的老师现在需要根据事情发生的相关情况，给予一个合理的惩罚。可能的情境因素包括：影响孩子拒绝的原因、行为是否发生在一个群体中，孩子的年龄、出现的问题、能力，可以获得的人力、物力资源，成人的期望，以及环境的特性。要想真正有效地解决这个问题，约翰的老师早就该把情境性决定选择就绪了，这样才能应对所有可能的突发事件。

情境性选项。问题儿童和未成年人需要在事先知道，如果他们拒绝进行计时隔离将会发生什么，以及为什么被这样处理。下文中列举了一些应对方式，可以有针对性地运用在某个计时隔离阶段，能让处于抵抗状态的孩子对自己的行为负责。

• 如果孩子拒绝进行计时隔离时，也没有什么破坏性，或许这样的回应会比较好，“弗兰克，请让我知道你什么时候可以准备好，开始计时隔离。谢谢！”另一个比较好的回应可以是：“马里恩，你现在有10分钟坐下来思考。你不可能被允许去其他任何地方（去休息、去外面玩、去电影院），你也不可能被允许做其他的任何事情（使用电脑、和朋友玩、打电话），直到你完成计时隔离，并且与我进行一次谈话。为什么你不是现在就开始进行计时隔离——别耽误了这么美好的一天。”

如果孩子拒绝进行计时隔离时没有制造混乱，但是引起了一个群体的紧张和不安，可以给予孩子一个自己可以控制的处理方式——例如“进行计时隔离，你随时都可以加入大家，一起玩。”——这常常是一个有效的回应。

• 如果那个年轻人拒绝进行计时隔离，已经引起了混乱，他可以被告知，“克里斯，我告诉过你，最好乖乖地跟我们一起离开这个房间。如果你不能够让自己跟我们一起离开，我们就会帮助你离开。”

对于拒绝执行计时隔离，而需要被带出房间的孩子，我们常常需要根据实际情况，采取适当的处理方式。在寄宿中心里，这儿的孩子多是怀有极度愤怒、不信任成人等问题的。比较好的方式是可能需要让他们冷静下来，或许在预先定好的时段内将他限制在他自己的房间里。对于一个 13 岁的孩子来说，一个恰当的回应或许是这样的，“哈里斯，两小时前，我们是不得不帮你转到一个安静的房间的。我不认为今晚去别的地方对你有什么意义。我想要确信，你已经好多了，可以控制好自己的情绪，并且可以做出好的决定了。”（什么时候对一个抵抗的孩子进行身体干预，如何进行身体干预将在下一章进行详细说明）

在公立学校，一个有破坏性的孩子拒绝为自己的行为负责，可能会被告知：“拉里，你知道接下来会发生什么：你需要去办公室（或者其他规定好的场所）。如果你可以自觉跟我过去，并且在路上不惹出什么麻烦，你仅仅需要在那里坐 30 分钟。如果你在路上又做了什么错事（例如踢墙，或者对同学竖手指），你将需要在那里待 2 小时。如果你现在仍然不愿意跟我去办公室，我可能需要让校长来处理这件事——那时候我们可能会通知你的家长，今天你可能就要被停课一天了。”换句话说，随着孩子的拒不执行及其衍生行为的加剧，行为后果的处理力度也需要逐步加重。这种方法，对孩子传递的是这样的信息：“你不是一个不能做正确决定的、无法控制自己的孩子。当你生气的时候，你有能力用正确的方式去处理你的怒气。”这是一个平常而又给予了希望的信息——其重要之处在于告诉问题儿童，在公立学校里通过努力可以获得成功。

修改“计时隔离”的进程。在实践中，计时隔离的进程是可以被多次修改的，这样才能符合不同特殊儿童或者团体的需求。例如，试想你12岁的养女艾米丽，对你说话十分不尊敬，而你则倾向于使用开放式的计时隔离，而不是传统的计时隔离。在这种情况下，如果根据之前已经制定好的“界限设置”的进程执行，事情可能会这样发展：“艾米丽，你可以去沙发上冷静一下么？你的话语让我感到非常不舒服。因为你的话语严重伤害了我，我相信你可能需要一点时间去想想你刚刚到底说了什么。”如果她在安定下来前又顶嘴了，你可以要求她回来，并根据她的话语的严重程度来延长处罚时间，你可以这么说：“艾米丽，你只在沙发里待了10秒钟，你所说的话真的伤害了我的感情了，我认为你需要更多一点时间来反思一下自己刚才所说的话。谢谢！”但是如果在还没安顿下来前又再次顶嘴了，你可以进一步规定她计时隔离的时间长度，例如5分钟。

另一个修改是可以为年龄小的孩子减少计时隔离持续的时间。对12岁或者更小的孩子来说，合适的处理进程可以是这样的：两次支持性干预→一次1～2分钟的计时隔离→两次警告→一次5分钟的计时隔离→再根据情况决定如何推进。

第三类修改是可以把传统的双重推进的进程，压缩为单个阶段。当时间和资源不利于与不守规则的孩子进行重复交互时，单步处理的方式会比较有帮助。例如，一个忙碌的老师在课后时间有限，可能最好把处理过程改成这样：两次支持性干预→在教室里进行5分钟计时隔离→两次警告→去走廊上或者隔壁教室进行10分钟计时隔离→去办公室、资料室或者反思教室进行 30 分钟的计时隔离。

当时间和资源没有什么限制时，还是建议使用双重推进的方式，因为这更能让问题儿童融入他们所处的环境。在实施了双重推进的计时隔离方式 6 个月后，一个三年级的教师说，他们班学生整体的行为表现在持续上升，并且他们班级开始变得更团结了。他们班的学生也很自豪地说，“我们现在就算犯了错也可以继续待在教室里——除非我们太疯狂了。”

计时隔离小秘诀。不管你是在和一个很固执的 5 岁孩子交流，还是在和一个刚到寄宿中心的未成年人交流，记住下面几个要点都将会对你有帮助：

① 在执行计时隔离时，总是说“请”和“谢谢”。同时控制好你说话的分贝、语气和肢体语言。请记得，孩子会对你言语背后隐藏的信息非常敏感。

② 使用尊重性的术语。2 ~ 10 岁的孩子对“计时隔离”这个术语，还会有比较好一点的回应；大一点的孩子则更喜欢其他术语——如果尊重他们所选择的用词的话，计时隔离的实施可能会有更好的效果。在和年龄大一些的孩子相处时，可以询问他们希望把“计时隔离”叫作什么。你能赋予孩子的权利越多，实施的效果就越好。下面是一些可能的情况：

“柏，我告诉过你不要骂人的。你可以去外面的长椅上冷静一会儿么？谢谢。”

“巴尔里，你可以去你房间花 15 分钟让自己平静下来么？谢谢。”

“艾米，如果你现在花几分钟去反思一下，你可能可以更好地控制自己的行为。你可以到反思区域去么？谢谢。“

当然，如果一个年龄小于10岁的孩子，更喜欢上面几种表达方式中的一种的话，那么我们也需要尊重他们的意愿，并且将他的这一偏好记录到你的训导词典里去。

③ 将支持性干预和其他警告的总时间，限制在一个范围里，而不是累加起来执行。如果一个此前行为粗鲁的孩子，对你最初给予的干预已经有过积极回应；若他再次产生粗鲁行为，你就需要回到实施“界限设置”的起点，再次使用最初的干预方法。换句话说，如果一个8岁的男孩蒂莫西，对于你给予的1～2次停止不恰当言论的警告回应良好，那么在25分钟后，如果他又言语不当，此时你不应该让他进行计时隔离，而应该重新开始对他进行支持性干预。

④ 一旦开始执行计时隔离，你就应该坚持到底。如果你没能坚持下去，那么可能会挑起孩子对你各方面的底线进行持续的试探。为什么呢？因为“问题儿童的互联网”，可是比电脑互联网出现得更早的一种现象啊！他们会广泛传播这些信息。任何时候，只要大人没能够坚持解决好问题，每一个在一百英里半径内的孩子就会在2.7秒内知道这件事。

⑤ 当使用普通的计时隔离时，要将孩子安静坐着的每一

分钟都算进惩罚时间里。换句话说，不要在孩子的计时隔离过程中表现不好时，重新计算计时隔离的时间。应该让他知道，他的计时隔离已经进行了多久，他还需要进行多久，或者让他知道，他在行为不当时花费的时间，并不会计入到计时隔离的惩罚时间中去。例如你可以这样说“马丁，你喃喃自语时度过的时间，不会被计入到你的计时隔离的总时长中去的哦”。当孩子进行计时隔离时，尽量不要给他计时器，或者让他坐在闹钟的旁边，因为他很可能会受到诱惑，将自己的注意力转移到计时上。重要的不是孩子在那里坐了多久，而是他在计时隔离的过程中冷静了多少，以及学习到了多少经验。设置计时隔离的总时长，比较易于让人觉得惩罚具有一致性和公平性。然而，如果孩子对此不信任，坚持要看时间，这也是可以勉强同意的。

⑥ 当计时隔离结束的时候，一定要和孩子一起处理此前发生的事件，哪怕处理的时间很短暂。在一次短暂的计时隔离、反思错误之后，我们可以看着孩子，对她说：“玛丽，你现在可以起来了，以后，让我们一起试着少做一些傻事，好吗？谢谢！”在更关键的情况下——对于那些对干预有情绪反应的孩子来说，或是因为系列性错误、复发性错误而被计时隔离过的孩子来说——在他重回过去之前，明智的做法是与他深度探讨此前发生的事件。（具体的处理方式，请看本书第

277 ~ 287 页。)

⑦ 不能对相同的错误行为，多次反复使用计时隔离。想要立刻产生效果，或者将计时隔离视为包治百病的药，都会导致失望的。计时隔离并不能解决所有的问题，计时隔离只是一种管理工具，当我们恰当使用时，我们可以控制好失序的局面；经过一段时间后，帮助孩子检查他们自己的行为方式，并找到更好的选择。

延长分离

延长分离的本质就是长时间的计时隔离，这个“计时隔离”可以持续 1 ~ 24 小时，甚至更长的时间。这种严厉的惩罚形式通常运用于寄宿制学校或者拘留中心，在这些环境中，安全问题需要被快速并且坚定地解决。这种惩罚措施，常常被用于年龄较大一点的孩子身上，且是在他们表现出暴力行为和对别人进行危险攻击的状况下。

虽然，适当进行的延长分离，可以有效遏制暴力行为，但是，使用这种干预方式时，需要有一定的保障。首先，没有年轻人应该被要求进行长于 1 小时的计时隔离，需要符合下列情况，才有必要实施：他需要被严格地监管；被允许很舒适地坐着；被允许定时伸伸腰、挪挪腿；定时提供正餐和点心；被允许读、写和完成学校作业；被给予与大人一起处理事件的机会。其次，后果处理的持续时长，应该得到机构主任的批准。为什么这些条件是至关重要的呢？因为暴力行为容易唤起强烈的极端情感，有时候会导致职员因为太过于情绪化，而没能给予合适的行为后果处理。

除了要确保延长分离的实施，符合上述这些条件外，相关机构还完全应该正式发文，公布隔离的正式实施，并且将记录的文件复印后发给相关人员，如律师、父母、政府官员和法定监护人。如果不能以上述人道而又公平的形式进行，延长分离就不能够成为该机构的应对方式。

延长分离的步骤。延长分离的目的是为了鼓励问题儿童反思自己的暴力行为，并且设身处地地分析该行为可能衍生出的问题。因此，你的工作就是帮助青少年在一个舒适并且有良好监管的环境中冷静下来，和你一起去解决问题。你可能会想要他填满这样一张表格，表格上的问题包括：为什么这种行为会发生，当时还有哪些更好的选择，以及如何将这些更好的选择在将来运用起来。另外，你还可以给他一个相关话题的教育作业。例如，一个打了同伴的未成年人，可以被要求读或者写一个描绘打架的负面影响的故事，并且还应要求他跟同伴道歉。

在延长分离结束时，一定要跟未成年人一起处理那个事件。对这件事情的处理包括，给他一个机会来分析自己的感觉、探讨可能的选择。同时，也要讲清楚事情的进一步处理方式，类似于丢失某个特权，提高对他的监督水平，以及增加一些治疗干预与反暴力工作的咨询，等等。从丢失某些特权、待在成年人身边接受监督，直到逐渐赢回成人的信任等方式中，大部分有攻击性行为的未成年人会觉得收获很大。很多时候，一些形式的补偿方法也会有帮助。

有许多因素影响延长分离的实施，包括青少年的年龄、行为的恶劣程度、错误行为发生的频率、集体的安全和导致事情发生的环境等。与其他行为后果的处理方式一样，当青少年重复犯错时，延长分离持续的时间应该变长，同时还应该为惩罚规定一个时间上限。表 12-7 中列出的回应包括不同的隔离时长，他们每一个都是基于这些考虑给出的。

表12-7 “延长分离”的处理方式

暴力行为	回应
教养院里一个 13 岁的儿童朝职员扔玻璃杯	要求孩子进行 3 小时的延长分离
随后的一周，同一个孩子朝工作人员扔叉子	要求孩子进行 5 小时的延长分离
青少年拘留中心一个 15 岁的孩子打了辅导员的胸口	要求孩子进行 6 小时的延长分离
寄宿中心一个 10 岁的孩子因为愤怒打碎了窗户	要求孩子坐着进行 2 小时的延长分离
一个愤怒的 12 岁孩子推了他的养父	要求孩子进行 2 小时的延长分离
青少年拘留中心一个 17 岁的未成年人砸裂了水槽	要求青少年进行 7 小时的延长分离
一个 16 岁的未成年人在寄宿中心恶意攻击一名职员	要求孩子进行 24 小时的延长分离（警方介入是可行选项）

争议的声音。延长分离是一个受到高度争议的惩罚方式。很多专业人士认为，让孩子坐那儿超过一小时，会加剧他对

自己的消极自我的认识，降低了他的幸福感，这种惩罚非常苛刻，只会使结果适得其反。所以，许多注册官方机构会规定寄宿制部门，延长分离的时间应该限制在一小时或两小时以内。

对延长分离的反对，使得我们趋向于使用下面所说的一种或者多种方法，来代替长期的计时隔离：

驱离。命令一个有暴力行为的青少年离开，就是向他传递信息，他的行为是不被容忍的，但是这同时也破坏了你想努力与他建立的良好关系。此外，常常很难做到立刻让一个青少年离开所在的地方。在为有暴力倾向的青少年找到新的处所之前，很多机构会将他们与集体长期分离（很大程度上利用可利用的资源）或者让他参加集体活动（这也可能会向孩子传递他们的行为不是很严重的错误信息）。

这种替代长期隔离的处理方式的第三个缺点就是，问题儿童因为有暴力行为倾向，被送到了治疗中心或专业机构，但因为他们的暴力行为而命令他们离开的这种处理方式，就不能达到矫正其行为的目的了。最有效果的教育机构有一个基本的规则，就是把适当的激励机制、强烈的行为后果的处理和持续的治疗工作结合起来，以有效帮助有暴力行为的青少年。

指控。指控方式，可以让他们看到自己的行为有多严重，来阻止其暴力行为或破坏行为。在处理这些年轻人的过程中，法院的参与也可以增加处理问题的影响力。然而，抛开这些优点不谈，指控的提供者很可能会毁了他跟青少年之间辛辛苦苦建立起来的治疗关系，输掉了孩子，而把他们送给青少年拘留中心或者法院指定的其他机构，在安置好青少年之前不得不面对他波动性的情绪。

令人遗憾的事实是，很多受情绪困扰的孩子倾向于有暴力行为。治疗提供者的工作因此是竭尽全力防止这些行为发生。如果太快断掉与孩子的看护关系，则有可能失去给孩子带来真正帮助的机会。

在给予一小时的计时隔离后进行一对一的监督。有些寄宿制机构为了应对严重暴力行为，会在一小时的计时隔离后进行一对一监督，在这段漫长的时间里，孩子可以参加每天的集体活动。这种政策，在不知不觉间是奖励了错误行为的，因为这会暗示其他孩子“逞凶者会得到你所希望的一对一关注”。另外的一个陷阱是，对犯错的孩子给予过多关注，会牺牲其他人应该受到的关注。从本质上讲，当一个年轻人自己受到过多的关注时，将会占用更多的资源，整个团体会受到影响。

在用一小时计时隔离应对暴力事件中，存在更深的不足。当一个人完成处罚、很快地回归集体时，无法说清集体成员是什么感受。试想下你是个 14 岁住在教养院的人，当你正在看电视时，另一位住客失去控制对你的下巴来了一拳。一小时后，那位住客又和你一起看电视了，那将是什么样的情景？你可能会问，“难道这就是有过暴力后会发生的事情？——你去坐了一个小时，然后还有个人护送回来？”或者你可能想要愤怒地尖叫，或者可能朝他扔遥控器。关键的一点是，对于一个青少年，无论惩罚有多么艰苦，不被认真解决的暴力只会招致更多的暴力。

虽然这些替代延长分离的方法，有许多是行之有效的，但是，它们的缺陷通常大于它们的优点。很多寄宿制学校和拘留中心的孩子，在产生严重的行为后被短暂隔离，数据显示暴力和危险行为发生率比平时更高。为什么？因为我们成年人对本来很严重的问题行为轻描淡写，会在不经意间在群体中强化了这些问题行为。简单地说，在处于危险之时，集体需要必须取代个人需要，集体重于个人。

集体的需要是要使用延长分离，来帮助遏制暴力行为。在被视为整体方法的一部分来预防暴力时，这种隔离被认为是最有效的。其他整体方法的构成包括很尊重地与孩子交谈，不断地给他们机会去建立自尊，设定公平适当的限制，扩展大量的个性化的关注，丰富地运用幽默。必要时提供同伴的调解，或者个人、双方、集体和家庭疗法等的交流方式，提供社交技能和情绪管理，树立并教导良好的价值观；提供一以贯之的结构框架；最重要的是，给予爱和希望。预防暴力，换句话说，需要持续的全环境方法。

禁足

这种行为后果的处理方式，往往是在计时隔离或者延长分离之后运用，通常对攻击性的行为或者暴力、偷窃、未经许可滞留在外、休学、离家出走、破坏财物、不当行为、吸毒或者其他有害健康或违反安全的行为具有良好的回应效果。通常，一个被要求禁足的孩子，常常会被要求待在家或者在他的生活单元里，虽然他被允许参加学校的一些活动，保留所有必要的约会和团队比赛。禁足背后的信息是："因为你还没有很好地控制好你的自由，你将不得不失去它一段时间。我们需要密切关注你一段时间，直到你赢回一些信任。"

禁足的持续时间，应考虑诱因行为的严重程度、行为的反复性、孩子的年龄，以及要与你监督他的能力相称。有效的禁足的范围，通常从一天到好几天不等，更长的持续时间，是为重复犯错的孩子，或者影响安全、违反规则的孩子准备的。与渐进式的界限设置一致，每当不必要的行为再次复发时，就要按照预先设好的界限加重处理力度。

因为给孩子禁足，尤其是年龄小的孩子，同时也限制着成人，这种处理方法最好在长期的自我观察后使用。谨防报复性反应的方法，最好是在决定禁足前，已经花时间收集了所有关联方的想法，即使这意味着要隔天再开始禁足。当15岁的养子回家时，他没有对早已过了宵禁时间进行辩解，他的母亲跟他打了招呼，并这样说道："亚历克斯，你将因为超过凌晨3点还未到家而被禁足。你快让我们担心死了！明天吧，我们会决定你要在家里禁足多久——我现在是又累又伤心。"

为了给出一个公平而又合理的处理，情感上保持点距离是必要的。请记住，许多问题孩子被禁足，反而增加其煽动行为，因为他们会因此而不耐烦、坐立不安、愤怒，所以不要用尽你的招数，不要在一开始就给予太严格的处理。

表12-8 “禁足”的处理方式

问题行为	回应
第一次在学校打架	禁足孩子两天到五天，取决于他的年龄和事件的严重性
尝试毒品	禁足孩子至少一周，药物使用严重影响健康和安全。此外，采取一些药物教育的手段
偷窃行为	禁足孩子两到十四日，取决于他的年龄和行为的严重性。并让孩子返还被窃物品，并且为盗窃行为道歉
破坏财物	禁足孩子两到十四日，取决于他的年龄和破坏的严重性。坚令他通过工作，赔偿损失
离家出走	禁足孩子两到十四日，取决于他的年龄、出走范围和以往同类事件的次数
暴力行为	在让孩子延长分离或是计时隔离之后，禁足孩子半天到几周，取决于他的年龄和事件的严重性

表 12-8 说明了作为一种处理方式，禁足是该如何使用的。汇总在相应栏目中的每项时间长度，只是一个简单的近似值，具体如何应对，可以参考第 261 页所列举的各项因素。

停课

停课，应用于学校的情境中，适合所有年龄段学生，它可以持续几个小时到几天，这取决于过错的性质。处分决定最好由校长或副校长做出，并一定要记录在案。

内部停课。内部停课是为了解决过多的迟到、破坏课堂的行为、攻击性行为、人为破坏和其他危险的或反社会的行为。

一个学生被给予内部停课的处理，会被要求在预定好的时间内，待在一个不带有其他刺激的地方。正如延长分离一样，学生应该被允许坐在一张舒适的椅子上、有适当的点心和午餐，并且可以自如地舒展双腿。

许多受到内部停课处理的孩子，需要额外的关注和指导，基于这样的事实，构划并利用好停课时间是个很好的主意。在这个年轻人内部停课的同时，你可能要负责监督他完成家庭作业，并给他布置有针对性的指向目标行为的任务。比如阅读教育小文章，或者写关于不良行为带来的消极后果的文章。你也可以要求他填写有关健康行为的表格，并制订如何在未来做得更好的计划。

在有些情况下，实施弥补行为是有帮助的，比如写道歉信或者通过清扫指定区域，或给低年级学生阅读，来做对学校整体有益的事。把教育和治疗的成分添加到内部停课，可以引发学生生活中的积极变化，并且减少问题行为的发生。

校外停课。校外停课是为了解决携带毒品或危险武器到学校，或以其他方式威胁学生身体安全等问题，而采取的应对策略。安全问题是学校工作的大事。承受这种处罚的孩子，需要在指定时间段内停课离开学校。

给学生停课处分的决定一般是因为资源的缺乏。因为学校没有足够的人员来进行有意义的内部停课，所以送孩子回家过几天就成了最可行的应对方法。当然，首选方法还是通过内部停课处理，来解决麻烦：第一个原因是许多陷入困境的学生回到家后，极少得到他们非常需要的支持和指导；第二个原因是许多陷入困境的学生，将停课处分理解为抛弃、会联想到被过早放弃，这只会强化他们的负面的自我形象。

那些致力于帮助所有学生的学校，会尝试创造性地补足他们的资源，来帮助那些在情绪上挣扎的学生。毕竟他们都知道，可能引发行为改变的正确信息是："我们在乎你，不希望仅因为你做了严重的错误就送你走。我们希望可以在这儿处理好这个问题，并帮助你在未来做出更好的决策。"

开除

为确保学校社区的安全，偶尔需要开除有重大违规行为的学生，如贩卖毒品、带枪上学，或者存在反复的暴力行为的学生。像停课处分一样，法律上允许开除学生的决定，应由校长或者副校长做出，并要记录在案。许多开明的学校官员都知道，因为违法行为被开除的学生都迫切地需要帮助，而不是放逐街头、放任他们去参加异常活动。

身体干预

身体干预——"界限设置"管理体系中的下一阶段——是指通过身体意义上的控制，来控制非理性的孩子。只有当安全受到威胁，并且其他干预手段无法阻止威胁性行为时，这种处理方式才能被使用。但是，大多数青少年还是适用普通的合理的处罚方式的，只有那些有挑衅性情绪的孩子，才偶尔需要被施以熟练的身体干预。在实施身体干预的过程中，看护者的任务就是尽可能确保孩子受到最少的身体限制，同时要受到最大的安全保障，直到他（她）能够控制自己的行为。

这种干预形式激发了关于责任因素、心理机制、安全性以及可行性的各种争论。不管怎样，事实是我们无法通过“立法”一样，杜绝受干预孩子被压抑的愤怒、忧虑以及困惑。我们无法通过告诉他发怒是被禁止的，来警告他的行为。如果事情可以如此简单，那么这就意味着：我们就可以为各种错误行为及激励效果，制定出众多的后果处理方式，来改变社会运行了。我们也可以使用一套固定的“界限设置”的框架和有前瞻性的育儿措施了。但是，假定情感受挫的孩子不需要身体干预来控制行为是短视的，并且也会对孩子造成巨大的伤害。

事实上，处于困境的孩子缺少自我的内部控制，而这会影响到他能否做出正确的决策，尤其是在他们处于躁动不安的时候，自控力更差。这种情况下，如果他们的行为对个体或团体的安全构成了威胁，那么，他们就更应倾向于被训练过的拥有身体干预技巧的成人控制。对于一些年轻人来说，被这种方式控制的话，满足了他们早期发展所需的养育、互动、身体接触的需要。在非恶劣情况下，身体接触可以通过拥抱、轻拍背部、握手等方式得到满足。

情感受挫的孩子进入到新的环境中，如新家、学校或育儿机构，一开始往往容易产生躁动不安。孩子会对自己的安全感到愤怒、恐惧与焦虑，他们会通过肢体的冲撞，来感知自己“掌控”新环境的能力，他想知道“这些监护者是否能确保我的安全，我也会扰乱这个地方吗”。这时，成功通过他考验的监护者通常会发现，需要身体干预的特殊孩子很快减少了，很多情况下甚至消失了。

需要记住的重要一点是，一些处于困境的孩子急切地希望被身体控制，而护理者与老师应当满足他们现实的发展需要，而不是在我们认为他们需要的时候才给予他们。为了符合他们所处的实际状况，我们需要获得更多资源、训练身体管理技术，同时在心理上做好准备，去掌管那些在原先环境里无法成功的困难孩子。那些发生身体冲撞的孩子，其实是在寻求帮助，而正是那些能够提供长久的支持并做出承诺的成人，在情绪上、身体上都能够掌控孩子的人的出现，才使得大量的受挫儿童的生活得以转变。

身体干预技术

最为广泛运用的两种身体干预技术是身体护送和身体约束。为安全考虑，这两种方法都需要训练和练习。另外，启动干预的原因应该被阐述清楚；干预期间发生的事件，应该在干预结束时被及时处理；身体管理的方式，需要被完整地全程记录。

身体护送　这种技术包括移动身体，以把有破坏性、挑衅性的孩子，置于低刺激的环境中。这种类型的位置变化，只发生在孩子已被要求过自己行动，却依然是置之不理的情况之下。对孩子实施身体护送，要求预先有周全的计划，因为插手干预一个问题儿童，很可能会使他的攻击性被强化。

身体约束　身体约束相比身体护送更具侵入性，而且需要一个或更多的成人来控制一个孩子，以防止他做出伤害自己或他人或是损害财物的行为。试图将一些儿童护送到另一地点时，若他出现暴力行为，就需要进行身体约束，而在其他另外一些情况下失控的儿童，也需要身体约束。

干预还是不干预?

这是一个很普遍的问题，现实中，并不总是需要选择身体干预。在决定移动一个挑衅的孩子之前，必须考虑以下三个方面：

1. **对于身体被护送，孩子可能会做何回应?**

   他是否对身体接触高度敏感？干预是否会让他的行为激化？如果答案是肯定的，什么可能成为影响因素？（这个孩子是否需要约束？当其他孩子看到这样的干预后，是否会感到焦躁不安？这个孩子是否会在同龄人面前感到羞耻或者尴尬？）

2. **孩子拒绝离开房间，会对群体产生怎样的影响?**

   如果一个孩子的挑衅在加剧群体的紧张度，此时，可能最好的方法是采取行动，要么将他护送至房间外，要么在此之前求得其他孩子的谅解。拒绝采取行动的话，可能不仅不能减轻已在酝酿的紧张，还可能对未来孩子与成人之间的关系产生不利影响。由于你不愿意遵循界限设置的处理措施，可能会被视为无视孩子的安全。因为无法维持秩序，你可能被视为一个不被信任的成年人。

3. **干预是否安全?**

   如果你没有干预的能力，或者你没有被训练过如何使用身体干预技术，那么在任何情况下你都不应该试图

> 移动一个孩子的身体。比如，一个150磅的年轻辅导员，可能在尝试干预一个230磅的失控青少年时，表现得十分愚蠢。同样地，把有暴力倾向的青少年，尤其是处于青春期的孩子，置于一个不能提供身体干预的环境中，将会是灾难的开端。只有在拥有足够技巧的成年人的掌控下，身体干预才是安全的。

应急计划

实施一个或多个准备好的紧急方案，有时候或许就可以避免使用身体干预。下文所介绍的方案是专为青少年设计和使用的，尽管它们在更小的孩子身上使用时也具有同等的效果。

• 告诉叛逆的青少年，如果他独自走向计时隔离的地方的结果是什么，相比于此，在大人陪同下被身体护送去的结果又是什么。你可以这样说，例如："罗伯特，你知道我们会怎么做。如果你能和我一起走，你只需要在我的办公室待15分钟；如果你需要我们去帮助你过去，那你今天剩下的时间就都得待在那里。"这一行动往往使孩子们做出有利于自己的决定。

• 以孩子对你的指令的反应状况为基础，确定行为后果处理的持续时间。你可以解释为："丹，你将会因为打碎窗户和掷椅子而被禁足。你到我的办公室来讨论一下具体如何限制外出，将会持续多长的时间。你越是能够尽快冷静下来处理好这件事，你的禁足时间就越短。"

• 将这个组里的其他人转到其他地方，并且让另一个大人和那个孩子一起工作——最好是一个跟那个孩子关系好，且有能力影响他做决定的人。

• 请一个有权力的人来，比如校长或者年级主任。一个在情感上更远离现有情况，或者在青少年眼中更有影响力的人，往往会改变现状。

• 联系这个青少年的父母。亲子关系能够提供帮助青少年重获管理所需的激励。

• 让群体去帮助这个青少年。在专业的治疗环境中，群体可以作为情感成长的催化剂，其他孩子往往能够鼓励叛逆的青少年，帮助他自己做正确的事。然而，尽管同伴是一个宝贵的支持来源，他们从不应该被要求对另一个孩子进行身体干预。（注：争取一个群体的援助，需要经过深思熟虑，因为如果孩子排斥，不理会给他提出建议的青少年，这个计划就可能会适得其反）

• 保持你的距离，打电话给警察。有时警察干预的恐吓，足以阻止暴力发展的趋势。即使是恐吓没有止住势头，危险行为还在继续，警方的介入当然能成为最安全的解决方案。

身体干预VS隔离策略

每当身体干预成为必然选择时，你需要把特别顽固的孩子送往计时隔离区，或用于监督的较为安静的房间。在情况难以掌控的时候，利用这种策略迅速把造成困扰的孩子隔离，可以防止一个孩子的恶劣行为煽动整个组群。而且，它表明了一个积极的信息："我们可以在这里照顾你，为你'设置界限'，并且彻底完成这些处理方案。我们会保证你和其他人的安全。"

把孩子送往带有房门，并且可以与外界隔离的、安静的房间或隔离室。那些被隔离在这类房间里的孩子，往往会把所有的动作都爆发出来，有时甚至是边跑边大声尖叫，或者踢打关着的门。这一切很寻常的干预，背后隐含的信息是："我们这是对付你，孩子。我们不想和你啰唆！"

给孩子创建的是一种"我和你对抗"的分离环境，会使孩子形成自我表现很差的感觉，更主要的是带来了很多的附带问题。如果没给孩子身体上带来创伤的话，在心理上这肯定是一种具有破坏性的做法。然而，它是许多儿童保育机构，人手不足时所做的选择。当人员数量不足时，运用适当的身体干预，经常把激动的孩子关在房间，或锁在屋里——现在，这在许多国家都是违法的。如果你在一个允许这种做法的机构内工作，并且你的主要任务是选择最好的手段，尽可能保证孩子安全的话，请不要满足于简单处理，仅仅把强制隔离作为一个最好的选择。相反的是，应该倡导招收更多的管理人员，并对管理人员进行培训，只有这样，才能使得需要帮助和关注的孩子们得到正确的对待，而不是粗暴的关押。

后续的处罚

在身体干预之后，需要进一步跟进孩子的变化，再有针对性地使用一个或多个合理的处罚方式，从建构具有持久性的安全感的角度看，这是个好主意。为了达此目的，在控制住不听话的孩子后，你们应该一起处理刚才发生的事件，让孩子完成他本应承担的责任，然后与孩子协商一致、采取更进一步的处理措施，如近距离监管、约束行为、禁足，或者校内停课等。

这些做法，传递的信息是："由于你刚刚经历了一些艰难的事情，我们看到的是你没有良好的自控能力，我需要近距离监控你的行为，以确保你回归正轨，并且有能力做出更好的选择。你现在似乎还没有做好走向外部社会的准备（如走进街区、公园、商场），在这些地方，如果碰到问题你们可能会更难以控制自己。"

任何此类处理的性质和持续时间，应取决于事件的严重程度、如何让孩子更好地重返他的环境，也要考虑孩子的性格和年龄等因素，这些都可以在下面的例子里找到验证。

> "汤姆，你刚刚经历了一段非常艰难的时间，我想你可以和我一起出去走一会儿。只要你冷静下来并且表现良好，我们就谈谈你的出游计划。"
>
> "朱莉叶，你早上表现得不太好，我们需要带你到楼下禁足两个小时。如果你表现得好，我们可以讨论一下去公园玩的事情。"
>
> 寄宿机构的一个 7 岁的孩子，经常需要被约束。处理的办法是，可以让他在自己的房间里禁足 30 分钟到 3 小时，这取决于他何时能够证明，他可以应付刺激性行为。如果 3 个小时后，孩子还没有眉目不能出去的话，禁足时间可以延长；也可以采取更好的办法，他可以在室外接受一对一的监督。（处境困难的儿童在经受处理时，也需要呼吸大量的新鲜空气，以及适当的锻炼）
>
> 一个 12 岁的孩子在她养母的管制下，可以在房子里待一两天，这取决于事件的严重性，她重新恢复的能力以及她的性格。
>
> 一个比较大的 15 岁的孩子，他在寄宿机构经常需

要身体干预的话，可以根据事件的严重程度，让他在其房间里禁足 24 小时到几天。

青少年需要极强的后续支持，对于他们来说，行为期待需要提高，因为不管经验与技能如何，在对大孩子进行身体管理时，成年人偶尔都会被伤到，有时，孩子自己也会被伤到。为了防止未来可能带来的伤害，青少年必须明白，那些需要动用身体干预才能控制的行为，会带来严重的后果处理方式，比如延长分离、特别禁足，或扩展范围地取消优先权。

提高孩子犯错的代价是最好的方法，同时需要告诉这些处于风口浪尖的麻烦制造者："是的，你有很多问题，但是你需要明白的是，将你自己和他人的身体置于风险之中，这种行为有多么危险。如果你失控了、需要身体管理了，你会得到很重的处理。这些处理包括：限制你所喜欢的活动、自由和优先权。安全问题是至关重要的问题！"好的消息是，许多陷入困境的青少年在别人的帮助下，能够理解暴力行为具有严重的后果。这种认识，在孩子以后的生活中，可以降低对自己和他人造成伤害的风险。

大多数需要身体干预的年轻人，会从合理的处罚中获益，也有一些人不是这样。下文有 3 个例外的情况：

例外 1：在危险环境中代价会提高。当一个群体的安全受到威胁时，此时可能就需要偏离常规，以恢复秩序和安全。在某些情况下，这可能意味着需要使用严格的处理方式。比如，对那些需要身体干预的人，不管他们的年龄、性格，或情境因素，而采取延长分离的处理方式。

在一个青年中心进行改革的早期阶段，这种偏离常规的做法被证明是成功的，他们那儿的安全问题得到了很好的抑制。在试图对孩子进行身体干预时，该中心的许多员工的身体都曾受到过孩子的伤害，许多孩子故意拒绝执行计时隔离，引发了冲突。因为大多数孩子有悲惨的历史和明显的情绪问题，这里情况濒临危险。为了保证安全，他们制定了新的规则：任何需要身体干预的年轻人，将同时会受到两小时的延长分离的处理。在几天之内，反抗的数量显著下降了。

这些年轻人想被制约的原因很清楚：他们被一个混乱和不公平的环境所威胁，他们个人所需的关注被忽视。在随后的几个月里，工作人员努力提高整体护理质量，给每一个人更多的关注，直到重新恢复安全，他们才实现目标。很快，两小时隔离被更合乎逻辑的措施所取代了。

例外 2：为受到严重干扰的孩子修改计划。一些陷入困境的孩子，原先是需要大量的身体干预的。他们可以受益于修改后的特殊的行为计划，这些计划将不会限制他们的活动、自由和特权。若是缺少这种特殊计划，许多孩子会被埋葬在压抑的处理方式之中，无法把自己从中解放出来，从而导致不断增加的不良行为，以及愚钝的情感的增多。创造个性化的行为计划，可以阻止这种下旋的趋势，通过让孩子们走出去，享受生活，建立有意义的关系，并建立自尊。但是，我们还是要让孩子明确，对于严重的违规行为，自己应该承担责任。

例外 3：对有心理障碍的孩子加大监管力度（但不是限制或

隔离）。被送到心理治疗机构，孩子已经被告知这样的信息：严重的行为会带来严重后果。他们的情绪病理及其极端的症状（如自责、自残、自杀或暴力）产生的结果，当然是要被安置在一个虽是治疗、但却是限制性的环境里的。这种环境的设计就是为了控制，那些行为异常且需要身体干预的孩子，已经没剩多少自由和特权了。事实上，他们失去控制的结果已被管理了，套在脖子上的缰绳已经拉紧了。

对于在这种情况下的青少年来说，发生点小事，也都会导致需要进行身体干预，通常会需要增强监管程度，并且延续一段较长的时间。但是，一段长期的延长分离通常是不合适的，因为他们处在危机中、丧失了自制力，往往需要持续的关注。只有当他们足够负责任地移动到一个不那么密集的环境，才能恰当地放手让他们对自己的行为负责。

成人的思维定势

身体干预的情感因素与技术因素同样重要。原因在于，作为工作在问题儿童最前线的成人，我们经常遇到挑衅性和威胁性的行为，这会引发我们内心的报复性反应。这样的反应，如果不加以控制，很可能会火上浇油。

处于危机中的孩子，他们中的大部分人都会满口粗话，这会明显地易于激怒成年人。可能你没有哪个地方是被尊敬的，他们会取笑你的身高、体重、身体特征，甚至残疾；他们会疯狂地咒骂你，用露骨的语言，甚至说出恐吓的言论。面对接二连三的刻薄的评论，你可能会动摇，以至于对犯错者采用身体干预，只是为了恢复你的权力和控制。

这样的情形通常会慢慢生成。起初，你可能会暗自生气，默默地希望孩子能自己闭嘴；几分钟后，你可能会感觉到一种无奈和愤怒，特别是如果你在这些问题上缺乏经验的话，更是如此；不久之后，你很可能会想要向你的孩子证明，谁才是老大。这样的刺激加上冲动，使你通过报复来消除你情感上的不适，导致你开始对年轻人出言不逊，进而需要通过身体干预来满足自己的控制需要。

学会不带有报复地容忍孩子的脏话、侮辱、嘲讽是一个持续的挑战。此外，担心受伤的恐惧是心理和生理两个方面的，它导致一个理性的成年人有时采取一些非理性的行动。但事实是，帮助陷入困境的孩子，往往也意味着要感受他们的痛苦、成为他们情感宣泄的容器，他们往往需要通过发泄来治疗其心理问题。而作为这些情绪宣泄的容器，你会经历各种各样的情感，从愤怒、疯狂、仇恨，到报复、无助和恐惧。然而，你的工作是去感受情绪，而不是对他们采取行动。换句话说，对一个孩子感受其极端的愤怒是没有关系的，但是口头上不能说他不好、打他，也不能诱发他、招致他到需要约束的程度。

在这种情况下，你怎么才能拥有足够的自制力？途径是：敏锐地意识到你内在的情感，激活你的自我管理意识，如第二章所述，唤醒深刻的观察性自我，如下面的对话所示。

孩子：你是个同性恋，你为什么不去死？

成人的观察性自我：这小子真的惹到你了。当他称呼你是同性恋的时候，你憎恨他，但那是你的问题，不是他的，不要反应过度，而是要保持冷静，假装对此事不关心。

成人［冷静地说］：史蒂夫，告诉我，你何时想要好好谈谈。

孩子：去你的，混蛋。我不想和你说话。你为什么不过来，让我揍你一顿。

成人的观察性自我：你要生气了。放松——他这么说并不意味着他是这么想的。他的日子和生活过得艰难。想想别的。记住，你是一个倾听者，不是说话者，所以保持冷静。让你自己远离他和他说的话。他不会保持这种状态太久，最后他的怒气会消散的。保罗，等他结束。

孩子：你是一个流鼻涕的窝囊废。

成人的观察性自我：好吧，他说到点子上了。就是这样……让幽默滚蛋吧。卢克，使用“武力”吧。

孩子：我需要怎么做，才能走出这个房间，和其他孩子在一起？

成人的观察性自我：太棒了，就是这样！

成年人：我们需要谈谈刚才在外面发生的事情，并且想个办法让你重新回到正轨。

与一个即将失去控制的孩子进行情感沟通，可以使得这个成年人能够避免身体对抗。当然，结合培训、支持、监督和经验等因素，许多年轻的保育工作者学会了承受口头攻击，并且可以保持自我控制。

然而，随着时间的变化，无论是当一个成年人失去控制，还是陷入困境的孩子的问题十分严重的时候，身体干预就变得不可避免了。要用一种方式来补救它，我们必须战胜自己的愤怒和恐惧，并把孩子们的需要放在我们自己的需要前面。对一个陷入困境的孩子能够做到正确处理，是个了不起的、极具挑战性的任务。但是，运用得当的话，其回报也是非常可观的。

事件处理

不管孩子什么时候产生了不当行为，也不管有没有身体干预发生，所发生的这个事件都应该被处理。轻度的行为不当，比如粗鲁或者过于愚蠢，通常都伴随着直接的责罚，然后，一个简短的处理阶段。反之，类似逃跑，或者有暴力、毁坏等严重的不当行为，在经历处理阶段期间，事情会被完全地搞清楚，需要帮助孩子参与进来，共同决定对他们的行为后果的处理方式。

处理是“界限设置”的第四个阶段，也需要利用很多在之前篇章中提到的技巧。开始事件处理，你就需要引导一个例行的前期谈话，和孩子讨论事件过程，你就会需要言语的和非言语的策略、情感尺度策略、内容和信息之间的区分策略，和体态语的有效应用策略等。要复习这些技巧，请参看第九、十、十一章。

初步考虑

一个行为事件的处理，可以有若干种方式，这取决于所处的环境。为了得到最有效的方法，需要考虑以下的关键因素。

你与孩子的关系的性质。如果你和孩子保持着一种有意义的关系，你可能会用幽默，并且具有探究性的回答，来揭开孩子焦躁不安的原因。如果你和这个孩子不是那么熟悉，那就可以运用连接性陈述、道歉以及情感的及时更新——口头干预等策略，提出不足、建立信任和阻止可能的权力争斗。

过错的严重性。对于一个小的不当行为，采取了简单计时隔离之后，孩子可能只需要最小限度的事件处理就可以了。一个简单的陈述就足够了，比如“吉姆，你准备再次加入这个团队吗？那么，就让我们把课间里愚蠢的玩笑都收起来，谢谢”。更严重的行为，可能需要一个更长、更综合性的处理阶段。比如，一个打了同学的学生，就需要随后的限制，让他坐在一个安静的房间里半小时，然后可能会需要一次更深层次的交谈。任何时候，当一个孩子的行为达到了需要进行身体干预的程度，都需要问清楚他身体有没有问题。在最初的不当行为和紧接着的行为后果调整归零之前，也要记得询问他对限制他有没有什么想法。

时间的可用性。处理事件的理想的时间是就在事件发生之后，事件和动机都能很容易地回忆起来。然而，能够如此迅速地处理，对于一个忙碌的寄养家庭、缺少人手的教室、活动驱动的暑期项目，或者人手不足的寄宿机构来说，通常都是很奢侈的。如果你也有类似的时间限制，那么，可以制订一个延时交谈的计划，并对延迟表示抱歉，这会让孩子知道他对你很重要。一名七年级的老师向刚刚完成 10 分钟计时隔离的学生解释，“罗兰，我很抱歉现在不能谈话。明天下课后我们可以有个长段时间聊天”。

初步评估：孩子是否准备好谈话？

当你摸清了事件发生的前因后果之后，就可以开始和孩子谈谈他的行为，以及帮助他顺利过渡，回到他的生活空间等事情了，前提是他也已经准备好，愿意进行这次对话！如果他表现得很冷静，你可以立刻开始干预。如果他依旧很沮丧，也不愿意去交谈，那最好是让他待在一个空教室里，直到他准备好了再交流。在这样的情况下，你可以很尊重地告诉他，你稍后会再尝试一次。然后，可以一会儿就回来一次，直到他更有交流的愿望。“汉克，”你可以说，“我会在几分钟之后回来，检查你是怎么做的。在你准备好的时候，我们就要谈谈发生了什么，并且为以后想出一个更好的做法。”

有时候一个孩子表现很淡定，但会拒绝交谈或者拒绝为自己的行为负责。对这样的孩子，最好的方法就是以低调的方式，运用支持性评论、复述性评论等策略把他融入到谈话中来。如果他依旧不愿意交谈，你可以把他从计时隔离中释放出来，加强对他的监督，直到他准备好处理事件，然后解释：“我很抱歉，你不愿意和我交谈，这让我更难以了解你的感受了，也没法讨论发生了什么。由于你的沉默，在接下来的几个小时里，我都要紧挨着你。当你准备好打开一点心扉，那我们就来一次有成效的谈话，这样子你就可以更自由地在附近走动。”

同样的方法，可以用在一个计时隔离完成之后，依旧否认他的错误的年轻人身上。在这种情况下，你可以解释，“我听到了你对事件的解释，你真的很擅长保护自己，但是我不能确定你阐述的是事实。我认为真实发生的事情可能有点不同。结果就是，我想要你在接下来的几个小时里就待在我身边。任何时候你想要再谈一次，我们就可以尝试解决这个事件，然后你就可以出去玩了。”

对于一个拒绝进行事件处理的孩子来说，近距离监控是一个合乎逻辑的处理方式。而对那些已经准备好参与处理的人，可以让他们参与讨论，确定相应的后果处理方式；对于那些拒绝承担责任的孩子，就需要转入另一轮的后果处理之中。通常，孩子都需要自己选择所要走的路径。

处理阶段的目标

大多数的孩子都会好好利用事件的处理，为什么呢？因为当这种干预正确实施时，就会引导他们安全地探索过去、未来以及个人转换的可能性。尽管没有任何固定的格式，适当的事件处理过程都有下面的 5 个目标：

目标1：澄清事件——发生了什么？为什么会发生？

探讨发生了什么以及为什么发生，通常是开始一个事件处理对话的好的方式。向着这个目的，你可以问“发生了什么？”或者是“那是什么？”——本质上，鼓励孩子告诉你，他的故事的版本和影响他行为违规的因素。在这点上，你的工作就是仔细地聆听，并且避免对孩子或者他的行为做出判断。

与之相反，有些成人首先会问，“你怎么会被计时隔离处理的？”或者是“你做错了什么？”这样的开场白，可能会提醒一个仍然激动的孩子想到他又被不公平地对待了，因为这种问话暗示的就是他一个人要对这个问题负责。因为一个小问题而被处以简单的计时隔离的年轻人，当然就不会易于那么沮丧了。但是，他也可能更喜欢“发生了什么”这种开放性的问话。

例子：

向一个刚刚完成简单的计时隔离的孩子所提的问题——

“埃里克，刚刚那个事为什么发生？”

“史蒂夫，你是不是有一点傻？”

向一个犯有严重错误而现在看上去很淡定的孩子所提的问题——

“林恩，那都是怎么回事啊？发生什么事了？”

“阿比，你是否准备好了，要告诉我是什么原因让你那么做的吗？”

向一个心存不满的孩子所提的问题，他两三次想要中止，终于完成了计时隔离，并且他还认为你给他的行为后果的处理是错误的——

“嘿，布莱恩，你看上去还很沮丧，你生什么气？”

“简，这都是怎么发生的？你看上去还很生气。”

一个孩子弄破了窗户，已经被身体约束了一会儿，情绪刚安定下来，向他提的问题——

“卡门，我很抱歉，刚才我们不得不控制住你。你感觉好点了吗？有什么事困扰你吗？”

“罗兰，那真是个有点艰难的时刻。对刚才发生的事情，你感觉好些了吗？你知道我们为什么需要控制住你吗？”

开场白的目的，就是为了让孩子参与进对话。随后的回应都需要让孩子参与进来，直到故事讲完。就像下面的对话：

成人：马奇，都是什么原因导致了事情的发生？你看上去真的还很生气。

马奇：你从不允许我做任何事，但是你总是允许娜塔莉做任何她想做的事！

成人：看上去你对我真的生气了（支持性评论）。你认为我偏心（表面的澄清）。对于一个孩子来说，那么想是很可怕的（支持性评论）。

目标2：评估可替代的做法——有更好的选择吗？

讨论可替代侵犯行为的做法，可以帮助孩子在未来做出更好的决定。当讨论进入这个阶段时，事件处理变成了自我管理方面的一种学习经验。很多学校都有自我管理方面的训练，特别是那些提供消除冲突、同伴仲裁，或者“欺凌防护”等课程的学校。综合运用这些技术，比如角色扮演，就可以帮助年轻人排练新的行为方式，把这些技巧整合到对事件处理的片段评估中去，可以帮助孩子打破不合适的表达愤怒的方式，或是满足他们的另外的需求。但是一些有严重问题的孩子，在内化自我管理策略的过程中还是有困难，因为他们没有意识到“自我”需要管理，其他大部分最终完成这些技能的人，都能自己做出更好的决定。

例子：

养母：好吧，我明白了。你对我生气，是因为我本来承诺今晚我们出去，却又取消了；是由于我突然想起，需要开车送你哥哥参加曲棍球训练。是这样的吗？

卡蒂：对啊，我真的很想去商场。

养母：我为我没有遵守我的诺言道歉。所以，你敲击书，是因为你生气了？

卡蒂：对啊，我是对你生气。

养母：有没有一个更好的方式，让我知道你刚才不开心了？你有没有其他什么选择呢？

卡蒂[笑着说]：我可能会把颜料扔你脸上。

养母：待会儿再来说我的化妆问题了。现在重要的是当时你很生气还打翻了书。你还能做点别的什么让我知道我令你失望了？

卡蒂：我可能会告诉你我生气了。

养母：那可能是个好的选择。

卡蒂：对的，但是我还是不能去商场。

养母：只是今晚不能去。你还可能说些什么别的？

卡蒂：我可能让你承诺你会不久后带我去。

养母：那很聪明。让我问你点别的事，如果你生我的气，也不想和我说话——然后，你会有哪些选择？

卡蒂：我可能会跑到房间，蒙在枕头里尖叫。

养母：那会是一个更好的决定！你也可以试着数数。当我生气感觉快要爆炸的时候，我有时候就会闭上眼睛数数。

卡蒂：所以我们什么时候去商场？

养母：我们稍过一会儿就讨论这个问题。但是首先我想知道，你在其他地方失去冷静的时候，会遇到麻烦吗？

卡蒂：是的，我会。

养母：所以当你生气，想要攻击别人的时候，有什么其他好的事情可以想？

卡蒂：想想我可能会遇到的麻烦？

养母：对。嘿，有时候我觉得我老板很烦，我就想要对着他喊。但是之后我就想，“那可能让我感觉很好，但是我会丢掉我的工作，结果更糟。”所以我只是幻想对着他喊。幻想是不会让你被解雇的。

卡蒂：你会解雇我吗？

养母：不，但是因为你做的事，我不会在几天之后带你出去。你认为那是解雇吗？

卡蒂：我觉得是。

养母：如果你做了一个更好的选择，我们可能明天就去商场。在我们聊天的时候，我已经知道了一些关于你新男朋友的问题——

卡蒂：1……2……3……

养母：很好，我们的谈话真的有所帮助。

目标3：决定合适的处理方式——回报是什么？

如果一个孩子没有被提前询问一下的话，后续的行为后果处理可能就会有问题，因为他可能感到被置身事外，会对此处理方式产生敌意。如果他对这将会如何已经有了想法，他往往不太可能完成一个行为后果的处理。邀请一个年轻人加入，会发送一种授权信息：“你犯了一个严重的错误，但是我仍然重视你，也想要你成为这个过程中的一部分，我相信你能做一个好的决定，并且能够对你的错误负责。”在你们继续讨论行为后果处理办法的过程中，记得要运用推理性回应和连接性陈述等策略，唤起孩子的一种公平感。

例子：

“布鲁斯，你今天逃学犯了一个大错误。如果每个养父母都允许他的孩子逃学，那会怎么样（推理性回应）？我不喜欢给你处罚，但是我必须要这么做，因为我关心你（连接性陈述）。所以你认为我们应该怎么做？”

“雪莉，扔掉那个牛奶盒并不是一个好主意。孩子们扔东西会伤到人（推理性回应）。你觉得该给个怎样的处罚？”

不管什么时候你让一个年轻人帮助决定行为后果，都需要确认你自己的脑子里已经有一些限制范围了。当14 岁的劳拉入店行窃被抓，他的继父心里想好了，要给他 2～4 周的禁止外出的处罚，并且要对店主面对面地道歉：

继父：所以，劳拉，你认为我们应该怎么处理？入店行窃是很严重的。

劳拉[停顿很长时间之后]：我认为我应该把东西还到店里，并且道歉……我也应该禁足2周。

由于劳拉的回复在她继父已经考虑的范围之内，他表扬了她，说，“这听上去像一个合理的处理。我很骄傲你能想出这些。”如果劳拉取而代之，回复的是，“我认为我应该把东西还到店里，并且道歉，我也应该禁闭几天。”她的继父可能说服她承受一个更严重的结果。在决定合适的行为后果时，指导原则是：给孩子授权，但是不要没有理由地让步。

目标4：探索潜在的问题——这个行为能分析出什么?

一旦有个孩子足够冷静，思考一个麻烦的事情的行为后果处理方式，他通常就是准备好了柔和地探索隐藏在行为后面的矛盾或问题。在探索过程中，孩子可能会发现，在他宣泄情感伤痛和焦虑的时候，他已经把真正的愤怒目标转到了其他人身上。接下来就可以进一步看到什么是破坏性行为，名义上是破坏性行为，其实就是哭着寻求帮助，在这个情况下，你可以留出时间来回应他，以帮助他找出更深的干扰的根源。

例子：

咨询顾问：这是个不错的聊天，我对你处理你自己的方式感到骄傲。尽管我很好奇，你今天看上去特别沮丧。还有其他什么事困扰着你吗?

比尔：我的养父母昨晚吵架了。

咨询顾问：哦，听上去是一件很困难的事（支持性评论）。

比尔：他们真的在叫喊。

咨询顾问：我们可以谈谈那个吗?

目标5：给未来制订一份计划——短期和长期的期望是什么？

制订一个计划，包括提出处理正在发生的情况，以及即将发生的事件的策略。比较理想的情况是，这样的一份计划会激发孩子，让孩子觉得事情确实可以进一步改进。

例子：

老师：好的，基尔，谢谢你跟我分享了所有的事。所以，你的计划是什么？你需要怎么做以便回到正轨（短期期望）？

基尔：我需要回到我的座位重新写词汇表。之后，我就可以吃点心了。

老师：我们该做个什么计划，来阻止同样的问题再次发生（长期期望）？

基尔：我在写字的时候不要急——尽量更耐心一点。

老师：我要开始用一个临时的贴纸表格，来显示你什么时候从容且正确完成了你的写作任务。我也要送你一本新的作文本，让你带回家，你可以用来练习写作。我认为我们有了一个非常好的计划，你觉得呢？

基尔：对。

重新整合

重新整合是连续操作的“界限设置”的最后阶段，其目的是保证孩子准备好了回到生活空间。为孩子准备好重新进入社会，需要通过一个简单的预览，按照逻辑思考：去哪里、做什么、向谁报告，最重要的是，怎么才能恰当地发挥作用。在得到孩子准备好的保证及执行了预览之后，你可能还想要再确保他在事件处理阶段做出的计划和承诺。

例子：

成人：好的，艾齐尔，你是否准备好了回来，并且用一种更好的方式与人相处？

艾齐尔：对的。

成人：棒极了！我们前面同意过的，你需要做些什么呢？

艾齐尔：我需要回到厨房完成我的家务。然后，我和肯尼迪先生要完成我的课堂作业。

成人：好的，浪子回头金不换。我们有一个愉快的聊天。记住，下次你生气的时候，你要尝试去做什么？

艾齐尔：深呼吸几次，数到5，然后想想如果我搞砸了会发生什么。

成人：明天见。

图 12-2

界限设置的连续过程

支持性干预
核心规则
口头暗示、提醒和警告
重新寻找关注点
自愿移动
幽默
非言语暗示
基础性言语干预
来自其他孩子的替代强化
同龄支持
一个班级，小组或者家庭会议

合理的处罚
重做
行为弥补
限制优先权
麻烦客体的清除
近距离监视
早睡
一个直接的沟通
计时隔离
长期隔离
禁闭
停课
开除

身体干预
身体移动
身体约束

事件处理

重新整合

第十三章
行为矫正

在出色完成任务时，每个人都喜欢受到表扬，问题学生也不例外。事实上，对很多问题儿童来说，因行为改善而获得奖励的方式，能够长时间地帮助他们矫正自己的行为，并保持这种进步。

如果表现得当就给予奖励，行为不当就要承担后果，这被称为“行为矫正”。这种方法的基本假设是，可奖励的行为会得到强化、可以重现，而需要运用合理的处罚处理的行为，将受到处理、趋于减少。合乎逻辑的处理的用法已经在第十二章详细介绍了。我们现在应该考虑的是如何制定严格的、可预测的界限设置和奖励制度，来激励问题儿童改善他们的行为。众多激励措施是可行的，比如对努力改变行为的孩子额外关注；允许一周都按时睡觉的孩子在周末晚睡；若孩子在商店表现良好就给予他想要的彩色贴纸。

许多问题儿童在行为矫正计划中反映良好。矫正计划会提供一致性、可预见性和结构性的环境，那些经常反抗成人或制造问题的孩子往往会在这种环境中茁壮成长。因为它要么提示奖励要么提示惩罚，并把他们能真正控制的因素融入看似不确定的环境中。如果孩子对周围情形感到“无比困惑（乱七八糟）”，矫正计划可以帮助他塑造一个好的环境。

一些问题青少年不相信成年人，因此很难做到延迟满足（将孩子的需要推后一些），他们会说：“我现在就想要，我不相信你以后会满足我。”行为矫正计划能够帮助他们改善这种情况。当我们适当奖励这些孩子时，会给他们传递这种信息：“我能兑现我的承诺。我是可以信任的……或许也可以相信其他人”。

此外，行为矫正计划也可以作为成人和孩子之间互动的机会。在资源有限的环境中，成年人不能给孩子提供足够的一对一的关注，而行为矫正可以在某种程度上帮助满足这一需求。

反对的观点

许多儿童发展专家认为，有时候监护人员和老师会采用行为矫正或者使用奖励“购买”良好行为的方式代替更有意义的互动。专家提醒我们，用这种方式贿赂孩子，通常是以成人和孩子之间长期紧张的关系为代价来换取孩子的短期顺从。

这些批评都是中肯的，因为问题儿童真正需要的是从监护人和教师那里获得足够的爱以及公平、可预测的限制。无论是欺骗的爱（给予过度奖励，而且奖励与行为之间没有足够的意义联系）还是界限设置（通过滥用权力）都会导致儿童在未来出现更加激烈的行为问题。那些没有得到足够的爱和关注的青少年，往往以行为不端告终，并会传递出这样的信息“帮助我，我想要更有意义的关心！”或者他们会认为“我不值得别人宠我”，这种观念会使他沮丧、愤怒、各种自我惩罚或持续地行为不当。

有时候，一些成年人用行为矫正的方式来代替细心的照顾，从而规避自己的育儿责任，这会阻碍亲子关系的健康发展。一旦孩子重复感受到这些形式的肤浅，他们也许会无意识地选择既不去取悦照看者也不取悦自己，这样他们就不会努力改变自己的错误行为。

另一个由于随意使用行为矫正导致的长期不协调的原因是，通过奖励分配获得的结果，并不总是能够被内化，或者具有持续的效果。为什么呢？因为行为矫正的高依赖性，可能会阻碍内在控制力的发展，而问题人群的内在控制力，其发展本来就已经是缓慢的了。行为矫正的高依赖性，还可能扼杀孩子的创造力。总而言之，若孩子表现得当，应该是因为他们认为这样做是对的，而不是因为他们将获得外在的奖励。保育工作最主要的目标是通过我们的关心、互动，鼓励孩子养成更好的自我管理能力，从而增强他们的内在控制力——换句话说，让他们自己做出正确决定。

尽管这些听起来是对行为矫正的批评，但在谨慎选择的情形中，实施精心设计的行为矫正计划时，许多问题儿童的行为会有明显的改善，并且收获良多。关键是不能过度使用这种形式，除非情境因素允许这么做。

至少在两种情形下，广泛地使用行为矫正是合适的。第一种情形就是在家、在学校，或者在治疗时出现持续的行为问题，以至引起太多的不稳定因素，导致成人—儿童之间的关系变得紧张或者危及安全。在这样的情况下，短期的行为矫正可以立即改变周围环境，使成人—儿童间的关系更加融洽，并促进更好的发展。随着儿童行为能力、自尊和人际关系的改善，逐渐减少奖励并且最终取消。在这些情形下，奖励变为一种达到目的的手段，可以使一个有不良行为的青少年或团体重回正轨。

第二种情形是在家里、特殊教育课堂，或由困难儿童组成的其他团体。在这样的背景下，长期的行为矫正可以提供有持续性、结构性的活动，这正是实现教育层面、治疗层面以及改善人际关系层面等目标所需要的。

短期行为矫正

如果问题儿童的行为日复一日，总是具有破坏性，那么他在生活中可能缺乏安全感而与周围的成年人相处困难。学校里有很多这样的学生，尽管良好的教育可以使他们过上不错的生活，但他们仍冒险丢掉这张走向成功的“通行证”。很多在学习上和情感上有缺陷的人，不仅成绩落后，也没有充分学习读、写、算这些基本知识。对于那些自卑，并且为了避免更多痛苦而建立起防御机制的人来说，他们宁愿选择行为爆发、逃课。因为学习考试、完成任务、检查作业等，会给他们带来更多的失败，会被同龄人或是成年人认为“愚蠢”。

在这样的情况下，老师应该做些什么呢？不是把这类学生归类为“难以处理”的孩子，而是需要制订一个短期行为矫正的计划，这对学生会更有益处。一个具有破坏性行为的学生，为了奖励而去学习乘法表，在这个奖励刺激取消的情况下，他就“不学习”乘法表了。同样地，一个在进行阅读训练的缺乏安全感的学生，在行为矫正计划中止之后，他就不再阅读了。但是，计划停止后，学生的学习曲线反而可能上升，毫无疑问，他的自尊心会提高，社会关系也会变得更加有意义。

这个计划同样适用于教养院的孩子。在某些情况下，我要经常去帮助那些容易失控，并精疲力竭、不知所措的年轻人。大多数情况下，一个快速、严密的短期行为矫正计划，结合严格的、可预见的限制环境，就可以很快使其恢复稳定。这也为成年人与儿童的密切关系的建立，以及此后的整体功能的形成，铺平了道路。

采用了短期行为矫正计划，就帮助莱诺的生活稳定下来了。莱诺在 12 岁的时候来到我们的寄宿治疗机构，她容易愤怒和绝望。早期性虐待的生活以及被妈妈遗弃的经历，使她不相信任何人，而且她的脸上一直都是愤怒的表情。在前几个星期，总是需要对她进行身体管理，她经常打骂管理人员，很不愿意接受限制，并会大发脾气。后来，我们给她起草了一份短期行为矫正计划：在任意一小时内，如果她很好地完成任务，并且没有受到计时隔离处罚，她将获得两个贴纸，可以贴到“莱诺的任务完成表”上；在任意一小时内，如果她表现得不错，并且毫无困难地完成一次或是数次的计时隔离的处罚，她将获得一个贴纸。每周结束后，可以用累计的贴纸交换与大人一起娱乐的时间。她可以使用25张贴纸，用来自己选择一名管理人员一起玩50分钟。由于资源有限，我往往是最适合她的成人。

莱诺在这种激励制度中表现良好。她喜欢来我的办公室，跟我玩游戏，或者用我的电脑学习。我们的关系越好，她就越信任别人。在我们引入图表一个星期左右，莱诺的行为开始改善。在这4个月里，我们可以不再使用图表，而是引入其他的形式，包括骑马课程的治疗。

像阿什利和白兰地这两个被抚养的姐妹一样，莱诺最终也被收养。如第五章所述，只需要更多的关注和更稳定的环境，问题儿童的行为就会有所改善。对她，以及对成千上万的问题儿童来说，短期行为矫正计划可以作为减少刻意的人际交互的跳板来使用。

制订和实施短期计划

短期行为计划，是与孩子或群体共同制定的激励制度，是在某一特定阶段使用的。这种计划给予了奖励的机制，若是与界限设置结合使用是最有效的。在给问题儿童设计和实施短期的计划时，一定要记住以下几点：

1. 奖励进步

由于孩子的挑衅性行为通常由多年的社交困难造成的，

因此行为变化往往是缓慢的、循序渐进的。假如一开始期望过高，就容易阻止孩子的转变。然而，对逐步改进的奖励制度，将很快给她带来享受成功的机会，即时的承诺也有可能会激发儿童行为的持续改善。在构建短期计划时，一个好的指导方针是：能给一个儿童个体或群体有80%的可以立即获得奖励的机会。

2. 使用可能的最好的奖励方式

当孩子自己决定奖励方式时，你可以问他想得到什么，并准备一些选项，始终展示给孩子，让他进行选择。在许多情况下，最可取的、正确的奖励方式是：给孩子与成年人单独相处的时间，这可以帮助他们更好地控制不良行为。例如，一个二年级的学生，在一周内都做出正确的选择的话，就可以得到30张贴纸，他可以用这些贴纸与助教或指导顾问进行交易，换取30分钟一对一的运动、游戏或艺术娱乐的时间。如果孩子与人交往存在困难，可以允许他邀请朋友加入，来结交到更多的朋友。一个易愤怒的、叛逆的、孤僻的孩子，可以从更多的与成年人的单独相处中获益。这种扩展的交互，可能会提高他的自尊和自信，并有利于发现潜在的问题，促进他获得更多的收获。

第二个最好的选择通常是一种非物质奖励，如一个专门的旅行活动，额外的自由或休闲的时间，可以晚睡，多玩一会儿电脑，多打一会儿视频游戏，播放一段时间的音乐，或暂时帮助另一个孩子。对于一个群体或班级来说，也许会喜欢在某天没有作业，有更多的时间放松，一次实地考察，或者看一段视频（吃着爆米花）。

你可能会选择提供物质奖励代替非物质奖励，如学习用品（铅笔、橡皮、彩色贴纸）、食品（燕麦棒、苹果、什锦杂果、薯片、糖果、汽水或果汁）、一本漫画或填字益智书、一个小的玩具人、钱、磁带或租赁的录像带、礼品券、图书馆的借书证、书籍或健身卡。只要有可能，尽量保持物质奖励，既诱人，又健康、卫生。

有趣的是，往往促使幼儿改善行为的，并不是作为交换中介的奖励。对于 7 岁左右的幼儿来说，用每天可以得到两次的“金”色的硬币或闪光贴纸，来奖励他们的良好表现，通过这些“代币”的累积，以示他们的成功。这些作为“代币”的奖励物品看上去越有趣，就越有可能激励幼儿改变行为。

我曾经参观过一个四年级的班级，学生们获得的物质奖励是印有自己照片而不是乔治·华盛顿头像的假美钞。老师拍下每个孩子的脸，把它贴在一元纸币的中央，然后去复印。如果比利做得很好，就能获得“比利美元”，它可以用来换取指定的奖励。在某一周可以用 10 块“比利美元”，换 10 分钟的额外玩计算机的时间；在下一周，比利可以用他的美元来选择菜单中的奖励。有一个养母（名为多蒂）把她自己的照片贴到美元的钞票上，让她的两个领养的孩子赚取“多蒂美元。”

3. 对已有改进的行为，慢慢提高期望

逐步提高期望将帮助孩子学会长时间控制自己的行为。例

如，一个叛逆儿童因完成计时隔离处罚得到了奖励，在得到最高分奖励后，开始新一轮的奖励机制，只有受到较少的计时隔离处罚，并毫不费力完成该处罚后，才能得到奖励。在这种情况下，对孩子的期望是逐步提高的，直到他们最终可以脱离激励计划，并能够更好地接受对他们的约束。

同样地，一个经常旷课的少年得到的奖励可能会更多。随着他上课次数的增加，对他的期望也会提高。但自始至终，偶尔的旷课或其他问题行为，也都要承担相应的后果责任。

4. 使计划简单、易于管理

要考虑做记录的时间和现有的奖励资源。例如，如果你有很多事要做，并要照顾一大群孩子，你可能会讨厌每小时都要去记录他们行为的计划。事实上，你可能没有时间做准确的记录。一个易于管理的简化计划，比综合计划更容易完成。因为整体计划不易保持执行中的一致性，并且太复杂以至难以记清楚。

5. 进行到底

你越是坚定地执行计划的每一部分，就越能诱发孩子投入其中，并始终信任你。就是忘记一次填写孩子的得分，或缺少热情地分发贴纸，他们就可能完全失去兴趣。在得到奖励之前，孩子有时可能会通过表现不当来试探你的意愿。在这种情况下，最好设置一个适当的限制，然后再跟进奖励。例如，如果一个孩子获得的奖励是要参观当地商场，但在去之前 10 分钟，他跟他的哥们打了一架，那你可以说："你会获得奖励——这是你赢得的！但你产生了这种行为，让人觉得很不舒服，所以现在不能带你去逛商场。我们明天得重新制定一个活动时间。"

6. 留出时间来讨论为什么孩子获得了或者没有获得指定的奖励

一个固定的讨论时间，可以帮助他们强化学习经验。为了有效地传达你的信息，可以利用口头干预，这在第十章中已有详述。激励处理有 3 个目标：鼓励孩子对他积极的和消极的行为负责，探索可能的替代行为，揭示他们不当行为的起因。

7. 在每周或每天的同一时间讨论并给予奖励

保持一致的奖励机制，具有结构性和安全性。为了达到最好的效果，尽量在评估后就给予奖励。例如，一个孩子在下午表现良好获得了分数，那么在下午 5 点前给予奖励，效果最佳。行为评估、讨论与提供奖励之间，间隔的时间越长，奖励计划就越没有意义。

8. 如果孩子的不良行为很严重，就频繁地进行评估和奖励

比较理想的情况是，一个经常出现不良行为的孩子，如果可能的话，每小时都应该收到交换中介或获得奖励。随着行为的改善，时间间隔可以扩展到每两个小时一次，然后一天两次，逐渐到一天一次。最终，她可能不再需要你所提供的反馈和动机援助。

当然，如果人力和物力资源有限，做不到每小时反馈，就要设法找一个最好的间隔频率。通常，每天有规律地评估和奖励一个问题儿童，比随机的、不一致的、集中的计划要好得多。

9. 灵活处理

随时准备改变所需要的交换中介和奖励，从而使计划顺利进行。可以修改设计好的奖励制度，从而使孩子的兴趣重新回到活动中来。在这个过程中，有创造性是必需的！

10. 设置一个时间限制

在向孩子介绍激励机制时，明确评价的要点并加以解释是非常有用的。例如，“我们会在接下来的5个星期先尝试这个奖励机制，然后讨论该机制给我们提供了哪些帮助”。这通常意味着是在某个自然的中断点，终止初始试验阶段，如在月底或下个学校假期之前。建立一个评估点，可以帮助孩子和成人集中精力关注手头的工作。

11. 创建一个易于阅读的行为图表

幼儿通常对由有趣的贴纸或插图组成的多彩图表比较感兴趣。年龄稍大一点的孩子，可能更喜欢白纸上的点、钩或其他看似平常的图形。

创建行为图表有很多方式。其中常见的一种做法是绘制一个网格，网格的每一个格子都要足够大，可以容纳贴纸、星星、代币、圆形筹码、仿金硬币、点、勾或者其他可以当作交换媒介的东西。一般会在最后一列，写上获得奖励的总得分，并且要在网格的最下面写明目标和计划条目。

一位老师用这种图表帮助了她的学生尼尔，使他记住在课堂上不能大声叫喊，而是要举手。这个图表的名字是“尼尔举手表”（见表 13-1）。类似的图表也可以用来帮助儿童掌握学习任务、完成家务、尊重同伴和成年人，或者改变各种其他行为。

对一个在改变自己行为方式、学习新技能方面持悲观态度的孩子来说，老师可以考虑制作一个“阅读之路表（写作、拼写、算术）”。詹就是一个成功的例子，她的经历证明这样的图表是一个完美的催化剂。詹是一个高智商的孩子，但在她读三年级综合课的时候，对阅读感到非常头痛。她过去常常说：“我尝试了字母拼读等很多的方法，但都没有什么效果。”她经常在课堂上捣乱，部分原因是她认为自己不具备阅读能力。

有一天，詹的老师将 3 张绿色的图纸粘在一起，然后从浅灰色的图纸上剪下来若干个两英寸长的“鹅卵石”，再在 3 张图纸上画了一条 8 英寸宽的“道路”，并把它命名为“詹，通往阅读道路的图表”（见表 13-2）。她告诉詹：“学习阅读，就像造一条路，一次你需要一块鹅卵石。”之后老师告诉她，只要她每次集中注意努力阅读，就能得到一块鹅卵石，并把它贴到图表上。每贴满 4 行鹅卵石，就能得到相应的奖励。

詹能够在 5 个月的时间里坚持阅读，她为自己感到很自豪。两个月后，她和老师做了一个决定，不再采用阅读行为矫正。因为那时，詹的表现已经有了显著进步，她已经不再需要图表了。

尼尔举手图表					
	数学	阅读	科学	英语	合计
星期一					
星期二					
星期三					
星期四					
星期五					

目标：举手，而不是大声喧哗
激励措施：3 颗星——做了一个很棒的举手动作
　　　　　2 颗星——做了一个不错的举手动作
　　　　　1 颗星——做了一个一般的举手动作
频率：在一周结束时交换所有星星
奖励：每一个星星都可以换 1 分钟与成人玩耍的时间

表13 –1

詹的阅读之路表

目标：提高阅读能力
激励措施：1 块鹅卵石——努力阅读
　　　　　6 块鹅卵石为 1 行
奖励：集齐 4 行鹅卵石，代表可以得到 1 个潜艇形大三明治做午餐

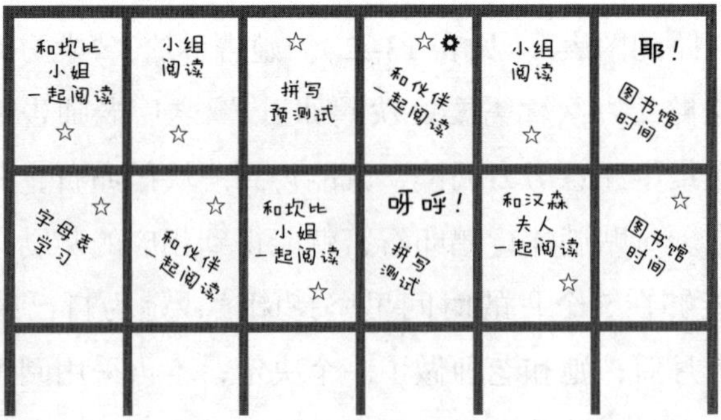

和坎比小姐一起阅读 ☆	小组阅读 ☆	☆ 拼写预测试	☆ ✿ 和伙伴一起阅读	小组阅读 ☆	耶！图书馆时间
☆ 字母表学习	☆ 和伙伴一起阅读	和坎比小姐一起阅读 ☆	呀呼！拼写测试	和汉森夫人一起阅读 ☆	☆ 图书馆时间

表13 –2

凯文是一个 13 岁的男孩，当时他对无法控制自己的行为感到很苦恼，最后他也因类似的图表而成功度过了那段困难的时期。他的老师把他的图表命名为“凯文，通向做得更好的道路”，只要凯文实现一次自我控制，他就能得到 1 块“鹅卵石”。如果凯文能收集满 4 行鹅卵石，他就能赢得一个比萨。当凯文完成他的整条道路的时候，他已经在行为上取得了显著的进步。

12. 突发情况下的奖励行为

如果你追求的这个行为目标，对孩子或者她所处的环境来说很有困难，不妨尝试构建一个行为图表，告诉她，在实现目标的整个过程中，会对她的行为做记录，只要在记录期间她不犯任何严重的错误，她就能得到奖励。例如，如果她的目标是与人友好交流，那么就告诉她，只要她在规定的时间里不犯任何严重的错误，她就能得到奖励。

然而，无条件给予奖励只会强化孩子的过激行为，对她的自我概念产生负面影响。因为这可能传达着这样的意思：“孩子，你是因为太失控了，即使你伤害了别人，我也一定要奖励你。”而一段更具教育意义的对话应该是这样的：“桑德拉，今天上午聊天的时候你更有礼貌了，我为你感到很骄傲，但是因为你打了萨莉，所以我不会给你加分，安全是第一位的。”

这种奖励对极端的问题行为，有时也是很有用的。例如，如果在一个团队或者班级中，有孩子拒绝计时隔离，影响班级的稳定性时，我们所面对的问题行为就是孩子拒绝接受限制。在这种情况下，可以考虑使用“桑德拉，承担我的责任”的图表（如表 13–3 所示），或命名为类似于“更好地做决定”的图表。无论如何，千万不能为一个叛逆的孩子创建一个名为“更好地进行计时隔离”的图表，因为我们真正的目的是要消除计时隔离的需求，而非强化计时隔离该怎么做。

表 13–3 桑德拉的承担我的责任表

	数学 8 ~ 9	阅读 9 ~ 10	科学 10 ~ 11	英语 11 ~ 12	总计
星期一					
星期二					
星期三					
星期四					
星期五					

目标任务：努力学习，尊重同学和大人
诱　　因：3 分——课堂作业完成出色；尊重同学和大人；没有一次被计时隔离
2 分——在学习和尊重他人这两方面都非常努力，计时隔离次数在三次及以内，并且最后处理得当
1 分——在学习和尊重他人这两方面都很努力，计时隔离次数超过三次，存在一次或几次在计时隔离中表现差的情况，但都没有被叫去办公室
频　　率：在一天结束的时候可以用分数交换奖励
奖　　励：至少 5 分才可以有交易机会，可以从奖励菜单中交换以下奖励：玩电脑的时间、小吃和画珠

13. 有其他不在行为矫正计划中的孩子参与时，也要诚实和谨慎地对待这种情况

假设你是在教室或一个教养院中，一旦有孩子的矫正计划建立起来并开始运行了，另外有一个问题儿童不在奖励计划中，但他可能会问，“为什么不能得到贴纸和额外的特权？”或者更有甚者，可能会抱怨他们不能因为自己良好的行为而得到奖励。在这两种情况下，我们的工作就是需要向他们解释，每一个人都有他自己独特的需求和能力，需要区别对待。此外，也可以尝试赞美和承认所有孩子的成功，或者在一个单独的房间绘制行为图表，或者在笔记本上绘制行为图表，又或者以一种私人的方式来授予孩子奖励等。如果可以的话，最好通过加分这种最好的干预方法来激励孩子，以避免孩子吹嘘他的奖励或奖品。

计划VS合同

尽管我们多是采用一个行为计划，来应对非侵略性的行为，而对更令人担忧的行为，特别是青少年的犯罪行为，我们通常会用合同来应对。如果是那些对自己或者他人有极端行为的孩子要求帮助设计一个方案，我们会为他制作一份合同来确保危险行为不会再发生。该合同通常列出了应遵守的规定，并且对违反任何一条条款的后果也做了声明。

下面是 18 岁的萨姆的合同，当他违反任何一条他已经同意的条款时，他会从寄养家庭被驱逐出去。

萨姆的合同

我和萨姆同意：

（1）抑制想要伤害自己或他人的冲动

（2）好好吃药

（3）参加每周一次的团体和个人治疗

（4）每天上学

我明白，如果我没有达到这些条件中的任何一个，这会危及我在这个家里的位置。

签名：________________

项目负责人：________________

父母：________________

日期：________________

虽然要制止一个有暴力倾向的孩子参与危险行为是可以理解的，合同中有关“再做一次你就出局”的暗示，会像第238 ~ 240页描述的“满三次你就出局”的方法一样，把孩子放在了一个危险的境地。再违反一次，孩子不是必须要遵守一个极端的后果，就是要被视为靠不住的。遵守一个比如像萨姆被逐出的合同，有可能会使我们错失一个帮助他的机会，这可能只会恶化他的情况。不遵守这个合同的话，也容易放大他自己的不安，或许会造成他大声哭泣求助的局面。

为了防止这种两难情况，可以考虑使用计划来代替合同。为了使孩子对这些危险行为拉起警戒线，你可以向孩子这样阐述：“让我们创建一个行为计划，来解决这些严重的问题。”计划往往是有助于连接孩子与成人的口头协议，而合同是以签订文档的方式，似乎把孩子和成人放在了交易的两侧。更重要的是，计划可以进行修改，而合约作为一项规则，是不能改的。

长期行为矫正

当我们想要帮助孩子在情感上成长，帮助他们学习，或者想要他们对其他干预治疗做出反应的时候，在问题儿童集中的环境中推广行为矫正并长期坚持，这样可以保证结果的可预测性和安全性。在某些综合或特殊的教室，老师会用加分系统来让学生每天赚取贴纸、点或钩，然后在一天或一周结束的时候进行交易，让学生兑换各种奖励或特权。相似的系统在一些寄养家庭或者寄宿治疗机构中也起作用。而这些长期的系统和短期计划一样，也依赖着一些相同的原则。

战略性应用

不间断地使用行为矫正，对每天常规时间点的易发问题格外有效，比如睡觉时间、吃饭时间、上学前时间和做家务时间等。对行为矫正的战略性应用，可以增加使用中的结构性与稳定性，进而可以帮助孩子消解压力。

为了能帮助有睡眠焦虑的问题儿童，结束一天并能顺利上床睡觉，我们可以使用类似于表 13–4 所示的一个睡前星星图。这里卡尔、弗雷德、汉克 3 个人每天没有困难地上床睡觉的话，可以获得一颗星。每得到一颗星，星期五晚上就可以延后 20 分钟上床睡觉的时间；星期五晚上睡觉顺利的话，星期六同样可以延后 20 分钟上床睡觉。例如卡尔已经赢得了一个星期五晚上 9 点 30 分的睡觉时间。如果他星期五晚上也能得到一颗星星，他在星期六晚上依然可以在 9 点 30 分睡觉。如果星期五没有得到星星，他就只能按照正常工作日的睡觉时间 8 点 30 分上床睡觉。弗雷德和卡尔一样大，在工作日也是 8 点 30 分睡觉，而汉克通常的就寝时间就比较晚，因为他的年龄更大一些。

表 13-4 睡前星星表

姓名 / 就寝时间	星期五	星期六	星期日	星期一	星期二	星期三	星期四	星期五	星期六
卡尔 8：30	★	★	—	★	—	★	★	10：10	
弗雷德 8：30	—	★	★	★	—	—	★	9：50	
汉克 9：00	★	★	★	—	★	★	★	11：00	

有关上床睡觉这个主题的行为矫正法有很多的变种。有些治疗机构使用一个上床睡觉时间奖励系统，这个系统会奖励任何一个赢得一排七颗星星的人，并且为他平时的上床时间增加额外的半小时。这个加时的上床睡觉时间会一直有效，直到孩子没有赚取到睡前的星星，而在这个时候，他的上床时间就会恢复到原先的时间。其他也有一些项目，会根据每天的日常时间，平衡运用奖励的分配与合乎逻辑的处罚方式，做到奖惩结合。在这些环境中的孩子如果谁在睡前胡作非为，在第二天

晚上将会受到更早睡觉的惩罚；而那些有良好睡前行为表现的孩子，通常会得到一个偶尔的“深夜”睡觉奖励。

睡前星星表，或者它的任何一个变体，也可以建构性地用来帮助孩子，在其他时间控制他们的行为：如在吃饭的时候、当准备上学的时候或者做家务的时候等。在这种情况下，他所赢得的每颗星星，都可用于兑换某一段特定时间内与目标行为相关的特权。

层级系统

许多教养院、寄宿中心和拘留中心，以及特殊教室都使用一个更复杂的长期行为矫正系统——层级系统。有一些项目依赖于极其复杂的层级系统，而有一些则相当简单。在所有的系统中，基本原则是相同的：孩子们因为良好的行为，以及坚持完成分配的任务而获得分数，得分可能是每天，也可能是每周进行定期计算。孩子积累的分数越多，他越有可能攀升到一个新的层级，在这个层级上他可以赚取更好的特权。

下面描述的模型，是从当前正在使用的各种系统中综合提取出来的，这说明了一个层级系统是如何在由青少年组成的寄宿环境中运作的。

RAP：一个演示模型。正确指导青少年计划（RAP）是一个虚拟的系统，分三个等级，其中第一级别提供了最高的特权。每天早晨、下午和晚上，孩子因为良好的行为赚取得分，每到夜晚，获取的分数会累加起来并记录在一个“计分单”上。在这一周结束后，孩子的总得分决定了他接下来一周的层级。

在每个时间段，RAP 允许孩子赢得 1 到 3 个得分，一天最多可达 9 个得分，最少需要得 3 个得分。为了能在任何时间片段内赚到 3 个得分，孩子必须规矩自己的行为，完成所有分配到的家务和任务，包括作业，并且要帮助他人。为了能够获得一级特权，那么他必须在一周结束时获得 55 分。等级二是 45 到 54 分，分数更低的就在等级三上。

RAP层级系统

一级权限（55 分及以上）
- 星期日夜晚 10 点上床睡觉；星期五和星期六晚上 12 点上床睡觉
- 两个额外的电话
- 额外一小时的任天堂游戏时间
- 星期五和星期六晚上有额外的夜宵
- 8 美元津贴

二级权限（45 ~ 54 分）
- 星期日夜晚 9 点半上床睡觉；星期五和星期六晚上 11 点上床睡觉
- 一个额外的电话
- 额外半小时的任天堂游戏时间
- 6 美元补贴

三级权限（少于 45 分）
- 星期日夜晚 9 点上床睡觉；星期五和星期六晚上 10 点上床睡觉
- 5 美元补贴

RAP 也为有严重错误行为的孩子，设计了一个临时层级。逃跑、有侵略或自虐行为的青年，会被放置在“等待进入”的位置，等待的时间是预先设定好的。此后，他们才能重新进入层级系统。处于等待进入时期的孩子，在任何时候都需要靠近工作人员，他们的特权也受到了限制。

RAP 的另一个重要组成部分是在分数被记录到计分单之前所发生的对话。通过对话，工作人员会为孩子提供有关他们行为的一些持续的反馈，就像下面的对话所阐释的一样：

工作人员：好的，保罗，你认为你今天下午赚了多少？

保罗：我得说有 3 个得分。

工作人员：3 个得分意味着你没有任何问题。你没有觉得午餐后你有一些问题吗？

保罗：是的，但是丹欺负我。他叫我光头！

工作人员：那这惹你生气了吗？

保罗：正如你所说！

工作人员：那你是怎么处理这个玩笑的？

保罗：我叫他滚开。

工作人员：有没有更好的方式来处理你的愤怒？

保罗：是的，我想是有的。我可以叫他住口，或者我可以只是走开。

工作人员：这两者中的任何一个都会是一个很好的选择。

保罗：但是这起事件是我下午唯一的问题。

工作人员：你说得很对，在其他方面你看起来非常努力，我真的很喜欢你帮韦恩做家务。

保罗：好吧，也许是两个得分。

工作人员：这听起来更精确。我很欣赏你在这里变得越来越有责任感。我知道这对你来说并不容易。

层级系统的重要原则。在实施一个层级系统的时候，要努力把以下原则放在心中。

（1）授予得分之前要先对话

在记录孩子的得分之前，要尝试先和他沟通。如果在那个节骨眼上没有时间来对话，那之后也要越早与他谈话越好。你让孩子参与处理自己的积极成就以及不当行为越多，孩子越有可能改进他的行为。

（2）必要时，调整你的期待

因为处于风险中的孩子，往往表现出自卑，你可能需要定期调整获取得分的标准。

这样的话，一个陷入极度困境的青少年，就不会一直待在最低层级了。为什么要这样做呢？因为连续数周结束都处在最低层级，容易进一步强化青少年业已很差的自我形象评价。在使用了 RAP 层级系统的环境中，例如，连续几星期留在最低水平的青少年，可能开始认同自己带有三级标签的身份。这种消极标签是最糟糕的，因为会通过这个项目长期存在，而这个项目是被认为有治疗价值的。

为了避免放大孩子极低的自我形象，你有时可能需要改变你的期望。在不打破整个群体稳定性的前提下，调整你对一个或多个孩子的期望，这个过程对你来说可能极具挑战性。在你感到矛盾的时候，请记住，任何为青少年服务的系统的评判标准，最好用它多大程度满足了最极端问题儿童的需求来判断。

（3）仔细判定奖励

在为每个层级分配奖励的时候，我们要确保所有的孩子都有机会获得最低底线的无条件特权，如电话使用、津贴、特别活动以及拜访朋友等。一旦这些“赠予”已经给出去了，它们可以被进一步扩展使用，或者还可以另外添加一些有条件的特权，结合使用。例如，寄宿机构应该对每个年轻人的基本电话使用量有所保障，年轻人可以因为良好的行为获得额外的电话特权，但是不能因为消极的行为就减少原有的使用权利。

绝对不能把基本需求和权利当作特权来限制。减少孩子打电话或者接电话的次数，只会徒增一个孤僻孩子的绝望。减少他的补贴，可能会妨碍他学习资金管理的能力以及购买能力，兴许他会用补贴来购买一些能抚慰他的物品。同样，友谊常常能帮助彼此改善自身的行为，我们如果操纵孩子与朋友相处的时间，同样容易适得其反。

更重要的一个警告是：努力保持上床睡觉的相关奖惩，要在逻辑上与上床睡觉的行为有联系。换句话说，就像第十二章中提到的一样，只有在上床睡觉的时候有不当行为，我们才能宣布一个更早的上床睡觉时间。相似地，我们也要为改善上床睡觉行为，而保留一个延后的上床睡觉时间的奖励行为。如果是因为别的活动得了高分，而奖励孩子延后上床睡觉时间，那么这可能会削减一个极端问题儿童改善他上床睡觉行为的动机。

（4）沟通要清晰

谨防过度依赖“层级术语”。只关注等级和得分而不考虑问题中的行为，可能会使你和孩子的关系不那么人性化，孩子可是极度渴望和一个他信任的成年人有直接的交流的。应该让问题儿童体验到，因他们的行为而产生的正面或者负面的感受，他们需要持续关注自己的行为，而不是只关注自己的分数单。

要升级你的沟通能力，需要避开以下言论：

“请别再讲下去了，再讲就给你降一个层级。”

“如果你不做完，你将丢失分。”

“如果你想得到额外的分数，你真的得振作起来。”

更人性化的阐述应该是这样的：

“如果你不能倾听别人，我就没办法把你带在身边了。是有什么事情困扰着你吗？“

“如果你没有做完的话，你只能留下来完成它了。”

“如果你想获得那些你一直在争取的特权，你真的得振作起来，你的行为并没有让我感觉到，你可以自主处理更多的事情。”

层级系统的优缺点。像许多别的干预措施一样，对层级系统有赞成者，也有反对者。赞成的一方认为：这种长期行为矫正的形式，将成人与孩子的不良行为隔离开来，可以减少成人与孩子之间的怒气爆发、权力争斗以及质疑公平等一系列事件的产生。他们还认为层级系统减轻了成人的压力，层级系统是依据结构化的系统，而不是护理人员的主观判断来裁量优先权。这样做，可以使干预行为变得既具体、又具有前后一致性。护理人员可能会说，“你因为没有赚到足够的积分，所以没有额外打电话的权利。”“这不是我决定的。” 而另一方面，反对者对很多方面都持质疑的态度，比如：普遍运用特权奖励，是否都有益处；结果性行为的改善，是否具有可持续性；去人性化的干预对有意义的人际关系发展，是否有效；人为地把孩子行为简化为分数和等级，是否会对孩子造成心理冲击等。

层级系统正反两方的辩论提出了很多有趣的课题。事实上，放弃使用层级系统往往是有风险的，由此发出的信号是需要更多的酌情处理，这可能会破坏成人和孩子之间的关系。在一个良好的治疗计划中，这种个人化的处理方式也会遇到说谎这样的事情。在家庭外设置一个环境的目的，毕竟只是为了治疗而重演青少年在家里会发生的事件，而不是人为地构建一个机制，让他们将来只能在某个角落生活，与世隔绝。

从根本上说，我们的任务不是为了让工作更容易，而是要帮孩子准备好，让他们在未来缺少支持的环境里，没有层级系统、没有成人的决策支配，也能够获得成功。人为设定的环境，毕竟范围有限、不能普遍存在。若是一个项目能够聘用到优秀人才，给他们以良好的训练，全方位地培育、支持他们，那么，我们可以不需要使用复杂的行为矫正系统，也能够给孩子提供具有一致性、可预测性的行为干预。当我们无此上策，当我们资源用尽时，我们绝对可以从层级系统的设计与运用中获益。正如许多儿童保育实践一样，当在理想的道路上遇到太多的弯道和障碍的时候，最明智的做法就是选择最可行的路径。

结 语

本书介绍了数十种干预方法，可给处于麻烦中的儿童带来转变之用，这些方法的使用，会给你带来意想不到的效果。对于孩子的行为转变来说，这种效果有时候会有持续性。但是，更多的时候，孩子的行为却总会出现反复。

为什么会出现这种反转？越来越多的研究表明，儿童的行为反复是与他们所得到的支持越来越少息息相关的，缺少支持这个问题，同样表现在儿童生活世界中的主要成人身上。资源枯竭了、资金用光了，担负养育职责的成人也终将耗尽他们业已不多的耐心、精力，乃至所有的承诺！

随便找个困扰于一个棘手班级的老师，问问该老师，什么能够给予他最大的帮助？回答都将是一成不变的，“支持越多越好”！若让他详细解释一下的话，他或许会补充道：“比如最好多增加一两个教师来。”给筋疲力尽的老师以更多的支持，无疑会给他们增加更多的耐心、精力与希望。这种支持机制，不仅适用于教师，也同样适用于家长、寄养家庭的父母、居住中心的顾问。最终的结果是：给儿童教育工作者的支持越多，孩子的收获就越大。

比较遗憾的是儿童没有投票权，若是有的话，在增加这种支持的力度方面，赢得胜利显然是唾手可得！但是严峻的现实是，陷入麻烦中的儿童及看护他们的成人都处于极度缺乏支持的状态。例如，每年当数以千计年满18岁的孩子，从寄养家庭和护理中心“释放”出来，就意味着他们完全失去支持了！多年跟踪这些孩子，发现他们中有许多人存在受虐史或是被忽视的经历，但按规定，他们18岁就该独立生活了。当他们被安排离开强支撑环境时，他们更多地被告知：“再见了，朋友，全靠你们自己了！”他们离开后，开始自己养活自己的生活了！

然而，这并不是要让人“独自生活、自顾自”。尽管很多年轻人仍然需要有效的支持，他们才有可能得以持续的成长，但很少发现有什么人、什么服务，能够帮助他们取得成功。反而看到更多的是，大量“被放弃的”孩子以及数以千计的孤独的和情感受伤害的青少年，最终，他们进入到了饱受争议的机构里。

我们的社会倾向于污蔑这些半大的孩子，故意把他们归入有虐待关系、邪教、黑帮、极端“宗教”群体以及单亲家庭的范畴，却没有意识到，这些孩子之所以被吸引到这些范畴，是由于他们在其中找到了一种归属感，而这在他们此前的生活经历中却并未存在过！当然，我们所有公民对孩子的这些不恰当行为都负有责任，但在某种程度上，我们需要集中攻击的是形成这些“任性孩子”问题的原因，而不是只简单地批判孩子的行为表现。简单点说，建设更多的矫正中心或者监狱，这些都不是我们需要的答案！

从这个角度看，问题的源头就是陷入困境的儿童及其家庭所能够体验到的支持感日趋减少。很多人过着一种缺乏足够的、有意义的关联的日子，他们越是离群索居，就越是容易产生失范行为。人若没有足够的朋友、亲戚、同事或其他人提供支持的话，小紧张就可以转化成为大压力！！

最近这几十年来，尽管人类在很多方面已经取得了耀眼的进步，但是，我们却后退到一个“唯我独尊”的社会，在人际情缘关系中，只考虑个人舒适而不顾及他人感受。其乐融融的夫妻店，多已让位给了没有人情味的连锁店了。电脑把人们都宅在家里，在建的城镇没有了人行道，敬仰的球队也已搬离了城市和原先的地盘，因为老板由此可以获得更多的经济回报，加入保龄球协会或是其他团体活动人数，显著地下降了。排队等候导师心理咨询的孩子，名单是日益变长……关注到这些孤立无助及叠加其上的压力场景，你就不难理解，为何越来越多的来自不同社会经济背景下的孩子，会面临着诸多的问题行为了！

而对于业已处在这种困境中的孩子而言，则意味着双倍的危险。他们不仅需要面对曾经困难重重的过去、自己难以提高的交友能力，而且他们还没有能够依赖的成人，缺乏类似父母一样的支持网络！许多这样的孩子，置身于有意义的人际关系之外——他们的行为生动地反映了这一沉重的现实！

如果说矫正机构及其计划不是解决该问题的答案的话，那什么才是？解决的方法是简单而明了的，这就是：我们每一个人都需要向这些孩子及家庭伸出援助之手，尽己所能地给予关爱、乐于奉献、慷慨解囊。当然，事情的开端可以从关注自己的家庭开始，从中可以映射出自己的家庭成员是否已经开始有关系的疏远现象。

许多年前，当我的脑海里呈现出日渐衰减的支持这个画面时，我省视了一下自己家庭这面镜子，从中我看到了自己不想看到的一幕：我们跟两边的亲戚，没有一边像过去一样，有密切联系的。表兄弟之间，早已彼此失去行踪了，电话号码，不是忘记了就是找不到了。看起来，每个人都很忙，都是太专注于个人事务，而无暇顾及家庭成员。结果当然是，我们日常生活的“舒适地带”极大地缩水了！

为了应对我所观察到的这种家庭“分裂”问题，我夫人和我决定主办一次大型的感恩节晚宴，招待我妈家那一头的亲戚。这实在是一件很荣光的事情，我们为家庭成员重新建立了有意义的联系，并且又结识了这些年来新加入进来的家庭成员。我们开怀大笑、自由争辩，我们追忆往事，相互承诺以后要保持联系，兑现我们一直以来的诺言。当我一遍遍看着那些年轻的侄子、侄女，我才意识到让他们了解自己的家庭是如何的重要！

我们那天的聚会，是不是改变了世界？当然不可能！但是，我们的确是发出了宣告——也就是说，许多事情是值得牺牲个人的时间计划的，家庭就该排在其中的首要位置。

作为致力于保护儿童的人，就如你和我一样，会从更宽的视野，更深远地分析孩子的失当行为。我们不能不看到，人与人的日益疏远所带来的毁灭性影响。管中窥豹，看到这一点，我们或许会改辙易途，进而把我们的“舒适地带”延伸一些，以便在我们的家庭、社区建立较强的支持网络，这也是为了那些我们所帮助的人！我们给孩子提供支持的范围越大，孩子成长得就越好，我们会看到他们会越来越有爱心，变得越来越可爱！

在给孩子建构支持系统的领域，小的奇迹每天都在发生。作为回报的是，孩子的生活由此会产生变化，这从下面的片段里可以看出：丹，是个问题少年，上的是一所特殊高中。他竭力远离别人，拒人于千里之外，他担心“接近”别人，会有被别人拒绝的风险。但是他却从未排斥过玛丽，玛丽是他的老师和朋友，因为玛丽已经走入了他的内心，他知道玛丽信任他、无条件地关心他。

毕业后，丹开始每隔几周就给玛丽打电话，一直跟她保持联系。几年后的一个早春，他打电话告诉玛丽一个很特别的消息。“玛丽，”他用很激动的声音对玛丽说，“我在的那家景观美化公司，上周决定投资 18000 美元给我设计的排水系统！”

“噢，丹！”玛丽惊呼，“那太神奇了！我一直知道你会成功的！”

沉默了有几秒钟，丹接着说道：“是啊，那也是为什么我一直坚持给你打电话的原因！”

我想不出有什么更好的方法能够描述出，给孩子这种支持、这种走进问题青少年内心所具有的威力。孩子仅只一次是孩子，我们需要用特别的爱献给特别的他们！

祝你一切安好，我的朋友！